beck**'**sche
reihe

b**sr**

Gerade dem mit Kafka vertrauten Leser wird dieses neue Buch Hans Dieter Zimmermanns überaus hilfreich sein, denn Kafkas große Romane werden hier nicht auf sein Leben reduziert, sondern aus dem literarischen und gedanklichen Zusammenhang gedeutet, in dem er lebte und dachte. Deshalb werden seine Schriftstellerfreunde und andere Prager Autoren vorgestellt, die in ihren Werken auf denselben Lebenszusammenhang in Prag reagierten und ähnliche Themen und Motive benutzten, aber trotz vergleichbarer Erfahrungen völlig anders schrieben. Kafkas Texte sind nicht Ausdruck seiner Lebenserfahrung, sondern seiner Weltsicht, mit der er seine Erfahrungen und Gedanken darstellte. Ein tiefer Blick, der noch heute beunruhigt.

Hans Dieter Zimmermann ist Professor für Literaturwissenschaft an der TU Berlin und profunder Kenner der Prager deutschen und tschechischen Literatur. Zahlreiche Veröffentlichungen zu Franz Kafka.

Hans Dieter Zimmermann

Kafka für Fortgeschrittene

Verlag C. H. Beck

Dem Andenken meines Freundes Ernst Pawel,
Breslau 1920 – Great Neck, N.Y. 1994,
des Biographen von Franz Kafka, Theodor Herzl
und Heinrich Heine

Originalausgabe

© Verlag C.H.Beck oHG, München 2004
Satz: Fotosatz Reinhard Amann, Aichstetten
Druck und Bindung: Druckerei C.H.Beck, Nördlingen
Umschlagabbildung: © Michael Mathias Prechtl
Umschlagentwurf: +malsy, Bremen
Printed in Germany
ISBN 3 406 51083 3

www.beck.de

Inhalt

Vorwort

«Kafka für Fortgeschrittene» – ein ironischer Titel mit einer tieferen Bedeutung: Er will sagen, Kafkas Werk soll nicht auf sein Leben reduziert werden – und was er schrieb, ist nicht Ausdruck seiner Lebenserfahrung. Andere, die ähnliche Erfahrungen machten, schrieben anders. Sein Freund Max Brod hatte im Gegensatz zu ihm eine schwierige Kindheit, doch seine Romane, heute zu Unrecht vergessen, hier vorgestellt, sind voll Optimismus.

Kafkas Werk ist nicht Ausdruck seiner Lebenserfahrung: im frühen Text «Hochzeitsvorbereitungen auf dem Lande» fürchtet sich der Held vor der Verlobung und leidet unter der Büroarbeit. Kafka schrieb ihn, als noch keine Verlobte in Sicht war und er noch kein Büro von innen gesehen hatte.

Kafkas Texte sind Ausdruck einer höchst subjektiven Weltsicht. Deshalb sind seine Texte so eigenartig. Und diese Eigenart liegt weniger in den Themen und Motiven als in ihrer Darstellung, in der Erzählweise. Das unterscheidet sie auch von Texten anderer Prager deutscher Schriftsteller, von denen hier ebenfalls die Rede sein wird, um den Unterschied bei ähnlichen Motiven aufzuzeigen: Alfred Kubin und Paul Leppin, aber auch Autoren der expressionistischen Generation wie Walter Hasenclever und Franz Werfel, die gegen die Väter rebellierten wie Franz Kafka, der in dieser Hinsicht freilich wenig originell ist. Gerade das, was man gern für eine individuelle Besonderheit hält, Kafkas Widerwille gegen seinen Vater, ist Kennzeichen einer ganzen Generation.

Kafkas Freunde waren Juden wie er. Einige Kenntnis der jüdischen Tradition, auch der hohen Feiertage, an denen selbst assimilierte Juden wie Kafka und sein Vater in die Synagoge gingen, ist deshalb nötig zum Verständnis. Was diese jungen Juden in Prag bewegte zwischen Antisemitismus und Zionismus, waren nicht so sehr politische, als vielmehr philosophische Diskussionen, die von der Polarität, nicht vom Gegensatz, einer rationalen Philosophie im Gefolge Franz Brentanos und der Theosophie in der Tradition der Kabbala bestimmt wurden. Kafkas Klassenkamerad Hugo Bergmann, der spätere Gründungsrektor der Hebräischen Universität Jerusalem, befasste sich mit Zionismus und Mystik gleichermaßen. Aus diesem Spannungsfeld kamen auch Kafkas Gedanken, mit denen sich jeder, der sich ernsthaft für diesen Autor interessiert, auseinander setzen sollte. Seine Gedanken sind wiederum höchst individuelle Ausprägungen, die ihn von den engen Freunden Oskar Baum, Max Brod und Felix Weltsch unterscheiden; diese häufig vernachlässigten Freunde werden hier einbezogen.

Es gehörte zum Glück von Kafkas Leben und Schreiben, dass er immer gute Freunde fand, neben den genannten noch Jizchak Löwy und Robert Klopstock. Und dass er zwei Frauen begegnete, die ihn verstanden, so weit das eben möglich ist: Milena Jesenska und Dora Diamant; auch diese werden hier vorgestellt. Ebenso wie die viel beredete unglückliche Verlobungsgeschichte mit der Berlinerin Felice Bauer, die eine zentrale Bedeutung für Kafkas Leben und Werk hat: durch sie wurde er nicht zum Ehemann und Vater, aber zu dem bedeutenden Schriftsteller, der fast alle anderen seiner Zeit überragt, nicht wegen der misslungenen Verlobung, sondern wegen der Erzählungen und des Romans, die er in dieser Zeit schrieb: Das Urteil, Die Verwandlung, In der Strafkolonie, Der Proceß.

Niemand mehr würde sich heute für Franz Kafka interessieren, wenn wir nur seine Lebensgeschichte kennten; es gibt aufregendere Lebensgeschichten. Man beschäftigt sich mit ihm seines Werkes wegen. Und das ist aufregend genug: von einer erschreckenden Weitsicht, die uns noch heute beunruhigt.

1. Richard und Samuel.
Ein Roman und zwei Verfasser.

Um die Mittagszeit des 26. August 1911 standen zwei adrette junge Herren auf einem Bahnsteig des Franz-Josephs-Bahnhofs der Hauptstadt des Königreichs Böhmen, Prag. Ein ungleiches Paar: der eine schlank und groß, ein gut aussehender Mann, der andere klein und gedrungen und eher unscheinbar. Wie ein Paar aus einem frühen Stummfilm.

Der Zug stand unter Dampf. Um 1 Uhr und 2 Minuten sollte er abfahren. Die Reise ging über Zürich nach Paris. Die beiden Herren, der eine 28, der andere 27 Jahre alt, kamen aus gutbürgerlichem Hause, beide hatten Jurisprudenz studiert und eine solide Stellung als Angestellte, wiewohl ihr ganzes Streben der Literatur galt. Aber diese Anekdote kennt man ja. Begegnet man auf einer Reise, so erzählte man, einem deutschen Kaufmann, Ingenieur oder Juristen aus Prag, muss man ihn nur fragen: Sie schreiben? Und schon zieht er aus der Tasche ein Bündel von Gedichten oder eine Novelle. Mit Mühe kann man ihn daran hindern, daraus vorzulesen.

Der eine der beiden jungen Herren, der kleine mit dem Zwicker, hatte bereits publiziert und sogar mit beträchtlichem Erfolg. Mit 22 Jahren hatte er einen Band Novellen veröffentlicht, mit 24 Jahren einen Roman «Schloß Nornepygge», der die Berliner Kritik entzückte, und gerade im Jahre 1911 einen Roman «Jüdinnen», der innerhalb von wenigen Wochen fünf Auflagen erlebte; er war ein anerkannter Schriftsteller. Der andere junge Herr hatte fast nichts publiziert: zwei Prosastücke in einer entlegenen Zweimonatsschrift «Hyperion», die bald darauf einging, und zweimal in der Tageszeitung «Bohemia». Und so mag es denn verständlich sein, dass gerade er vorschlug, einen gemeinsamen Roman auf dieser Reise zu beginnen, vielleicht, um von der Erfahrung des um ein Jahr Jüngeren zu profitieren.

Es war nicht die erste gemeinsame Reise der beiden, doch die erste, die sie zu zweit unternahmen. Zuvor waren sie zweimal mit dem Bruder des einen, also zu dritt gereist, einmal nach Norditalien, einmal nach Paris. Nun führten beide Tagebuch, das die nötigen Notizen für die spätere Niederschrift des Romans festhielt.

So heißt es bei Max Brod gleich zu Beginn seiner Eintragungen: «Kafkas Vorschlag einer gemeinsamen Reisearbeit. Unvollkommen erklärt. Gleichzeitige Beschreibung der Reise, indem man die Stellung des anderen zu den Dingen beschreibt.» (12, 117) Der Vorschlag mag unvollkommen erklärt worden sein, hatte aber ein schönes Ergebnis: dieselben Ereignisse wurden aus zwei Perspektiven geschildert, so dass die höchst unterschiedlichen Temperamente der beiden Freunde zu erkennen sind. Haben die beiden auch den Text gemeinsam redigiert und korrigiert, der Unterschied der Perspektiven blieb erhalten.

Schon die erste Tagebuch-Eintragung Franz Kafkas zeigt das. Er hatte die gute Idee, doch nun findet er sie schlecht. Und noch ehe sie ausgeführt wird, ist ihre Unmöglichkeit schon für ihn erwiesen – mit einer ganz eigentümlichen Begründung: «Die schlechte Idee. Gleichzeitige Beschreibung der Reise und der innerlichen Stellungnahme die Reise betreffend. Ihre Unmöglichkeit durch einen vorüberfahrenden Wagen mit Bäuerinnen erwiesen.» (12, 21) Und doch kam es zu einem gemeinsam geschriebenen ersten Kapitel des Romans, das schon 1912 im 3. Heft der «Herder-Blätter» abgedruckt wurde – einer Prager Studentenzeitung, könnte man sagen –, die der zwanzigjährige Willy Haas 1911 begründet hatte.

«Erstes Kapitel des Buches ‹Richard und Samuel› von Max Brod und Franz Kafka» lautet die Überschrift des Textes in den «Herder-Blättern». Nach einer Einleitung, die das Unternehmen erklärt und die beiden Freunde vorstellt, folgt «Die erste lange Eisenbahnfahrt (Prag–Zürich)»; sie wird jeweils abwechselnd von Samuel (Max Brod) und Richard (Franz Kafka), geschildert. Samuel beschreibt die Bäuerinnen, die er im Fenster des Waggons sieht, der neben ihrem hält: «Im Schoße einer, die lacht, schläft eine. Aufwachend winkt sie uns, unanständig in ihrem Halbschlaf: Komm. Als verspotte sie uns, weil wir nicht hinüberkönnen.» (1, 327) Richard sieht dagegen nicht die Bäuerinnen, sondern Samuel, dessen Verhalten er rügt: «Aber was mir nicht gefällt, ist sein anknüpferischer, fälschlich Vertrautheit vorgebender, fast liebedienerischer Gruß an die Bäuerinnen.» Doch sogleich kommen ihm Skrupel: Übertreibe ich nicht? Und schließlich stellt er fest, nachdem Samuel ihm seine erste Bemerkung vorgelesen hat: «Ich hätte auf die Bäuerinnen mehr acht geben sollen.» (1, 327) Er gibt mehr auf sich und auf Samuel acht, sein Bemerkungen sagen mehr über ihn als über das, was er sieht.

In Pilsen steigt eine junge Frau ein, «ein fremdes Mädchen», wie Samuel schreibt: «Hübsch, dicknasig, kleiner Halsausschnitt in weißer Spitzenbluse. Erste gemeinschaftliche Tatsache bei der Weiterfahrt: ihr großer Hut in seiner Papierhülle schwebt aus dem Gepäcknetz leicht auf meinen Kopf herab.» (1, 328) Samuel schildert nun, was sie erzählt; sie plappert munter darauf los. Sie ist Wagner-Liebhaberin: «Sie selbst hat leider wenig Talent zum Klavierspiel, wir wissen es aber schon, seitdem sie uns einige Leitmotive vorgesummt hat.» (1, 330) Nun Richard: «Dora L. hat runde Wangen mit viel blondem Flaum; sie sind aber so blutleer, dass man lange die Hände in sie drücken müsste, ehe sich eine Röthung zeigte. Das Mieder ist schlecht, über seinem Rande auf der Brust zerknittert sich die Bluse; davon muss man absehen.» Diesmal schaut er genau hin, genauer als Samuel, jedenfalls sieht er das, was Samuel als hübsch erachtet, ziemlich negativ: ein eher unerfreuliches Wesen, kränklich, was sich später bestätigt: sie ist blutarm und muss ein Eisenpräparat nehmen.

Nun kommt ein Abwägen der Vor- und Nachteile, worin Richard geübt ist, sozusagen mit juristischer Genauigkeit: es geht um das Neben-einander-Sitzen oder Einander-Gegenüber-Sitzen. Mit jemandem, der neben ihm sitzt, kann Richard nicht reden, er fühlt sich ausgehorcht. Samuel sitzt gerne neben jemandem. Dora sitzt neben ihm. Also ein Vorteil für Richard. Oder doch nicht? «Allerdings bin ich infolge meines Gegenübersitzens von der Unterhaltung Doras und Samuels, besonders wenn der Zug fährt, zeitweilig ausgeschlossen.» Es folgt als Zusammenfassung: «Alle Vorteile kann man nicht haben.» (1, 330)

Dann kommt sein Erstaunen über das «in einer großen Stadt lebende allein stehende Mädchen», das sich ein Klavier ins Zimmer bringen ließ; gerne bewundert er andere, die selbständiger sind als er: «Man muss sich das nur vorstellen: eine so umständliche Angelegenheit wie ein Klaviertransport (Fortepiano), die selbst ganzen Familien Schwierigkeiten macht und das schwache Mädchen!» (1, 330) Man kann sich gut vorstellen, welch ein unlösbares Problem sich vor Richard auftürmte, müsste er ein Klavier in sein Zimmer schleppen lassen. Nicht auszudenken. Dora hat es an einem Nachmittag ohne große Mühe bewältigt.

Nun zeigt sich die Bedenklichkeit auch bei anderer Gelegenheit, Bedenken hat er immer; es geht um das Eisenpräparat. Es hilft ihr, sagt sie. «Ich rate ihr, es lieber zum Fenster hinauszuschütten. Sie stimmt zwar leicht zu (denn das Zeug schmeckt elend), ist aber nicht zum Ernst zu bringen, trotzdem ich, näher zu ihr vorgebeugt als jemals, meine gerade darin so klaren Ansichten über eine naturgemäße Behandlung des menschlichen Organismus darlegen will, und zwar in der aufrichtigen Absicht, ihr zu helfen oder zumindest dieses unberatene Mädchen vor Schaden zu bewahren, und mich so wenigstens für einen Augenblick lang als glücklichen Zufall dieses Mädchens zu fühlen.» (1, 331) Hier erwacht sein Missionsdrang: er ist für die Naturheilkunde, er will ihr helfen. Es geht um Grundsätzliches: um den Organismus als Ganzes. Und darum, dass diese zufällige Begegnung durch seinen Rat einen schicksalhaften Zug erhält. Leider ist Samuel anderer Ansicht: «Geschadet hat mir auch, dass Samuel während meiner ganzen Rede mit dem Kopf gewackelt hat. Ich kenne ihn ja. Er glaubt an die Ärzte und hält die Naturheilmethode für lächerlich.» (1, 331)

Richard kennt auch die Ursache der Blutarmut: «das Bureau», natürlich, leidet er doch auch im Büro. Das Mädchen hat allerdings nur lustige Geschichten aus dem Büro erzählt, sie fühlt sich dort wohl. Das stört sein entschiedenes Urteil nicht: «Man kann ja wie alles auch das Bureauleben als etwas Scherzhaftes empfinden (und dieses Mädchen empfindet es ehrlich so, ist ja vollständig getäuscht), aber im Wesen, in den unglücklichen Folgen!? – Ich weiß ja, woran ich z.B. bin.» (1, 332) Hier ist es: er weiß, woran er ist, also geht es den anderen nicht besser, wenn sie das Gegenteil behaupten, täuschen sie sich. Und nun kommt die innige Anteilnahme an den Mädchen im Büro, die nicht ohne erotischen Unterton ist: «und jetzt soll gar ein Mädchen im Bureau sitzen, der Frauenrock ist gar nicht dazu gemacht, wie muss er sich überall spannen, um dauernd, stundenlang auf einem harten Holzsessel sich hin- und herzuschieben. Und so werden diese runden Popos gedrückt, und zugleich die Brust an die Schreibtischkante. – Übertrieben? – Ein Mädchen im Bureau ist mir jedes Mal ein trauriger Anblick.» (1, 332) Seine Klage ermöglicht ihm, an den Popo und die Brust zu denken, die gedrückt werden, nicht von ihm, sondern von Stuhl und Tisch.

Auch Max Brod ist anscheinend mit dem Gedanken an diese Körperteile beschäftigt. Immerhin bemerkt dies Richard: «Samuel ist schon ziemlich intim mit ihr geworden.» Den Halt in München würde Samuel gerne nutzen, mit dem Mädchen eine Nacht im Hotel zu verbringen, die Reise unterbrechend. Doch leider ist Richard ihm nicht behilflich. «Bis zum Nachtmahl, etwa Station Regensburg,» ist Samuel gut vorangekommen; Richard gab er einen Zettel, ihn zu instruieren. Doch: «Er scheint ihn gar nicht gelesen zu haben, nur darauf bedacht, ihn zu verstecken. Schließlich liegt ja nichts daran, ich hatte gar keine Lust auf das fade Frauenzimmer. Nur Richard machte so ein Wesen aus ihr, mit seinen umständlichen Ansprachen und Gefälligkeiten.» (1, 334) Immerhin machen sie mit ihr eine kurze Rundfahrt durch München im Auto während eines längeren Aufenthalts. Das erinnert Richard an ein Kinematographenstück «Die weiße Sklavin», in der eine Frau von zwei Männern ins Auto gezerrt wird; er liebt das Kinematographen-Theater.

Das Mädchen fährt weiter nach Innsbruck, die beiden jungen Herren bereiten sich auf eine Nacht im Zug vor. Die Nachtruhe ist für Franz Kafka ein lebenslanges Thema: er leidet unter Schlaflosigkeit. Den schlichten Vorschlag, den Grete Bloch ihm einmal machte, nämlich abends eine Tasse Baldrian-Tee zu trinken, wehrte er ab: es wäre ein Eingriff in das Ganze des menschlichen Organismus. Im Zug aber kann er gut schlafen. Samuel beobachtet ihn: «Richard macht seine bekannten Schlafvorbereitungen, indem er sein Plaid als Kopfpolster unterlegt und den aufgehängten Havelock als Baldachin um sein Gesicht herabhängen lässt. Es gefällt mir, dass er, wenigstens wenn es sich um seinen Schlaf handelt, rücksichtslos ist, z. B. die Lampe verdunkelt, ohne zu fragen, trotzdem er weiß, dass ich in der Eisenbahn nicht schlafen kann. Er streckt sich auf seiner Bank aus, als ob er ein besonderes Recht vor seinen Mitreisenden hätte. Er schläft auch sofort friedlich ein. Und dabei hat der Mensch immerfort über Schlaflosigkeit zu klagen.» (1, 335)

Richard resümiert dann, dass er ungewöhnlich gut in der Eisenbahn geschlafen habe, er wägt die Gründe ab, die dazu führen, und kommt am Ende auf die Nachteile, die natürlich auch der gute Schlaf in der Eisenbahn mit sich bringt: «Wenn man schon einmal so gut im Fahren schlafen kann wie ich – Samuel durchsitzt die ganze Nacht mit offenen Augen, wie er behauptet –, dann sollte man auch erst bei der Ankunft erwachen dürfen, um sich nicht im Augenblick des Aufwachens aus gesundem Schlaf mit fettigem Gesicht, nassem Körper, kreuz und quer gedrückten Haaren, in

Wäsche und Kleidern, die 24 Stunden, ohne geputzt und gelüftet zu werden, im Eisenbahnabteil bestanden habend, in einen Winkel des Koupees gekrümmt zu finden und in diesem Zustand weiterfahren zu müssen.» (1, 340) Also, wie zu befürchten, es ist grauenhaft. So wird, was zunächst als Glück erschien, nämlich schlafen zu können, zum Unglück. Samuel, der nicht schlafen konnte, war doch besser dran; er wird beneidet: Leute, «die wie Samuel, vielleicht nur weilchenweise geschlafen haben, aber dafür besser auf sich achten konnten … usw.»

Wir lernen Richard als einen Bedenkenträger kennen, der auch dann einen Nachteil findet, wenn etwas als Vorteil erscheint wie die Freude des Mädchens im Büro oder der gute Schlaf in der Eisenbahn. Samuel dagegen klagt nicht, er spricht auch kaum von sich, er beobachtet und beschreibt. Richard reflektiert dies noch. Gegen Ende schreibt er im Rückblick auf das Mädchen Dora: «Ein wahres Urteil über neue kurze Bekanntschaften, besonders mit Frauen, kann ich mir nur schwer bilden. In der Zeit, in der die Bekanntschaft im Gange ist, beaufsichtige ich lieber mich selbst, weil da viel zu tun ist, und so habe ich auch an ihr nur einen lächerlichen Teil von dem bemerkt, was ich flüchtig und gleich verloren an ihr ahnte. In der Erinnerung wiederum nehmen diese Bekanntschaften sofort große anbetungswürdige Formen an, da sie dort stumm sind, nur ihrer eigenen Beschäftigung nachgehen und durch ihr völliges Vergessen unserer Person ihre Missachtung unserer Bekanntschaft zeigen.» (1, 341) Er ist mit sich selbst beschäftigt, beobachtet sich selbst, «weil da viel zu tun ist,» spricht also auch dann, wenn er von anderen spricht, von sich: von seiner Sicht, seinen Bedenken, seinen Unsicherheiten. Er bringt immer und vor allem seine Subjektivität zum Ausdruck. Wenn die Personen nicht mehr, ihn bedrängend, da sind, kann er sich in Ruhe mit ihnen befassen: in seiner Erinnerung beginnen sie ein Eigenleben, aber nicht eines, das ihrem, sondern seinem Leben entspricht: sie werden Gestalten seiner Imagination.

Und noch eines erkennt er, sich selbst betrachtend, hier am Schluss des ersten – und leider einzigen – Kapitels von «Richard und Samuel»: seine Einsamkeit, in die ihn sein Verhalten einschließt; es wird ihm schwer, zum anderen zu gelangen. Welche Sehnsucht hat er nach einer fühlenden Brust, gerade deshalb: «Doch war noch ein anderer Grund, weshalb ich mich nach Dora, dem nächsten Mädchen meiner Erinnerung, so sehnte. Samuel genügte mir an diesem Morgen nicht. Er wollte als mein Freund eine Reise mit mir machen, aber das war nicht viel. Das bedeutete nur, dass ich an allen Tagen dieser Reise einen angezogenen Mann neben mir haben werde, dessen Körper ich nur im Bade sehen kann, ohne auch nach diesem Anblick das geringste Verlangen zu haben. Samuel würde ja schließlich meinen Kopf an seiner Brust dulden, wenn ich dort weinen wollte, aber können mir beim Anblick seines männlichen Gesichts, seines knappen wehenden Spitzbartes, seines zusammengeklappten Mundes – da höre ich schon auf – können mir denn ihm gegenüber die erlösenden Tränen in die Augen kommen?» (1, 342)

2. Max Brod und Franz Kafka.
Frühes Leid.

Hier spricht Richard, dort Samuel, hier Franz Kafka, dort Max Brod. Mögen sie auch den Text gemeinsam redigiert haben, die Perspektiven in Wahrnehmung und Aufzeichnung sind doch unterschiedlich; gerade weil die Gegenstände dieselben sind, fällt das ins Auge.

Wenn Richard dem Freund Unverständnis für die Naturheilkunde vorhält, wird er schon Max Brod damit gemeint haben, doch kann er ihn nicht meinen, wenn er fortfährt: «Ich verstehe das sehr gut, er hat nie einen Arzt gebraucht und daher nie ernstliche selbständige Gedanken über diese Sache gehabt ...» Das stimmt nicht, denn bis zum Jahre 1911 hat Franz Kafka, ein sensibler, aber gesunder Junge, kaum einen Arzt gebraucht. Max Brod dagegen war jahrelang in ärztlicher Behandlung. Im Gegensatz zu Franz hat Max eine qualvolle Kindheit hinter sich. Wusste Kafka das nicht, weil Max Brod kein Aufhebens davon gemacht hatte?

Brods Vater war ein kleiner Bankbeamter, der sich mühsam hochgearbeitet und es schließlich zum Direktorstellvertreter einer Bank gebracht hatte, so dass die Familie auskömmlich leben konnte. Die Mutter, eine Schönheit, war ein schwieriger Charakter; die Ehe, obzwar aus «elementarer beiderseitiger Liebe» geschlossen, wie Max Brod in seiner Autobiographie «Streitbares Leben» (114) schreibt, wurde von Streitereien bestimmt, die mit den Jahren zunahmen.

Alle acht oder vierzehn Tage feuerte die Mutter die Dienstmädchen, mit denen sie nur zeterte, dem «allzu schwachen Vater» (Max Brod) raubte sie die Ruhe. Immer deutlicher traten ihre «pathologischen Züge» hervor. Die Familie wurde zur Hölle. Dennoch hält Max Brod daran fest: die Mutter war ebenso «ein aufbauendes wie ein zerstörendes Element». (Streitbares Leben, 117)

Das zeigte sich, als der fünfjährige Max, das älteste von drei Kindern, nach mehreren schweren Krankheiten – Scharlach, Masern und Diphtherie – von einer neuen Krankheit erfasst wurde: von der Kyphose oder Rückgratverkrümmung. Die Ärzte hielten sie für unheilbar. Sollte Max sie überleben, dann nur als Krüppel. «Immer mehr verschwand mein armer Hals zwischen den Schultern. Was half es da, dass ich in alle übrigen Richtungen begabt, fast ein Wunderkind war?» (119)

Die energische Mutter folgte dem Hinweis einer Apothekersfrau: in Deutschland, in Göggingen bei Augsburg, lebe ein Schlossergesell namens Hessing, der sich zum bedeutenden Orthopäden ausgebildet habe und nebenbei noch ein vorzüglicher Orgelbauer sei. Die Mutter fuhr mit Max nach Göggingen, Hessing versprach zu helfen und der Vater musste Schulden machen, um die monatelange Behandlung seines Sohnes bezahlen zu können. Max bekam ein vom Schlosser geschmiedetes Korsett mit einem «Kopfapparat», der seinen «eisernen, lederumwickelten Teller mir von den Hüften her entgegenstemmte, an denen er festgeschnallt war. Ich habe das Zeug viele Jahre getragen, noch im Gymnasium. Es hat mir wohl auch geholfen: meine unglückselige Figur wurde nicht ganz, aber doch wenigstens teilweise normalisiert.» (Streitbares Leben, 119)

In einem Alter, in dem die Kinder voll Bewegungsdrang sind, spielen und laufen, war Max Brod Tag für Tag in ein eisernes Korsett gezwängt, das er nur nachts ablegen durfte. Er war nicht wie die anderen und konnte es nicht sein, er war eine merkwürdige Erscheinung, die von allen mit Erstaunen, Mitleid oder gar Spott bedacht wurde – und das alles unter fast unerträglichen Schmerzen.

Dass ihm die Mutter in dieser Sache so entscheidend geholfen habe, lasse ihn all das hinnehmen, was er später durch sie erlitten habe; doch darüber wolle er nicht sprechen, schreibt er. (Streitbares Leben, 120) Die Mutter musste, nachdem ein Dienstmädchen Selbstmord begangen hatte – sie war vom Küchenbalkon in die Tiefe gesprungen –, Prag verlassen. Eine Weile lebte sie bei ihrer Schwester in Breslau, dann in einem Heim bei Prag, wo Max Brod sie regelmäßig besuchte.

Verglichen mit Max Brod hatte Franz Kafka eine glückliche Kindheit. Seine Eltern verstanden sich ausgezeichnet; anscheinend gab es kaum einen Ehekrach. Der Vater war zwar laut und egozentrisch, aber letztlich friedfertig. Die kluge Mutter wusste ihn zu nehmen und stellte sich auf ihn ein. Sie ging jeden Tag mit ihm ins Geschäft, verlor aber die Kinder nicht aus dem Auge: in der Zeltnergasse, wo die Familie lange wohnte, war die Wohnung im selben Haus wie das Geschäft. Die Kinder wurden – wie damals üblich – von wechselnden Kinder- und Dienstmädchen versorgt, eines, Fräulein Werner, blieb ihr Leben lang in der Familie.

Hermann Kafka kam aus kleinen Verhältnissen, ein armer Dorfjude aus Süd-Böhmen, der sich hochgearbeitet hatte und davon immer wieder erzählte. Ein deftiges, bärbeißiges Verhalten war ihm geblieben, auch nachdem er Julie Löwy aus gutbürgerlicher Familie geheiratet hatte. Ihre Mitgift wurde zur Grundlage ihres gemeinsam betriebenen Kurz- und Galanteriewaren-Geschäfts. Es ernährte die Familie gut, von Geldsorgen war nie die Rede. Die Mutter war voll Güte und Freundlichkeit, beliebt in der weitläufigen Familie und voll Fürsorge für ihre vier Kinder: für Franz, den ältesten, und die drei ihm mit Abstand folgenden Töchter Valerie (Valli), Gabriele (Elli) und Ottilie (Ottla).

Max Brod lobte Julie Kafka als «stille, gütige, außerordentlich kluge, ja weisheitsvolle Frau». (Wagnerova 1, 76) Die Enkelinnen erinnern sich an eine zärtliche Großmutter und Robert Klopstock, der Freund Franz Kafkas in dessen letzten Jahren, spricht mit großer Achtung von ihr. Der Vater tat offensichtlich nichts ohne sie. Wenn die Angestellten im Geschäft ihn fragten, sagte er immer zu ihnen: «Du sollst noch die Frau fragen». (Wagnerova 2, 375) Das berichtet ein tschechischer Kaufmann, der drei Jahre lang, von 1892 bis 1895 Lehrling im Geschäft Hermann Kafkas war. Franz war damals zwischen neun und zwölf Jahre. Und Frantisek Xaver Bašik, so der Name des Kaufmanns, war öfters mit ihm zusammen; die Mutter wollte offensichtlich die Einsamkeit des Knaben durchbrechen; Bašik sollte ihm Tschechischunterricht geben.

Was dieser Bašik in seinen für die eigene Familie geschriebenen Erinnerungen, die vor einiger Zeit erst von Alena Wagnerova in Prag entdeckt wurden, schreibt, gibt ein anderes Bild vom Vater als das, was Franz in seinem bekannten «Brief an den Vater» überliefert; dieses entspricht dem, was Basik von den damaligen Lehrherren zu berichten weiß: «In den Läden und Werkstätten ging man mit den Lehrbuben wie mit Sklaven um. Frantik (so nennt sich Bašik) hörte oft schlimme Geschichten vom Leiden mancher kaufmännischer Lehrlinge und sah oft ihre geschundenen, erfrorenen Hände und lang gezogenen Ohren.» Bei Hermann Kafka war das anders. Basik: «Es war ihm bewusst, was für ein Glück er hatte, dass er in ein Geschäft kam, wo der Chef seine Lehrlinge menschlich behandelte und nie und gegen niemanden handgreiflich wurde. Und die älteren Angestellten, die kein schlechtes Beispiel sahen, erlaubten sich nicht mehr, als mal zu schimpfen.» (Wagnerova 2, 374) Als Basik dies niederschrieb, Anfang der vierziger Jahre, wusste er nichts vom Ruhm des kleinen Frantisek, mit dem er tschechisch geplaudert hatte.

Diesem Frantisek (tschechische Version von Franz), blieb anders als seinem Freunde Max Brod eine schwere Krankheit in seiner Kindheit und Jugend erspart. Das Schlimmste, woran er sich in dem «Brief an den Vater» erinnert, ist jene Szene, in der ein entnervter Vater den schreienden Sohn auf den Balkon aussetzte. Geschlagen hat ihn der Vater nicht, darin bestätigt er immerhin das Urteil von Basik. Nach allem, was Franz über den das Kind überragenden und einschüchternden Vater in diesem Brief schreibt, will dies dem Leser allerdings nicht als selbstverständlich erscheinen; zudem war die Prügelstrafe damals gang und gäbe. Doch dass der Vater nur schrie und nicht schlug, machte ihm der Sohn im Brief zum Vorwurf: «Es ist wie wenn einer gehenkt werden soll. Wird er wirklich gehenkt, dann ist er tot und es ist alles vorbei. Wenn er aber alle Vorbereitungen zum Gehenktwerden miterleben muss und erst wenn ihm die Schlinge vor dem Gesicht hängt, von seiner Begnadigung erfährt, so kann er sein Leben lang daran zu leiden haben. Überdies sammelte sich aus diesen vielen Malen, wo ich Deiner deutlich gezeigten Meinung nach Prügel verdient hätte, ihnen aber aus Deiner Gnade noch knapp entgangen war, wieder nur ein großes Schuldbewusstsein an. Von allen Seiten her kam ich in Deine Schuld.» (7, 29) Was hätte er geschrieben, wenn der Vater ihn geschlagen hätte? Hätte er ihn dann gelobt?

Leo Brod, nicht verwandt mit Max Brod, schreibt eine Erinnerung an Hermann Kafka auf, in dessen Geschäft sein Vater einige

Zeit Commis war; später kaufte er bei Hermann Kafka Waren en gros, die er anderswo en detail verkaufte. Der kleine Leo war dabei, als sich die beiden Väter über ihre Kinder unterhielten. Eine Tochter Brod war Schauspielerin und recht erfolgreich. Hermann Kafka klagte, sein Sohn sei Schriftsteller, habe gute Kritiken, sei aber leider nicht erfolgreich. (Leo) Joseph David, der geschiedene Mann von Ottla, besuchte dann in den fünfziger Jahren Leo Brod, so berichtet dieser, als er in der Prager Altneusynagoge saß und auf Touristen wartete. David habe ihm herzzerreißende Geschichten von Hermann Kafka erzählt: der Vater habe weinend auf dem Bettrand gesessen, das Los seines Sohnes beklagend. Franz ging offensichtlich über die Kraft des Vaters, der ein eher einfaches Gemüt hatte, aber nicht teilnahmslos war.

Sicher ist es für jedes Kind ein Problem, tagtäglich mit ansehen zu müssen, dass die Eltern keineswegs so vollkommen sind, wie es sie sehen möchte, wie es sie wünscht, ja, dass sie sich nicht unbedingt an das halten, was sie selbst als Regel aufgestellt haben. Und natürlich widersprechen sie sich. Und natürlich meinen sie, dass sie immer recht haben. Doch lernt jedes Kind, nach und nach damit zurecht zu kommen, z. B. die Eltern nicht mehr so ernst zu nehmen wie sie selbst das tun. Franz Kafka nimmt alles immer ernst, bitter ernst.

Wie gern wäre der kleine Max Brod mit seinem Vater ins Schwimmbad gegangen, in Prag Schwimmschule genannt. Mit seinem Stahl-Korsett war das nicht möglich. Hermann Kafka nahm seinen einzigen Sohn mit. Für den war es aber kein Glück, sondern ein Albtraum: «Ich war ja schon niedergedrückt durch Deine bloße Körperlichkeit. Ich erinnere mich z. B. daran, wie wir uns öfter zusammen in einer Kabine auszogen. Ich mager, schwach, schmal, Du stark, groß, breit. Schon in der Kabine kam ich mir jämmerlich vor und zwar nicht nur vor Dir, sondern vor der ganzen Welt, denn Du warst für mich das Maß aller Dinge.» Was sollte der Vater tun? Natürlich war er, ein ausgewachsener Mann, größer und stärker als der halbwüchsige Knabe. Sollte er zum Zwerg werden, um genauso groß zu sein wie dieser?

Franz Kafkas Sicht der Dinge ist durch diese Gegebenheiten nicht hinlänglich begründet. Ginge es nach dem Erlebten und Erlittenen, müsste Max Brod der pessimistische Schriftsteller sein, der alles in Zweifel zieht bis zur Verzweiflung. Brod aber ist ein lebensfroher, den anderen zugewandter Mensch, der allem eine positive Seite abzugewinnen vermag. Das wird auch ein Grund für die Zuneigung Kafkas zu ihm gewesen sein. Und es ist ein Grund dafür, dass Brod in seinen Deutungen die Intention der Texte Kafkas nicht selten verfehlt, obwohl er den Menschen und Künstler so gut gekannt und erkannt hat.

Was Franz Kafka erlebte und erlitt, soll nicht verkleinert werden, doch es ging nicht über das hinaus, was Kinder damals in solchen Familien durchmachten. Das sieht er selbst in diesem Brief. Da ist diese Übergangsgeneration, der sein Vater angehörte: er hat sich durch Fleiß und Energie vom armen Dorfjuden zum wohlhabenden Stadtjuden hinaufgearbeitet; er hat nur einen Sohn, erwartet aber nicht, wie das damals bei jüdischen und christlichen Kaufleuten und Handwerkern üblich war, dass dieser Sohn sein Geschäft übernehmen wird. Er ermöglicht ihm eine akademische Laufbahn. Der Sohn wiederum hat ein wohlhabendes Elternhaus erlebt, er hat das Gymnasium und die Universität besucht, er ist Doktor der Jurisprudenz. Der Sohn hat sich also über den Horizont seiner Eltern hinaus entwickelt mit deren Hilfe und wirft ihnen nun vor, dass sie ihn nicht verstehen. So weit ist es das Übliche. Nicht üblich ist die Reaktion Franz Kafkas. Sie ist ungewöhnlich. Er übertreibt maßlos. Er sieht die Vorgänge in der eigentümlich verquollenen Perspektive des Kindes, dem auch harmlose Erscheinungen zu einer Quelle des Entsetzens werden können.

Es gibt nur ein Ereignis, das seine Sicht der Dinge begründen könnte, doch gerade von diesem Ereignis spricht er nie: der Tod seiner beiden Brüder Georg und Heinrich kurz nach deren Geburt. Franz Kafka wird am 3. Juli 1883, genau zehn Monate nach der Eheschließung der Eltern geboren. Als er zwei Jahre alt war, kam sein Bruder Georg am 11. September 1885 zur Welt, «ein schönes und kräftiges Kind». Er stirbt an Masern mit fünfzehn Monaten, da ist die Mutter wieder schwanger. Am 27. September 1887 wird Heinrich geboren, der schon nach sechs Monaten an einer Mittelohrentzündung stirbt. Beim Tode Georgs ist Franz etwas mehr als drei, beim Tode Heinrichs etwa viereinhalb Jahre alt.

Die Erfahrung, die er noch nicht verarbeiten konnte, wird ihn geprägt haben: da war zunächst die Aufmerksamkeit für den Neugeborenen, vom Erstgeborenen wandten die Eltern sich ab, jedenfalls spielte er nicht mehr die Hauptrolle. Dann kam der herzzerreißende Schmerz der Eltern über den Tod des Kindes, wiederum galt deren ganze Aufmerksamkeit diesem Kind. Und dies wiederholte sich nach kurzer Zeit, was für die Eltern kaum zu ertragen war. Zunächst die Freude, nun doch noch einen zweiten Sohn zu bekommen, um so heftiger dann die Trauer, auch diesen Sohn wieder zu verlieren. Der Tod von Kindern bald nach der Geburt war in der damaligen Zeit nicht selten, doch den Schmerz der Eltern linderte das nicht.

Und dieser Schmerz der Eltern wird auch Franz erfasst haben, um so tiefer noch, da er ihn zwar wahrnehmen, aber nicht durcharbeiten konnte. So wirkte er in ihm sein Leben lang, wohl auch als Schuldgefühl, dass er am Leben blieb, während die beiden anderen Söhne starben. Ein Schuldgefühl, das er fälschlich im Vater begründet sah. Mit zwei Brüdern wäre sein Leben natürlich anders verlaufen: er hätte Konkurrenz gehabt, hätte nicht mehr die Königsrolle des einzigen Sohnes spielen können und müssen, er hätte aber auch Spielgefährten gehabt und der Vater hätte unter den dreien einen gefunden, der nach seiner Art war.

Dies könnte ein Grund dafür sein, dass er, der verwöhnte einzige Sohn, sein Leben lang nicht erwachsen wurde. Erst 1914 mit 31 Jahren verließ er die Wohnung der Eltern, in der er doch nach eigener Vorstellung gelitten hatte, und auch dann nicht freiwillig. Die Schwester Elli kam nämlich mit ihren Kindern in die Wohnung der Eltern, da ihr Mann nach Kriegsausbruch zum Militär eingezogen worden war. Franz musste in Ellis leere Wohnung. 1918 kehrte er zu den Eltern zurück. Die Schwestern hatten geheiratet und waren ausgezogen, nun war er allein mit den Eltern. Zufrieden war er nicht. 1919 schrieb er den «Brief an den Vater» und überreichte ihn der Mutter. Der Vater bekam ihn nie zu sehen. Das war auch besser so für den herzkranken Mann.

Ein Kind wird erst erwachsen, wenn es heiratet und selbst Vater bzw. Mutter wird. Erst damit trennt es sich von seinem Kindsein, eine Trennung, die vielen schwer fällt. Sein Leben lang hält Franz an den Eltern fest, denen er zugleich ein Leben lang Vorwürfe macht. Sein Leben lang hat er auch deshalb Schuldgefühle; der «Brief an den Vater» ist eine einzige Verteidigungsschrift – er ist schließlich Jurist –: er erklärt, warum er nicht heiraten und eine Familie gründen kann, für jeden Juden eine ernste Pflicht. Das sagt er gegen Ende des Briefes deutlich: der Vater ist daran schuld. Und der Vater ist schuld an seinen Schuldgefühlen.

Das alles trägt Franz Kafka eindrucksvoll und so großartig vor, dass man einfach Mitleid mit ihm haben muss. Und alle Leser haben auch Mitleid mit ihm. Das liegt aber nicht an den Vorgängen selbst, sondern an ihrer Darstellung. Seine überscharfe Wahrnehmung, seine eindringliche Argumentation ist es, die alle mit Recht beeindruckt. Diese Fähigkeit des Wahrnehmens und des Schreibens, mit der er die meisten Schriftsteller überragt, auch seinen Freund Max Brod, lässt sich mit dem frühen Tod seiner beiden Brüder nicht begründen und schon gar nicht mit seinem Verhältnis zum Vater. Sie ist psychologisch überhaupt nicht zu begründen. Sie ist ein Geschenk für die Weltliteratur.

So wie einige wenige Menschen in Mathematik begabt sind und die meisten nicht, so ist Franz Kafka einer der wenigen wirklich begabten Schriftsteller. Die Begabung war ein Glück und eine Last für ihn, für ihn wohl eher eine Last, für uns Leser wohl eher ein Glück. Nie kommt ein Biograph auf die Idee, die außerordentliche Begabung des großen Physikers Albert Einstein durch seine Familienverhältnisse zu begründen oder etwa damit, dass er in erster Ehe eine Cousine heiratete. Allen erschiene dies als eine verrückte Idee. Ebenso wenig ist Franz Kafkas Begabung mit seinem Verhältnis zum Vater oder zur Verlobten zu begründen, wie dies allzu oft geschieht. Nicht sein Verhalten hat seine Begabung hervorgebracht, sondern seine Begabung hat sein Verhalten hervorgebracht. Er war – könnte man sagen – verhaltensgestört, weil er hoch begabt war.

3. Juden, Tschechen, Deutsche.
Max Brods Romane

So wie Franz Kafkas Sicht der Welt nicht psychologisch – also aus seinen Familienbeziehungen – zu erklären ist, so ist sie auch nicht soziologisch – also aus den Prager Verhältnissen – zu erklären. Beispiel sei wieder Max Brod, der ein Jahr später als Franz Kafka in Prag geboren wurde. Jude wie dieser, Kind einer bürgerlichen Familie der deutschen Minderheit Prags wie dieser, studierte er wie dieser Rechtswissenschaften an der deutschen Prager Universität, absolvierte und nahm eine Stelle beim Postamt an – genauso wie Franz, der nach dem Studium eine Stelle bei der Versicherungsanstalt antrat. Beide waren eng befreundet, beide schrieben, beide litten unter dem Brotberuf wie Schriftsteller und Künstler seit je darunter leiden, nur Max Brod jammerte kaum darüber.

Aber: Max Brod schreibt anders als Franz Kafka. Wie denn das, wenn beide aus denselben Verhältnissen kommen? Die Handlungsführung, die Konflikte, die Weltsicht in Kafkas Texten werden immer wieder aus der misslichen Situation der Prager Juden gedeutet, die eine Minderheit innerhalb einer Minderheit gewesen seien und unter Antisemitismus zu leiden hatten; sie waren übrigens innerhalb der deutschen Minderheit Prags in der Mehrheit, etwa zwei Drittel der wenigen Prager Deutschen zu Kafkas Zeit waren Juden. Diese Prager Situation erlebte Brod wie Kafka und Brod erlebte sie möglicherweise bewusster als Kafka, jedenfalls führte sie ihn zu politischem Engagement: er wurde bald Zionist. Und doch schrieb Brod anders als Kafka. Also können die Prager Verhältnisse nicht der zureichende Grund für Kafkas Sicht der Dinge in seinen Texten sein.

Über die Prager Verhältnisse können wir einiges aus den Romanen Max Brods erfahren, jedenfalls mehr als aus den Romanen Franz Kafkas. Max Brod wurde bereits mit 22 Jahren, im Jahre 1906, bekannt durch eine Novellen-Sammlung «Tod den Toten» und dann 1908 durch einen Roman, von dem er sich später distanzierte: «Schloß Nornepygge». In Kreisen der Berliner Bohème erregte das Werk nicht ohne Grund großes Aufsehen, beschrieb Brod darin doch den Typus des verantwortungslosen Künstlers und Intellektuellen, in dem sich die Berliner Bohème erkannte: Originalität um jeden Preis, Verachtung des Bürgers, ästhetische Selbstinszenierung.

Brod nannte diesen Typus den Indifferenten und zählte sich damals selbst dazu: dem durch Schopenhauers Weltekel geprägten Indifferenten ist alles gleich-gültig und gleich viel wert. Das erlaubt ihm eine ruhige Gelassenheit allem gegenüber. Den Gewinn dieser Haltung zeigt Brod eher in einer Novelle in «Tod den Toten», die den Titel «Indifferentismus» trägt, als im uneinheitlichen Roman selbst: es ist in der Novelle die Aufmerksamkeit auch den unscheinbaren Dingen des Alltags gegenüber, die diesen ihre Würde verleiht, eine Gelassenheit ist das Ergebnis, die an Kontemplation erinnert. Im Roman, jedenfalls in dessen erstem Teil, herrscht eher das Gegenteil: hemmungslose Genusssucht, die, nie befriedigt, nach immer neuen Genüssen verlangt. Der Held des Romans, der im zweiten Teil sich zurückzieht und dermaßen verändert hat, dass man ihn für einen anderen halten könnte, geht schließlich zugrunde. Insofern ist Max Brod mit diesem Roman, wie er selbst auch sagte, die Überwindung des Indifferentismus gelungen.

Zum 60. Geburtstag Brods schrieb Hugo Bergmann, Kafkas Klassenkamerad und erster Rektor der Hebräischen Universität Jerusalem, einen Aufsatz, in dem er als Ursache des Indifferentismus nicht die Philosophie Schopenhauers sieht, sondern die «völlige Ausweglosigkeit des westlichen postassimilierten Judentums ... Dieses Nichts ... vor dem die deutschsprechende Judenheit als Kollektiv stand, konnte keine bessere Philosophie als Ausdruck ihres Daseins finden ... .» (Pazi, 126) Dies wurde 1944 geschrieben von einem Zionisten, für den der Zionismus das Gegenteil des Indifferentismus war.

Warum aber, muss man fragen, war dieser Indifferentismus so erfolgreich bei den jungen Berliner Literaten, die nicht alle assimilierte Juden waren? Und warum waren Schopenhauers Philosophie und die Nietzsches so erfolgreich bei Juden wie Christen vor und nach der Jahrhundertwende? Auch weil die Christen keine Christen mehr waren! Das Problem der jüdischen Assimilation wird gerne isoliert gesehen, aber die Auflösung der Bindung an Religion und Tradition war kein jüdisches Problem allein, sondern ein europäisches Problem; auch viele gebildete Christen waren keine Christen mehr im alten Sinne, hatten sich von ihrer Kirche und ihrem Glauben gelöst und suchten etwas Neues, um aus der Leere herauszukommen. Freilich waren die Juden als Minderheit in einer schwierigeren Situation als die Christen: ein ungläubiger Deutscher war immer noch ein Deutscher, ein ungläubiger Tscheche eben ein Tscheche, aber was war ein Jude, der nicht mehr in die Synagoge ging? Optierte er für die Deutschen oder die Tschechen, war er dort nicht recht zu Hause; mit Antisemitismus musste er immer rechnen. Hier bot der Zionismus den Prager Juden einen dritten Weg: sie konnten Juden sein, auch wenn sie nicht mehr gläubig waren.

Im ersten Heft der «Herder-Blätter», das im April 1911 in Prag erschien, steht gleich nach dem ersten Aufsatz von Hugo Bergmann «Über Bücher und über das Lesen» ein Beitrag von Willy Haas mit dem Titel «Rationalistische und transzendentale Morallehre». Darin zitiert Haas Otto Weininger, der in «Geschlecht und Charakter» sagt: «Der absolute Jude ist seelenlos». Haas: «Dieser Gedanke entspringt zweifellos einer starken, echt jüdischen Selbstreflexion, die

erregt durch eben jenes beunruhigende Gefühl, das die Wurzellosigkeit erzeugt, sich zu dem merkwürdig falschen Schluss bewegen
ließ, ein Symptom dem inneren Judentum beizulegen, das nichts
weiter als ein ganz allgemeines Dekadenzproblem ist.» Wurzellosigkeit ist also nicht nur ein typisches Problem der assimilierten Juden, sondern ein Problem aller, die unter der Dekadenz leiden, also
unter dem Verfall der Werte. Freilich kranke, das gesteht Haas zu,
dieses «moderne Judentum» «wirklich zum großen Teil an jener inneren Wurzellosigkeit». (Herder, 11)

In seiner Autobiographie nennt Max Brod drei Dinge, die ihn zu
seinem Judentum brachten: die «armselige ostjüdische Schauspieltruppe», die 1911 im Prager «Café Savoy» auftrat und auch Franz
Kafka faszinierte, die drei Reden Martin Bubers über das Judentum,
die er 1909 hielt und die 1911 als Buch erschienen, und schließlich
ein Foto, das er an der Wand des Zimmers von Hugo Bergmann
fand: das Bild eines schwermütigen Mannes «mit assyrischem Vollbart». «Wer ist denn das?», fragte Brod. «Theodor Herzl», antwor-
tete Bergmann. «Und wer ist Theodor Herzl?» «Der Begründer des
Zionismus». Immerhin: das Wort hatte Max Brod schon einmal gehört. (Streitbares Leben, 48)

So wurde Max Brod ein «jüdischer Jude». Es gab in Prag Juden,
die sich für Deutsche hielten, schreibt er, und es gab Juden, die sich
für Tschechen hielten, und schließlich die dritte Gruppe, die sich
«ohne Ziererei zu ihrem Judentum bekannten». Diese waren am
Anfang so wenige, dass der ganze Prager Zionismus, wäre die Decke
über einem bestimmten Tisch des «Café Continental» herunterge-
fallen, mit einem Schlag untergegangen wäre, heißt es bei Brod. Warum dann der Zionismus ausgerechnet in Prag eines seiner Zentren
herausbildete, begründet Brod mit der Zweisprachigkeit der Stadt.
In einer Stadt, «in der zwei Volkstümer in offenem Wettbewerb miteinander lagen», hätte sich «die Fragwürdigkeit der Assimilation
jüdischer Eigenart an die Umgebung» leichter aufgedrängt als in einem einsprachigen Milieu. So wurde der Prager Studentenverein
Bar Kochba zur «Kristallisationsmitte», wie Brod es nennt; Hugo
Bergmann, die Vettern Felix und Robert Weltsch, Hans Kohn, Sieg-
mund Kaznelson und eben Max Brod wurden wichtige Vertreter
des Zionismus. Franz Kafka war eng befreundet mit zweien von ihnen: mit Max Brod und Felix Weltsch.

Die merkwürdige Distanz, mit der diese jungen Akademiker in

ihrer tschechischen Umgebung lebten, beschreibt Max Brod, ohne es zu wollen, sozusagen unabsichtlich, indem er sein eigenes Milieu schildert, in einer Erzählung und einem Roman, die «Schloß Nornepygge» folgten. Beide brachten ihm Ärger, machten ihn dadurch aber weiter bekannt. Sie zählen zu seinen besten Arbeiten, wie ich finde: es ist die Erzählung «Ein tschechisches Dienstmädchen» von 1908 und der Roman «Jüdinnen» von 1911, ein Meisterwerk.

«Ein tschechisches Dienstmädchen» erzählt die kurze Affäre eines jungen Mannes mit einem Dienstmädchen, ein geläufiges Thema in Literatur und Leben der damaligen Zeit. In Arthur Schnitzlers und Stefan Zweigs Erinnerungen kann man das nachlesen: die Söhne aus gutem Hause hatten in der Regel eine Liaison mit einem süßen Maderl aus der Unterschicht. Das war in Prag nicht anders als in Wien. Nur in Prag hieß Peperl eben Pepička und war eine Tschechin. Pavel Eisner schrieb einen Aufsatz über die wichtige Funktion der «Milenky», der tschechischen Geliebten der deutschen Bürgersöhne Prags.

So war die Situation der Stadt: die Deutschen waren eine kleine Minderheit, die eher zur Mittelschicht und Oberschicht zählte, die Tschechen waren die Mehrheit, die nicht nur, aber vor allem die Unterschicht stellte. Jedenfalls begegneten die Tschechen den Deutschen zunächst als Unterschicht: als Kindermädchen, Dienstboten, Arbeiter, Verkäuferinnen, Marktfrauen. Die tschechische Elite war von der deutschen ziemlich deutlich getrennt. Während im Jahre 1848 noch 60 Prozent der Bevölkerung Prags sich zur deutschen Nationalität zählten, waren es in der letzten Volkszählung der Monarchie im Jahre 1910 nur noch 6 Prozent. Prag war zu einer tschechischen Stadt geworden mit einer kleinen deutschen Minderheit, in der die Juden deutlich dominierten. Nicht die deutschen Juden, die deutschen Christen waren eine Minderheit innerhalb der Minderheit in Prag.

Brod lässt allerdings seinen Helden und Ich-Erzähler William Schurhaft, «Sohn reicher Bürgersleute», aus Wien nach Prag kommen. Dadurch hat er eine größere Distanz zu Prag: «Aber Prag gefällt mir gar nicht.» Die Stadt ist ihm fremd und gleichgültig. Pepi, das tschechische Dienstmädchen, war einige Zeit in Bayern tätig und hat dort ihr Deutsch gelernt, es ist ein dem Bayerischen angenähertes Idiom. Damit gelingt es Brod, die soziale Distanz zwischen den beiden als sprachliche Distanz zu markieren. Schurhaft war bis dahin ein Indifferenter, alles war ihm eh zu fad, nun erwachen seine Lebensgeister beim Anblick dieses einfachen Mädchens, um das er wirbt. Auch die Stadt wird interessanter. Brod zeichnet genau die Gefühle des jungen Mannes, der vergeblich auf Pepi wartet, der sich nach ihr sehnt, der schließlich doch eine Begegnung im Hotel am Sonntagnachmittag erreicht. Hier deutet sich schon Brods spätere Könnerschaft an: in der Fähigkeit der genauen Beobachtung und Schilderung, vor allem von Frauen; hierin ist er ein Meister. Das Alltägliche, das Unscheinbare kann er bewundernswert darstellen.

Endete die Geschichte mit der Nachricht, die Schurhaft bald nach jenem Sonntag in der Zeitung liest, wäre die Erzählung rund und eindrucksvoll: Pepička hat sich ertränkt, ihre Leiche wird aus der Moldau gezogen; ihr Mann, vor dem sie sich fürchtete, hat sie in den Tod getrieben. Leider fügt Brod eine allgemeine Betrachtung über die Tschechen ein. Sie ist gut gemeint und schief wie alle nationalen Klischees. Das arme Dienstmädchen wird ihm zur Verkörperung des tschechischen Volkes: «Ich verstehe es nun, ich verstehe seine ängstliche kindische Seele in meiner Geliebten, ich sehe, wie es bedrängt von einer agrarischen Krisis in die Städte flüchtet und ringsum die deutschen Lande stürmt. Man muss kämpfen, der Kinder sind zu viele und das Land ist verteilt. Aber ich denke mir in meiner gütigen Stimmung, der Kampf könnte etwas lächelnder geführt werden, nicht so verbittert und von allen Seiten erhitzt … Und ich sehe die heißen Städte Böhmens vor mir, die Bauernschaft kommt durch die Tore, ein gehetztes, melancholisches Volk von Arbeitern, Dienstboten, Huren. Sie bringen ihre ländlichen Lieder mit …» (Dienstmädchen, 355)

Brod hat Verständnis für sie, malt sie aber als eine exotische Gruppe. In der Sympathie wird die Distanz deutlich. Die einseitige Sicht versucht er später mit einem Satz zu erweitern: «Ich verstehe die Tschechen, diese Nation von vielen Talenten und Schönheiten.» Nun, Brod hat später, während und vor allem nach dem Ersten Weltkrieg die Talente nicht nur gesehen, sondern auch gefördert, mit tschechischen Künstlern war er befreundet, Janáček verehrte er, aber hier in seinen frühen Jahren ist er noch ganz in der Sicht des deutschen Bürgersöhnchens verfangen.

Natürlich war die tschechische Kritik empört, die Schriftstellerin Ružena Jesenska, eine Tante von Milena Jesenska, empfand die Aggressivität der männlichen deutschen Prosa. Aber auch ein jüdischer

Kritiker, Leo Hermann, schrieb in der von Felix Weltsch herausgegebenen «Selbstwehr», eine Versöhnung der Nationen könne wohl nicht im Bett vollzogen werden.

Auch Brods Roman «Jüdinnen», 1911 veröffentlicht, wurde von der Kritik angegriffen, diesmal aber nicht in Prag, sondern in Berlin, wo man eine Fortsetzung von «Schloß Nornepygge» erwartet hatte. «Jüdinnen» aber ist anders. In einer Neuauflage des erfolgreichen Romans von 1918 verteidigt sich Brod in einer Nachschrift gegen die Berliner Kritiker. Wäre er bei «Schloß Nornepygge», das die Berliner so lobten, stehen geblieben, hätte das für ihn einen Rückschritt bedeutet. Schon 1912 in einem Artikel in der Berliner Zeitschrift «Orplid» (1. Jg., September 1912) hatte Brod den Fortschritt erkannt, der ihm mit «Jüdinnen» gelungen war: «Nun, aufrichtig gesagt, ich halte ‹Jüdinnen› für mein bestes Prosabuch, weil die gereiftere Erfahrung darin nichts mehr von phantastischen Konstruktionen erborgen musste, und weil es mir gelungen zu sein scheint, aus alltäglichen Vorgängen Steigerungen bis in die heroische Sphäre empor zu erzielen. …»

In der Tat ist der Roman «Jüdinnen» eines seiner besten Prosabücher. Immer dann, wenn er zu phantastischen Konstruktionen neigte wie in «Schloß Nornepygge» und in seinen späteren historischen Romanen, auch in dem von ihm so geschätzten «Tycho Brahe», war er schwach. Wenn er sich auf seinen Erfahrungsraum beschränkte, war er stark: ein psychologischer Realist erster Klasse. Merkwürdigerweise wurde in fast all diesen Fällen die «gereiftere Erfahrung», wie er schreibt, aus der Sicht eines unreifen oder heranreifenden jungen Mannes gewonnen, so in «Jüdinnen», so in «Arnold Beer» und in «Stefan Rott». Es ist entweder ein Gymnasiast wie Hugo in «Jüdinnen» oder eben Stefan Rott oder es ist ein junger Mann, der gerade der Universität entlaufen ist wie Arnold Beer, oder der seine Ausbildung gerade abgeschlossen hat wie William Schurhaft. Erzählt Brod auch späterhin nicht mehr aus der Ich-Perspektive seines Helden wie in «Ein tschechisches Dienstmädchen», so ist doch die Er-Perspektive ganz auf den jungen Mann konzentriert. Der Held ist, könnte man sagen, weniger Gegenstand der Erzählung als vielmehr Subjekt der Erzählung: seine wache Sensibilität, seine differenzierende Beobachtungsgabe für seine Umgebung, vor allem für die Frauen, erschließt eine Welt, auch im Unscheinbaren, das doch unser Leben weitgehend ausmacht.

So ist das wichtigste Problem in «Jüdinnen» das der jüdischen Mutter: wie verheirate ich meine Tochter an einen netten wohlhabenden Mann. Glücklich die Welt vor 1914, in der das ein wichtiges Problem war. (Ist es nicht wirklich eine lebenswichtige Entscheidung: wen heirate ich?) Und glücklich die Romane, die davon handelten. Peter Demetz weist auf eine feine Tradition, in der hier Max Brod steht: in der des «Bade-Romans», den Jane Austen und Walter Scott etablierten. (Demetz, 139) Und so erinnert denn «Jüdinnen», vor allem in den Ausflügen der Kurgäste, an einen deutschen Schriftsteller, der ebenfalls von den Angelsachsen beeinflusst war: Theodor Fontane. Keine schlechte Nachbarschaft für einen jungen Autor, den man immer nur neben oder hinter Franz Kafka sieht.

Der Kurort ist Teplitz in Nord-Böhmen, die Kurgäste sind Juden aus Böhmen, die dort zur Kur bzw. in der Sommerfrische sind. Es ist eine Welt für sich und eine sehr vielfältige, die Brod mit leichter Hand zeichnet, eben in Begegnungen auf der Promenade, in Ausflügen, beim Tennis und beim Kegeln und schließlich bei einer Volksversammlung im Volkshaus. Da alle Figuren Juden sind, müssen die Antisemiten, die Tschechenhasser und die Deutschnationalen auch von Juden dargestellt werden. Einer von ihnen verkörpert all diese Haltungen in einer Person: Alfred, eine Art Otto Weininger, der die Tschechen verabscheut und die Frauen auch und den «Ariern» zu neigt. Er wird nicht ernst genommen, wirkt eher als komische Figur. Dass in ihr etwas von dem verkörpert ist, was später diese schöne jüdische Vorkriegswelt zerstören wird, konnte Brod damals nicht ahnen. Durch ihn und die von ihm inszenierte Schlägerei bei einer Versammlung im Volkshaus bricht die hässliche politische Außenwelt in die Handlung.

Hugo, der Held des Romans, ist ein siebzehnjähriger Real-Gymnasiast aus Prag, der die Sommerferien in Teplitz bei seiner Mutter verbringt, die nach dem Tod ihres Mannes in ihrem Haus eine Pension eingerichtet hat. Olga, ein Mädchen aus Kolin, wo die Familie früher wohnte, hilft ihr dabei. Sie ist die frische, gesunde Frau vom Lande, die keinen «Jargon», also Jiddisch, spricht, wie Irene vermutet. Irene wiederum ist die kapriziöse Frau aus der Stadt, Tochter einer wohlhabenden Prager Familie. Sie ist die weibliche Hauptfigur, sie steht im Mittelpunkt des Interesses von Hugo und damit des Lesers. Brod ist es gelungen, eine 24 Jahre junge Frau höchst differenziert darzustellen, ihre liebenswerte, mitunter auch schreckliche

Art umkreist er, meist durch Zwiegespräche mit Hugo, der von ihr fasziniert und wieder abgestoßen ist.

Brod sind hier in der Beschreibung der Frauen, neben Olga und Irene wäre noch Hugos Mutter zu nennen, psychologische Meisterstücke gelungen. Diese Beschreibung wird ihm zum Selbstzweck, könnte man sagen. Die Handlung ist dem gegenüber fast belanglos. «Richard und Samuel», der Reiseroman, den er mit Kafka begann, sollte ein Roman ohne Handlung werden. «Jüdinnen» ist ein solcher Roman fast geworden, ein wenig Handlung muss sein. Brod gelingt, was Kafka nicht gelingt: sind Kafkas Figuren nichts als Funktionen in der Handlung des Romans, so sind sie bei Max Brod um ihrer selbst willen wichtig, die Handlung verschwindet hinter ihnen. Brod liebte die Menschen, die Frauen zumal. Das Liebesbekenntnis, das Hugo dem Frauenhasser Alfred entgegenhält, mag Brods eigenes sein. Es führt aber nicht dazu, dass er die Frauen verherrlicht; er sieht jede Einzelne als Individualität mit ihren Vorzügen und Nachteilen. Er «versteht» sie. Und das mag auch erklären, warum der kleine, gedrungene Max Brod ein Frauenheld war, während der schöne groß gewachsene Franz Kafka immer mit ihnen Schwierigkeiten hatte.

Max Brod zeigt in «Jüdinnen» auch das Unglück der damaligen jungen Frauen aus «gutem Hause», sei es nun jüdisch oder nicht, das sie hinter ihrem geistreichen, mal bissigen, mal liebreizenden Gehabe verbargen. Irene: «Hugo, Sie wissen nichts von der Tragik eines Familienmädchens von heute. Wie sie im Schoß der Familie aufwächst, gleichsam behütet und umstellt von ihren Angehörigen – und doch ist sie schon während ihres Aufwachsens dem härtesten Daseinskampf ausgeliefert. Das eben ist der Schwindel. Diese scheinbare Geborgenheit und dieser wirkliche Kampf. Wer wird für sie sorgen, wenn sie keinen Mann bekommt? Und dabei muss doch immer der Schein der Sicherheit, des trauten Familienlebens ohne Angst … gewahrt werden. Und eben dadurch – und das ist das Schreckliche – ist das Mädchen nur passiv diesem Kampf ausgesetzt, aktiv aber darf sie nicht eingreifen.» (Jüdinnen, 176)

So hat auch Irene ein Geheimnis: ein Dr. Winternitz war mit ihr verlobt und hat die Verlobung wieder gelöst. Doch der Roman hat ein Happy End dank der klugen jüdischen Mama. Dr. Taubelis, Prager Augenarzt, von Irene nur «der Schnurrbart» genannt, kommt immer wieder zu Poppers zu Besuch, um Irenes Bruder, den Frauenhasser Alfred zu behandeln. Dem fehlt freilich nichts, die Mama hat es nur so eingefädelt. Alfred wird oft unerwartet abberufen und Taubelis trifft auf Irene. Schließlich macht er ihr einen Heiratsantrag und sie ist glücklich. Sie beziehen eine Wohnung auf der Prager Kleinseite und er eröffnet eine Praxis. Das Leben geht seinen Gang.

Über diesem heiteren Schluss liegt eine Finsternis, von der der Erzähler nichts weiß. Es ist schwer vorstellbar, dass alle diese Menschen ihr bescheidenes normales Leben 30 Jahre später mit dem Abtransport nach Theresienstadt und Auschwitz enden mussten. Es ist undenkbar. Es führt kein Weg, so scheint es, von dieser, wie auch immer kultivierten Vorkriegswelt Böhmens von 1911 in den Untergang.

Erst sehr viel später versuchte Max Brod den Todesstoß, den diese Welt 1914 erhielt, darzustellen: in «Stefan Rott oder das Jahr der Entscheidung», erschienen 1931. Das Jahr der Entscheidung ist das Jahr 1913 auf 14, also das Jahr vor dem Ersten Weltkrieg; Brod gibt hier ein Bild der Habsburger Gesellschaft im letzten Vorkriegsjahr – am Beispiel eines kleinen – diesmal nicht nur jüdischen – Kreises von Menschen in Prag. Brods Versuch erfolgte parallel zu dem Robert Musils, der in seinem Werk «Der Mann ohne Eigenschaften» ebenfalls dieses letzte Friedensjahr am Beispiel eines Kreises der Wiener Gesellschaft etwa zur selben Zeit zu schildern versuchte. Hier zeigt sich die Verwandtschaft Max Brods mit den großen österreichischen Erzählern seiner Zeit, allerdings auch seine größere Nähe zu Arthur Schnitzler und Stefan Zweig als zu Robert Musil. Der Erste Weltkrieg war die «Mutter-Katastrophe» des 20. Jahrhunderts in Europa. Daran lässt auch Brod keinen Zweifel. Sein letzter Satz: «Nun also ging der Krieg weiter und, aller guten Bindungen ledig, setzte die Erdkugel an zu ihrem großen Sturz ins Nichts.»

Brod lässt auch keinen Zweifel daran, wo die Urheber der Katastrophe sitzen: in der Führung in Wien. Das Verhängnis kommt für die Menschen in Prag von Außen, wenn auch Brod deutlich macht, dass in den Beziehungen dieser Menschen eine Verkommenheit um sich greift, die zum verhängnisvollen Vorzeichen wird. Die Geschichte ist wiederum recht einfach. Stefan Rott ist ein Prager Gymnasiast aus wohlhabender Familie, der Roman beginnt fashionabel auf dem Tennisplatz, der Erzähler bekommt aber dann Boden unter die Füße: die Situation in der Schulklasse, die Probleme des Heranwachsenden, seine philosophischen Überlegungen, sein Kontakt zu dem merkwürdigen katholischen Religionslehrer Werder, mit dem er sich schließlich befreundet und diskutiert. Hier hat Brod die philosophischen Erörterungen im Gespräch zwischen den zwei Figuren gut untergebracht, aber ähnlich wie Musil kann sich auch Brod nicht gänzlich zurückhalten: er philosophiert als Erzähler jedoch nicht nur, er politisiert auch. Es gibt zwei Passagen, in denen dies geschieht.

Die eine findet sich in einem Kapitel über die tschechischen Anarchisten, jedoch wird schon zuvor im Bild der Klasse einer Prager deutschen Schule die nicht spannungsfreie Atmosphäre geschildert. Da gibt es die sozialen Unterschiede innerhalb «der guten Kreise»: wer zu Hause keinen Diener hat, sondern nur ein Dienstmädchen, ist schon deklassiert. Anton Rott hat sich mit drei Schülern zu einer Gruppe zusammengetan, mit einem Verniola, Italiener aus Triest, dem dicken und witzigen Deutschen Stefan Auer und dem Juden Fritz Lion, der als werdender Künstler Grafiken in kleinem Format herstellt: «– in jüdischem Format nennt er es, nicht ohne Selbstironie und in schmerzlicher Hervorhebung seiner Abstammung, die ihn selbst noch inmitten dieser Gruppe der Isolierten isoliert – es gibt wohl noch einige Juden in der Klasse, aber mit denen spricht er nicht.» Die Figuren des Romans sind also durchweg Prager deutsche Christen, keine Juden, behauptet der Erzähler, aber auch sie stellen eine Welt für sich da, in der die Tschechen kaum eine Rolle spielen.

In der Klasse gibt es nur einen Tschechen, Dlouhy, der zudem ein Arbeiterkind ist, also doppelt gekennzeichnet als einziger Tscheche unter Deutschen und als einziger Armer unter Reichen bzw. Wohlhabenden. Die Sympathie des Erzählers gilt ihm, der zu Fuß aus einem Vorort Prags zur Schule ins Zentrum gehen muss, weil er kein Geld für die Tram hat, und der nach der Schule spät nach Hause kommt, weil er sich durch Nachhilfestunden Geld verdienen muss. Er geht so spät zu Bett, dass sein Hut morgens, wenn er aufsteht, noch am Haken wackelt, wie er sagt. Er ist also ein Außenseiter in der Klasse und wird von vielen gehänselt, aber nicht wegen seiner Nationalität, sondern wegen seiner Armut; er stinke, heißt es.

Später taucht Dlouhy wieder auf und ganz am Schluss des Romans noch einmal. An der Stelle, die hier interessiert, geht Brod auf eine reale Situation ein, die er – ungewöhnlich genug – mit seiner fiktionalen verbindet. Anton Rott folgt seinem Freund Stefan Liesegang zu den tschechischen Anarchisten, zu denen auch Dlouhy gehört. Und bei diesen im «Klub Mladych», also im Klub der Jungen, der sich in verschiedenen Kneipen versammelt, nicht zuletzt «U Sokola» in Karolinenthal, trifft Anton auf zwei bekannte Schriftsteller, die es tatsächlich gab, nämlich auf Franz Kafka und Jaroslav Hašek, außerdem auf Michal Mares. Dies ist ein nicht nur lustiges Impromptu, das zu bestätigen scheint, dass Michal Mareš vielleicht doch Recht hat, wenn er berichtet, Kafka habe mitunter an den Versammlungen der tschechischen Anarchisten teilgenommen.

Wie auch immer, im Roman heißt es: «... in einer andern Gruppe von Tschechen am Tisch in der großen Wirtsstube saß noch ein anderer deutscher Gast, sehr schlank, sehr jugendlich aussehend, obwohl er schon über dreißig Jahre alt sein sollte. Er sprach den ganzen Abend kein Wort, schaute nur aufmerksam aus großen grauen leuchtenden Augen, die zu dem braunen Gesicht unter dem dichten kohlschwarzen Haar seltsam kontrastierten. Es war der Dichter Franz Kafka. So ruhig pflegte er diesem Zirkel öfters zu assistieren. Kacha hatte ihn gern und nannte ihn einen «Klidaš», also einen «Schweigerich».» (Rott, 351)

In diesem Kreis der Jungen – und Brod lässt durchblicken, dass die Tschechen ein junges Volk seien, dem die Zukunft gehört – werden schöne Lieder gesungen wie: «Nieder mit der Schmach-Regierung! Hoch die Sozialdemokratie! Und die Prager Polizei, Bomben, Bomben werft auf sie!» usw. Es werden auch Umsturzpläne geschmiedet, aber es geschieht nichts, wiewohl Konfidenten der Polizei unter den Jungen sitzen. Doch als Ende Juli 1914 der Krieg ausbricht, werden alle auf einen Schlag verhaftet. Dlouhy kann entwischen. Er schneidet die Telegrafendrähte zwischen Prag und Wien durch, wird verhaftet und standrechtlich erschossen. Die liberale Regierung der k.u.k. Monarchie wird mit Ausbruch des Krieges zu einer brutalen. Das steht im letzten Kapitel.

Diese politischen Passagen sind nur notdürftig mit der fiktionalen Handlung verknüpft, sozusagen in sie eingesprengt. Zur Handlung: die zentrale Gestalt neben Stefan ist natürlich eine Frau, sie trägt den schönen Namen Phyllis, ist die Mutter von Stefans Freund Anton, eine attraktive und geheimnisvolle Dame, die Stefan verehrt und die er sogar erreicht, weil sie ihm weit entgegenkommt. Hier schildert Brod wieder meisterhaft das Auf und Ab einer ungewöhnlichen

Liebesbeziehung, hinter der noch eine andere hervortritt: Phyllis betrügt ihren Mann nicht nur mit Stefan, sondern auch mit dem bekannten Advokaten Dr. Urban, einem reichen, auch einflussreichen, leicht buckligen Mann, der sich Phyllis kauft, denn er zahlt ihrem bankrotten Mann das nötige Geld, mit dem dieser sein Geschäft über Wasser hält. Natürlich kommt Stefan erst nach und nach – und mit ihm der Leser – auf diese Zusammenhänge.

Eine Szene erinnert sogar an Kafkas Schilderung von Bürokratie: der Besuch Stefans im Büro des Advokaten. Lange Gänge, verschwiegene Diener, nutzloses Warten, flüchtige Ausreden. Dieses Klima der Ungewissheit hält jedoch der Erzähler nicht lange aus: schließlich tritt doch Dr. Urban auf, schließlich zeigt der mächtige Mann sogar Schwächen. Brod ist zu menschlich gesinnt; auch der harte Dr. Urban wird später vom Erzähler als Mensch in seiner Menschlichkeit gezeigt. Und wir können nicht umhin, ihn irgendwie sympathisch zu finden, während uns Frau Phyllis als berechnende herzlose Dame immer verdächtiger wird. Am Ende schießt sie, es ist Juli 1914, auf ihren Ehemann. Die private und die politische Handlung sind am selben Punkt angelangt: es wird nicht mehr geredet, es wird geschossen. Das Ende des alten Europa kündigt sich an.

Deshalb noch einen Blick zurück in die Welt des Prager deutschen Judentums vor dem Ersten Weltkrieg, die bei Max Brod zu ahnen ist, mehr als bei Franz Kafka: in seinen frühen Romanen hat er sie festgehalten und aufbewahrt. Der Roman «Arnold Beer», 1912 erschienen, heißt ja im Untertitel ausdrücklich: «Das Schicksal eines Juden».·

Der Roman hat drei Teile, im ersten Teil erscheint der junge Beer noch von der unfertigen Art des Indifferenten, er weiß nicht recht, wohin es mit ihm hinausgeht, im zweiten Teil muss er auf Druck des Vaters arbeiten. Hier will er eine Flugschau bei Prag nach dem Vorbild der Schau von Brescia einrichten, die Max Brod mit Kafka besucht hatte; Kafka schrieb darüber: Die Flugschau in Brescia. Arnold Beer sammelt Geld, baut Bretterbuden. Spannung erreicht der Erzähler aber erst wieder durch eine Frauenfigur: Lina, ein böhmendeutsches Mädchen, das ihm als Sekretärin zur Seite steht, keine Schönheit; sie drängt sich ihm auf, er weist sie zurück, kann aber auf ihre Hilfe nicht verzichten. Sie fasziniert ihn und schließlich kommt, was kommen muss. Daraufhin heißt es: «Seine Empfindung sofort nachher war ohne jeden Übergang: eine maßlose Wut gegen sich selbst. Also doch war es geschehen, trotz allen Inachtnehmens, also doch ...» Eine schöne Variante: die Frau verführt den Mann.

Der dritte Teil ist der umfangreichste und der beste des Romans: Arnold Beer fährt zu seiner Großmutter aufs Land. Die alte Dame ist eines dieser, nicht nur jüdischen liebenswerten Ungeheuer, die ihre Umgebung auf Trapp halten, alles beanstanden, krank zu sein behaupten, aber putzmunter sind, vor allem in ihrer Bosheit über alles und jeden. Die Charakterstudie dieser alten Frau ist so rundum gelungen, dass es eine Freude des Lesers ist; sicherlich diente Brods eigene Großmutter als Vorbild. Die alte Frau ist wiederum differenziert gezeichnet: mal ist sie uns sympathisch, mal gar nicht. In ihrer Rede – und sie redet viel, ihr Enkel Arnold Beer kommt kaum zu Wort –, ist wohl ein letztes Mal dieses böhmische Deutsch mit starken Einsprengseln des Jargons, also des Jiddischen erhalten. (Demetz, 139) Hier kann man es noch einmal nachlesen. Die Begegnung mit seiner Großmutter bringt Arnold Beer zu seinem Judentum zurück: als energischer junger Mann verlässt er sie und macht sich tatendurstig auf, nicht nach Prag, sondern nach Dresden und Berlin.

In seinem Nachwort zu «Arnold Beer» verteidigt sich Brod wieder gegen die Kritiker an den «Jüdinnen», diesmal gegen diejenigen, die ihm vorhielten, seine Figuren seien durchweg negativ. Dass er sie als lebendige Gestalten, deren Schwächen er neben ihren Stärken zeigte, schildern wollte, muss er also erst rechtfertigen. Und dass es nicht *den* Typus des Juden oder der Jüdin gibt, sondern unter Juden ebenso eine Vielfalt wie unter anderen Menschen auch: «Vielmehr scheint mir die Mannigfaltigkeit und das Umfassen vieler Gegensätze dem Judentum wesentlich zu sein.» Er hoffte sogar, durch die Darstellung möglichst vieler jüdischer Gestalten schließlich «aufsteigend zu einem höheren Typus des Gesamtjudentums» zu kommen. Dies gelang ihm nicht und hätte auch, wie immer, wenn er einen Typus bildete, der eine Idee statt eines Menschen darstellte, doch zum Klischee geführt. Dies geschieht in seinem, nicht nur von ihm gerühmten «Tycho Brahes Weg zu Gott» von 1915 und in seinem «Reubeni, Fürst der Juden» von 1925; das sind zwei erfolgreiche historische Romane, die nicht über Lion Feuchtwanger hinauskommen. Tycho Brahe, der bekannte Astronom, wird als eine launische, bedeutungsschwere Person mehr behauptet als dargestellt, seine Ausbrüche sind wenig motiviert. Wenig glaubwürdig auch der junge

Astronom Johannes Kepler, der hier ein so überaus vollkommener Mensch ist. Dass Brod diese beiden Figuren auch noch zu Trägern seiner Gottesauffassung macht, lässt sie nicht lebendiger erscheinen.

Da beeindruckt der erste Teil von «Reubeni» mehr: es ist der Versuch einer Schilderung des Prager Ghettos in der frühen Neuzeit; hier verfügt Brod über reiches Material, Kenntnis der Lokalitäten und der jüdischen Bräuche, auch der Kabbala. Diese Kenntnis fehlt ihm im zweiten Teil, in dem Reubeni durch Italien reist, von Venedig nach Rom, nach Spanien und Portugal, um Unterstützung zu finden für sein Reich, das es im Heiligen Land geben soll. Hier bleibt die Erzählung blass, eine phantastische Konstruktion. Natürlich ist darin der zionistische Wunsch auf Rückkehr nach Erez Israel zu sehen; der Zionismus Herzls wird in die Renaissance zurückdatiert. Es ist jedoch nicht nur ein Blick zurück, sondern auch – hellsichtig – ein Blick voraus: der jüdische Staat braucht die Unterstützung mächtiger christlicher Reiche gegen seine feindliche Umwelt, das weiß Reubeni, weshalb er diese Unterstützung beim Papst und beim König von Portugal sucht – so wie heute Israel die Unterstützung der Vereinigten Staaten von Amerika braucht. Doch die heikle Machtpolitik, der Brod hier das Wort redet, der doch sonst aus Liebe spricht, macht sein Buch nicht nur literarisch fragwürdig. Freilich weiß er – das schreibt er später in seiner Autobiographie «Streitbares Leben» –, dass die Verwirklichung einer Idee der Organisation bedarf und dass die «sehr irdisch verankerte Organisation» die Idee herabzieht und entstellt und «das Gute» verunreinigt. (Streitbares Leben, 52)

Besser als Politiker und besser als Erzähler ist Brod allemal, wenn er seine Menschenliebe zum Ausdruck bringt und sei es auch seine «Distanzliebe». Diesen Begriff hat er spät geprägt, aber dann auf seine frühe Haltung zu Deutschen und Tschechen übertragen. Sein Weg zum Judentum brachte für ihn, der sich mit Recht für einen bedeutenden deutschen Schriftsteller hielt, eine schmerzhafte Trennung vom deutschen Volk, mit dem er sich «in eins zu verschmelzen» gehofft hatte. Der deutschen Kultur, in der er erzogen worden war, blieb er natürlich treu, so schildert er es in seiner Autobiographie: «Schmerzlicher Abschied, der mich durchtobte.» «Es konnte Freundschaft mit dem deutschen Volk geben, Dankbarkeit für die vom deutschen Geist geschaffenen geistigen Werte, etwas, was ich (in viel späterer Zeit) als Distanzliebe bezeichnete.» Er liebt das deutsche Volk, so schreibt er, aber er gehört nicht dazu, deshalb die Distanz; er gehört zum jüdischen Volk. Doch: «Die Ehrfurcht vor dem eigenen Volkstum muss auch die Ehrfurcht vor jedem fremden Volkstum hervorrufen; man müht sich (mit wechselndem Erfolg), es zu verstehen.» (Streitbares Leben, 53)

So hat Brod mit wachsendem Erfolg sich auch bemüht, das tschechische Volk zu verstehen, auch dieses in «Distanzliebe» achtend. Zwei Beispiele sind bekannt: seine Förderung des Schriftstellers Jaroslav Hašek, dessen «Schwejk» er früh als überragenden Text erkannte, und seine Förderung und Verehrung für den großen Komponisten Leos Janáček. Nicht nur seinem Freunde Franz Kafka hat Max Brod den Weg in die Welt geebnet. Freilich trat er für niemanden so bedingungslos und selbstlos ein wie für diesen, den er schon als bedeutenden Schriftsteller pries, als er noch gar nichts veröffentlicht hatte.

4. Felix Weltsch und Oskar Baum.
Jüdische Freunde.

Franz Kafka hatte Glück. Glück mit seiner Begabung, Glück mit seiner Familie, Glück mit seinen Freunden, mag er das auch anders gesehen haben. Er war einsam und doch nie allein. Vom Glück in der Familie erzählt der Bericht eines tschechischen Kindermädchens Anna Pouzarova, die ein Jahr lang, von 1902 auf 1903, in der Familie Kafka lebte und die drei Schwestern betreute, die damals 15, 13 und 11 Jahre alt waren. Franz, der überaus große Bruder, er war ein Meter zweiundachtzig, 20 Jahre alt und Student, wirkte stark auf die Erziehung der Mädchen ein und duldete kaum Widerspruch. Die drei folgten ihm ergeben. So mussten sie nackt, wenn es nicht gar zu kalt war, Freiübungen machen. (Koch, 55 ff.)

Franz stand im Mittelpunkt der Aufmerksamkeit. Anna musste ihm jeden Morgen das Frühstück bringen, das die Mutter zubereitet hatte (Rezept siehe Koch, 56). Während Anna mit den drei Mädchen zu Mittag aß, speiste Franz in der Regel später mit der Mutter. Franz war zurückhaltend, aber überaus freundlich. Seine starke Ausstrahlung, sein gewinnendes Wesen, von dem alle berichten, die ihm begegneten, machte auch auf Anna großen Einruck. Er war liebenswürdig, zu Scherzen mit den Geschwistern aufgelegt. Er schrieb kleine Theaterstücke, die er mit ihnen inszenierte und aufführte zur Freude der Familie. Lediglich der Vater störte manchmal mit Geschimpfe die freundliche Atmosphäre. Franz war fleißig, er saß meist an seinem Schreibtisch und schrieb. Er war kerngesund, fuhr aber trotzdem zur Kur auf den «Weißen Hirsch» nach Dresden und kam mit dem Rezept eines köstlichen Gugelhupf zurück, den Anna hinfort bereiten musste und den nur er essen durfte. (Rezept siehe Koch, 63)

Die Nichte Gerti Kaufmann, Tochter von Elli, erinnert sich, dass Onkel Franz ganze Teller voll geschälter Mandeln und Nüsse bekam, die nur für ihn bestimmt waren. «Meine Mutter hat mir erzählt, dass, als sie noch alle Kinder waren, sie sehr von dem Onkel tyrannisiert wurden, so wie es ja natürlich ist für einen Bruder mit drei jüngeren Schwestern. Diese – ich möchte fast sagen – Anbetung hat sich erst in den späteren Jahren herausgebildet. Die Menschen in seiner Umgebung spürten seine Persönlichkeit auch ohne seine Bücher zu lesen, und er wurde von den meisten Menschen sehr geliebt und geschätzt.» Er hat diese Zuneigung kaum wahrgenommen. Gerti Kaufmann: «Gewöhnlich reagierte er darauf gar nicht, denn er war ganz in seine eigene Welt versponnen.» (Koch, 198) Er war in seiner eigenen Welt; seine eigene Welt ist deshalb so schwer auf seine Umwelt zurückzuführen.

Der einzige, so Gerti Kaufmann, «der vollkommen negativ auf ihn reagierte war sein Vater, dem wäre ein Sohn wie mein Vater (der Kaufmann Karl Hermann) lieber gewesen. Sein Sohn war ihm vollkommen fremd und eine große Enttäuschung.» Hier stießen zwei Gegensätze zusammen: der mit beiden Beinen auf der Erde stehende Tatmensch und der in seinen Vorstellungen verfangene Träumer. Um so besser, dass dieser Träumer Freunde fand. In der Zeit, in der Anna Pouzarova in der Familie lebte, waren dies Felix Přibram, dessen Vater Franz Kafka später eine Anstellung bei der Arbeiterunfallversicherung beschaffte, deren Direktor er war, und Camill Gibian. Sie machten gemeinsam Ausflüge mit dem Fahrrad; in Kafkas Zimmer – er hatte ein eigenes, worum ihn sein Klassenkamerad Hugo Bergmann beneidete – stand immer sein Fahrrad.

Mit Hugo Bergmann diskutierte Franz Kafka über Gott und die Welt, wie das Gymnasiasten gerne tun, sie sahen sich jeden Tag in der Schule und manchmal auch am Nachmittag. Bergmann erinnert sich, dass Franz damals Atheist oder doch Pantheist war und ihm den jüdischen Glauben nehmen wollte. Ausgerechnet vor dem Pessachfest versuchte Franz mit aller Spitzfindigkeit, deren er damals schon fähig war, Hugo vom Atheismus zu überzeugen. Der aber hielt stand: «Im Herzen brannte der Wunsch: wenn ich nur bis zum Sederabend durchhalte! Und es gelang. Diesmal besiegte mich die Dialektik von Franz nicht.» (Koch, 20) Er war also schon ein trefflicher Dialektiker, bevor er Jurisprudenz studiert hatte, und er nahm den jüdischen Glauben, der ihm angeboten wurde, nicht auf. Liegt dem allen – wie bei Freud – aber nicht doch die *talmudische* Dialektik zugrunde?

Beschwert er sich nicht im Brief an den Vater, dass ihm nichts an Judentum überliefert wurde? In der Familie Kafka wurden die jüdischen Feiertage nach altem Brauch streng begangen. Anna Pouzarova berichtet davon. Vor Pessach etwa sperrte Mutter Kafka alles Geschirr und Porzellan weg, das normalerweise benutzt wurde. Die Mädchen mussten in großen Körben das dafür bereit gehaltene Geschirr vom Speicher holen. Alle aßen nun Mazze, wie sich das gehörte, «nur Franz nicht, angeblich schmeckten sie ihm nicht». (Koch, 65) Allerdings den Leckerbissen, den man daraus machte, «Mazze loks», eine Art Pudding, den verspeiste auch er.

So war Franz auch ein Gegner des Zionismus in dieser Zeit. Hugo Bergmann, der schon als Zwanzigjähriger nach Galizien fuhr, um das Ost-Judentum an der Quelle zu studieren, war ein früher und entschiedener Anhänger des Zionismus und musste sich gegen Franz verteidigen. Der entdeckte erst 1911 beim Prager Gastspiel der jiddischen Schauspieltruppe im «Café Savoy» das Ostjudentum für sich und erst im Laufe des Ersten Weltkriegs wandte er sich dem Zionismus zu, freilich nie mit der Radikalität, mit der Hugo Bergmann ihn lebte, der 1920 mit seiner Familie nach Palästina auswanderte.

Ob Zionist oder nicht, als Juden wurden sie betrachtet, auch wenn sie nicht in die Synagoge gingen. Das bekamen sie immer wieder zu spüren. Es gab einen latenten, fast unauffälligen Antisemitismus, der sich immer wieder im Alltag äußerte und der sich im Berufsleben bei kleinen und großen Benachteiligungen zeigte. So hatten Juden, wenn sie sich nicht taufen ließen, kaum eine Chance auf eine gute Stelle im Staatsdienst oder an der Universität. Die beiden hoch begabten Freunde Franz Kafkas, Hugo Bergmann und Felix Weltsch, konnten nur Bibliothekare an der Universität werden, nicht aber Dozenten oder Professoren. Deshalb gingen die jüdischen Akademiker in die freien Berufe: sie wurden Advokaten oder Ärzte. Oder Journalisten und Schriftsteller, Berufe, wonach nicht wenige strebten. Siehe Kafka und seine Freunde: Hugo Bergmann und Felix Weltsch, zwei philosophische Schriftsteller, Max Brod und Oskar Baum, zwei belletristische Schriftsteller. Und er selbst, für den die Literatur alles war.

Der latente Antisemitismus konnte leicht manifest werden, in der Regel als Ausfluss nationaler Konflikte zwischen den Deutschen und den Tschechen. Die Tschechen wandten sich dann nicht nur gegen die Deutschen, sondern auch gegen die Juden, die sie zu den Deutschen zählten. So kam es 1897 zu blutigen Auseinandersetzungen, als die Wiener Regierung unter Badeni Deutsch und Tschechisch als Amtssprachen in Böhmen durchsetzen wollte; zunächst kam es zu Unruhen bei den Deutsch-Böhmen; die Maßnahme wurde zurückgenommen; dann kam es zu Unruhen bei den Tschechen, zum so genannten «Dezembersturm». Egon Erwin Kisch, dessen Bruder Paul ein Klassenkamerad Kafkas war, erinnerte sich später daran, wie es war, «zu denen zu gehören, die gehetzt, misshandelt wurden und selbst zu Hause nicht vor dem Wahnwitz der Gasse sicher waren, mitzuerleben, wie gebrandschatzt und zertrümmert wurde, wie der Feuerschein des Nationalen durch die ausgebrochenen Ladentüren und die zertrümmerten Fensterscheiben züngelte, überallhin, wie plötzlich durch die vorhin noch menschenvollen, heulenden, klirrenden Gassen die Hufe der Kavalleriepferde klapperten, die Trompeten Sturm bliesen, die Säbel und Bajonette in klarer Ordnung im Gaslicht blitzten.» (Stölzl, 63).

Franz Kafka war damals ein sechzehnjähriger Gymnasiast. Er war Jude, auch wenn er nicht die Bräuche einhielt und nur selten in die Synagoge ging, er war Jude, auch wenn er nicht als Zionist sich ausdrücklich zu seinem Judentum bekannte. Es war selbstverständlich, dass er nur jüdische Freunde hatte, dass er nur unter Juden verkehrte. Das war so alltäglich, dass es nicht reflektiert werden musste, wenn es auch Momente gab, in denen man mit Macht daran erinnert wurde. Reflektiert wurde die Ausnahme: so notiert Kafka sein Erstaunen, als er zum ersten Mal mit einem christlichen Mädchen zusammentraf. In der Tat, außer Milena Jesenska, waren alle, mit denen er engeren Kontakt hatte, Juden.

Sein erster enger Freund war sein Klassenkamerad Oskar Pollak, der, obwohl genauso alt wie Franz, eine starke und selbstsichere Persönlichkeit war mit weit gespannten Interessen. Franz warb um ihn und mit Recht, denn durch ihn erweiterte sich sein Horizont; Pollak beschäftigte sich nicht nur mit Literatur, sondern auch mit Kunst und Naturwissenschaften. Die Freundschaft begann wohl 1899 und löste sich im Laufe des Studiums, aber 1903 hatte Franz einen neuen, lebenslangen Freund gefunden: Max Brod. Das war in der «Lese- und Redehalle der deutschen Studenten in Prag», dem Mittelpunkt der jungen deutschen Akademiker. Es gab eine große Bibliothek und es gab Vorträge und Lesungen; die etwa 450 Mitglieder waren fast alle Juden. Hier hielt Max Brod einen Vortrag über Schopenhauer, in dem er Nietzsche einen Schwindler nannte, was Franz Kafka, damals von Nietzsche beeindruckt, nicht gelten lassen wollte. Es kam zum Gespräch, die halbe Nacht diskutierten die beiden miteinander, die Zeltnergasse hinauf- und hinuntergehend, nicht über Philosophie, sondern über Literatur. Brod schwärmte von einem mittelmäßigen Autor: Gustav Meyrink. Kafka hielt ihm einen bedeutenden Autor entgegen: Hugo von Hofmannsthal. Die Freundschaft begann.

Der quirlige, eloquente und erfolgreiche Max und der zurückhaltende, schweigsame, dafür aber bedächtige Franz. Hinfort konnte sich der schüchterne Franz nicht nur auf den energischen Max stützen, dieser gerne übertreibend, konnte sich auf das sachliche Urteil seines Freundes verlassen. Sie halfen sich gegenseitig. Von niemanden nahm der empfindliche Max Brod Kritik entgegen außer von Franz. So wie er andere bewunderte, so wollte er selbst auch bewundert sein. So entstand die kleine Bewunderungsschule Max und Franz, die dann 1904 ergänzt wurde durch Felix Weltsch und Oskar Baum; ein glückliches Quartett von zuverlässigen Freunden.

Weltsch, Jahrgang 1884 wie Brod, kannte diesen seit der Volksschule der Piaristen, eines katholischen Erziehungsordens, über den Brod Gutes zu berichten weiß (Streitbares Leben, 158). Später ging Weltsch auf das Altstädter Gymnasium, eine Klasse unter Kafka. Der Vater von Felix war Geschäftsmann wie der von Franz: er leitete die Firma «Salomon Weltsch Söhne», eine Tuchhandlung. Doch er war anders als Hermann Kafka: gastfreundlich und kunstinteressiert. Das mag an der Tradition der Familie gelegen haben, denn Großvater Salomon war Oberkantor der Klaus-Synagoge und Ehrenvorsitzender des Synagogenvorstandes. Felix besuchte nach dem Abitur die Talmud-Schule, begann aber dann doch das Universitätsstudium. Zunächst studierte er natürlich Jurisprudenz, nach seiner Promotion zum Dr. iur. dann endlich Philosophie und schloss wiederum mit dem Dr. phil. ab.

Das erste Buch schrieb Felix Weltsch zusammen mit Max Brod, der allerdings eingestand, dass Idee und Konzeption von Weltsch stammten: «Anschauung und Begriff», 1913 erschienen. Es ging um zwei Arten der Erkenntnis, die sie gleichberechtigt nebeneinander stehen ließen: Mystik und Rationalität, also die unmittelbare Einsicht und die vernünftig begründende. Es war später Robert Musil, der in seinem großen Roman «Der Mann ohne Eigenschaften» diese «zwei Bäume der Erkenntnis», wie er sie nannte, nebeneinander setzte, getreu seinem im Tagebuch formulierten Motto: «Mystik und Rationalität, das sind die Pole der Zeit». (Zimmermann 1) Pole heißt, sie ergänzen sich, schließen sich aber nicht aus. Genau dies meinten auch Weltsch und Brod und trafen damit ein Problem, das die Intellektuellen und Künstler der Zeit beschäftigte. Franz Kafka, der das Buch seiner Freunde natürlich las, sprach ja immer wieder von seinen traumwandlerischen oder gar hellseherischen Einsichten.

Der wichtige Lehrer von Felix Weltsch war der Prager Philosophie-Professor Christian von Ehrenfels, den auch Max Brod schätzte. Ehrenfels' «Kosmogonie», 1916 erschienen, gilt als Beginn der Gestalttheorie. Was Weltsch faszinierte, war das Kapitel «Religion und Philosophie», denn dies war sein Arbeitsbereich: die Religionsphilosophie. Von Ehrenfels: «Religion nennen wir jedes psychische Besitztum, welches seinem Eigner Weltvertrauen, inneren Halt gegen die Schrecknisse des Lebens und des Todes und sittliche Kraft verleiht.» Gerade darum war es Weltsch zu tun: um dieses Vertrauen, das ihm offensichtlich im gleichen Maße fehlte wie seinen Freunden und Zeitgenossen unter den Gebildeten, so dass sie danach suchten – nach einem Halt, der ihnen ihre «Existenz als sinnvoll erscheinen ließ», wie Weltsch in seinem Aufsatz «Franz Kafkas Geschichtsbewusstsein» später schrieb: «Es ist eines der tiefsten Bedürfnisse des Menschen, seine Existenz als sinnvoll zu betrachten, genauer, sie als Teil einer großen umfassenden Einheit, noch genauer, als einen wesentlichen produktiven Teil dieser Einheit anzusehen.» (Voigts 1, 394)

Unterschiedlich waren die Versuche, sich diese Einheit zu schaffen: Versuche in der Literatur, in der Religion, in der Politik. Egon Erwin Kisch wurde internationalistischer Kommunist, sein Bruder Paul Kisch wurde deutscher Nationalist. Franz Kafkas Vetter zweiten Grades Bruno Kafka ließ sich taufen und wurde Wortführer der deutschen Nationalliberalen in Prag, ein führender Politiker nach 1918 und ein entschiedener Juden-Gegner. (Brod, 157) Hugo Bergmann, Max Brod und Felix Weltsch wurden Zionisten, freilich höchst unterschiedliche. Bergmann ging nach Palästina, Brod und Weltsch folgten ihm erst, als sie vor den Nationalsozialisten fliehen mussten. Ihr Zionismus befriedigte ihre Sinnsuche nur unvollkommen. Max Brod schrieb ein umfangreiches Werk über «Heidentum, Judentum, Christentum», um sich seiner Position zu vergewissern. Felix Weltsch suchte noch in seinen späten Jahren in Israel nach einer Antwort auf die Frage nach dem Sinn des Leids in der Welt. Sein Buch «Sinn und Leid» ist lange nach seinem Tode von Manfred Voigts herausgegeben worden. Voigts: «Es ist die unübersehbare Stärke von Felix Weltsch, die Widersprüche der Welt nicht wegzudiskutieren, sondern in aller Klarheit und Schärfe zu analysieren und auszuhalten. Auch wenn Kafka seine philosophischen Wege nicht gehen konnte, war hier zweifellos eine Ähnlichkeit gegeben, die beide eng verband.» (Voigts 1, 394)

Die enge Freundschaft war ein Glück für die beiden, die klug und schüchtern zugleich waren. Sie verstanden einander, sie tauschten sich miteinander aus in seltener geistiger Intensität. Waren sie zusammen, so lachten sie viel.

Der vierte in diesem Freundschaftsbund war der blinde Dichter Oskar Baum. Oskar Baum, 1883 wie Kafka geboren, hätte allen Grund gehabt, mit seinem Schicksal zu hadern. Doch er jammerte nicht und wenn er eines nicht leiden konnte, der sonst so heiter und großmütig war, dann war es Mitleid. Er wollte kein Mitleid: «Es ist gut, dass ich blind bin, ich wäre sonst gewiss ein unglücklicher Mensch geworden.» (Baum, 102)

Baum ist in Pilsen geboren, auch sein Vater war Kaufmann und auch seine Familie richtete ihren Alltag noch nach den jüdischen Geboten. Baum war von Geburt an auf einem Auge blind, als elfjähriger Schüler verlor er bei einer Rauferei das zweite Auge. Tschechische Jungen hatten sich mit deutschen geprügelt, der deutsche Oskar Baum wurde unglücklich getroffen und verlor die Sehkraft. Er kam in eine Blindenanstalt nach Wien, in der er litt, aber alles lernte, was ihm später das Leben ermöglichte: Blindenschrift und Klavier- und Orgelspiel. Freunde überredeten ihn, nach Prag zu ziehen. Ein Grund war, dass er Max Brod kennen lernen sollte. In Prag verdiente er sich seinen Lebensunterhalt zunächst als Organist in einer Synagoge. Er heiratete, der erste der vier Freunde, der heiratete, Weltsch und Brod folgten. Er hielt Vorträge, er schrieb Musikkritiken und 1908 erschien sein erstes Buch «Uferdasein», eine Sammlung von Novellen, der ein Roman «Das Leben im Dunkeln» folgte, beide erfolgreich, beide aus der Erfahrung des Blinden mit dem Blindsein geschrieben. Andere Themen folgten. Der Roman «Die böse Unschuld» sei ein dokumentarisches Werk, schreibt Max Brod (Kreis, 146): «Wer jemals wird erkennen wollen, wie es vor dem Ersten Weltkrieg in einem kleinen tschechischen Landstädtchen zwischen Tschechen, Deutschen und Juden zugegangen ist, wird dieses Buch lesen müssen.» Es ist vergessen wie alle seine Werke.

Alle vierzehn Tage trafen die vier Freunde in der Wohnung eines der drei Verheirateten zusammen, die Frauen nahmen an den Sitzungen teil, die nach strenger Regel abliefen: «Nach dem Tee las einer der Freunde aus seiner letzten Arbeit. Dann folgte eine meist lebhafte Debatte, unter Beteiligung der Frauen. Lob, aber auch Tadel wurde nicht zurückgehalten. Später gab es die Ex-Kneipe. Ohne Alkohol. Aber mit spitzen Reden über Theater und Bücher, über politische Ereignisse und allbewegende Tagesfragen. Es ging oft sehr lustig her. Namentlich Kafka und Weltsch sowie meine Frau spielten mit Virtuosität auf dem Instrument des Humors. Erst gegen Mitternacht gingen wir heim», so berichtet Max Brod. (Baum, 98)

Freilich gab es manchmal, wie auch nicht, kleine Missstimmungen. So sagte Frau Baum, nachdem der «Reubeni» von Max Brod erschienen war: «Das Buch von Max? Abgeschrieben!» (Baum, 97) Und Kafka schrieb einmal an Brod: «Ich? Wenn sie so aneinander gereiht sind, die Nachrichten über dich, Felix und Oskar, und wie ich mich damit vergleiche, so scheint es mir, dass ich umherirre wie ein Kind in den Wäldern des Mannesalters.» (Baum, 106) Das ist sicherlich nicht falsch gesehen: er blieb immer kindlich, verglichen mit den drei Ehemännern, die sich im Leben behaupteten.

Und doch oder gerade deshalb schätzten sie ihn besonders. So schrieb Oskar Baum über ihn 1929 in der Zeitschrift «Wittiko»: «Wer ihn nicht kannte, kann sich vielleicht ein so bis ins letzte einzigartiges Wesen nicht vorstellen.» Und 1931 schrieb er im «Berliner Tagblatt», als Max Brod einen Band aus dem Nachlass veröffentlicht hatte: «Es passt so gut zum Wesen dieses Dichters, dieses genialen Heiligen – der so einzigartig durch unsere glaubensarme Zeit geht –, dass sich die öffentliche Entfaltung seines Werkes außerhalb seiner persönlichen irdischen Entwicklung vollzieht.» Wie sehr sein Werk von seinem privaten Leben abgetrennt ist, wie sehr sein liebenswürdiges Verhalten von seinen unnachsichtigen Erzählungen und Romanen sich abhebt, das deutet Oskar Baum hier an.

Franz Kafka hatte Glück: drei zuverlässige, lebenslange Freunde, die ihn wahrnahmen als der, der er war, die ihn nicht nur schätzten, sondern ihn verstanden im umfassenden Sinne des Wortes. Mit ihnen wären noch zwei weitere zu nennen, die ihn ein Stück des Lebenswegs begleiteten: der Schauspieler Jizchak Löwy und der Arzt Robert Klopstock, der ihm in seinen letzten Lebensjahren zur Seite stand. Und auch in der Liebe fand er zweimal dieses Glück: in der Begegnung mit Milena Jesenska und mit Dora Diamant.

In Thornton Wilders Theaterstück «Unsere kleine Stadt» wünscht sich eine tote Frau, noch einmal zwölf Jahre alt zu sein und mit der Mutter in der Küche zu backen. Ihr Wunsch wird erfüllt. Die Mutter ist beschäftigt, sie spricht mit dem Kind, sieht es aber nicht an. Das Kind ruft: «Sieh mich doch einmal an, einmal nur.» Die Mutter ist da, aber sie nimmt die Tochter nicht wahr. In diesem tieferen Sinne nahm auch Kafkas Mutter trotz aller Fürsorge ihren Sohn nicht wahr und der Vater erst recht nicht. Aber die Schwestern schließlich doch, und viele Menschen, gerade die so genannten einfachen Menschen, die ihn trafen, ihre Berichte belegen es, vor allem aber die genannten Freunde und die zwei Frauen, sie sahen ihn, sie nahmen ihn auf. Die Nachrufe auf den verstorbenen Freund belegen es, die Treue, mit der sie an ihm hingen auch nach seinem Tod, ihre Sorge um sein Werk.

5. Hugo Bergmann.
Zionismus und Theosophie.

«Rationalität und Mystik», der intellektuelle Horizont, der die Gespräche und Gedanken der Prager Freunde bezeichnet, bestimmte auch das Lebenswerk von Hugo Bergmann, der die beiden Pole so scharf umriss wie keiner der anderen. Zwei frühe Aufsätze, auf die Manfred Voigts hinweist, bezeichnen die Gegensätze, die sich bei ihm nicht ausschlossen: einer handelt «Über den analytischen Charakter des Existenztheorems in der reinen Mathematik», der andere von «Experimenten über Telepathie», beide erschienen 1909. (Voigts 2, 133)

Im selben Jahr veröffentlichte Bergmann auch seine Untersuchung über das philosophische Werk des Bernard Bolzano, eines Spätaufklärers im Böhmen des frühen 19. Jahrhunderts, eines ehemaligen Priesters, dem der deutsche Idealismus und die deutsche Romantik suspekt waren. Nicht unähnlich dem lebenden Vorbild Bergmanns: Franz Brentano, Neffe des romantischen Dichters, auch er ein entlaufener katholischer Priester, der einige Zeit Philosophie-Professor in Wien war. Seine Prager Anhänger trafen sich regelmäßig in einem Zimmer des «Café Louvre», Max Brod gehörte lange dazu, Felix Weltsch und manchmal auch Franz Kafka.

Just nach dem Aufklärer Bernard Bolzano nannte Rudolf Steiner die theosophische Loge, die er 1912 im Salon der Apothekersgattin Berta Fanta am Altstädterring in Prag begründete; es geschah dies zu Ehren Hugo Bergmanns, der natürlich Gründungsmitglied war, Theosoph und Zionist zugleich. (Fanta, 285) Frau Fanta, Tochter einer reichen jüdischen Familie und Frau eines wohlhabenden Mannes, deren Haushalt von Dienstmädchen geführt wurde, widmete sich den schönen Dingen, nicht unähnlich jener Frau Tuzzi, genannt Diotima, in Robert Musils Roman «Der Mann ohne Eigenschaften». Frau Fanta war die Schwiegermutter Hugo Bergmanns. Und ihre Schwärmerei, die einmal Immanuel Kant, einmal Rudolf Steiner galt, beeinflusste auch den Schwiegersohn, der die Lesekurse in ihrem Salon sachkundig leitete.

Es war diese Zeit, in der nicht nur Albert Einstein ein kurzes Gastspiel an der Prager deutschen Universität gab, 1911 auf 1912, – er schrieb später ein Geleitwort für Bergmanns Buch «Der Kampf um das Kausalgesetz in der jüngsten Physik» –, sondern in der auch die beliebten spiritistischen Sitzungen stattfanden, an denen manchmal auch Kafka und Brod teilnahmen. Else Bergmann, Hugo Bergmanns Frau, erinnert sich: «Ein schwerer Tisch … erhob sich und flog von einem Ende des Zimmers zum andern, wo er sich merkwürdig lautlos niedersetzte. Wir eilten herbei, schlossen wieder die Kette, worauf er sich anständig und seelenruhig wieder an seinen angestammten Platz stellte.» (Fanta, 257) Und Willy Haas: «Wir übten mit Werfel und anderen lange Spiritismus und Tischerücken im Keller eines Kaffeehauses, in dem vor uns schon Meyrink seine Experimente verübt hatte. Einmal war auch Kafka mit Max Brod zugegen. Kafka war völlig unbeeindruckt. ‹Dass die Sonne morgen früh aufgehen wird, ist ein Wunder›, sagte er ironisch, ‹aber dass ein Tisch sich bewegt, wenn Sie ihn so lange malträtieren, das ist kein Wunder.›» (Voigts 2, 135)

Diese Auffassung des Wunders ist der von Hugo Bergmann ähnlich: die Naturgesetze schienen ihm Wunder zu sein, die es zu ergründen galt. Das, was die Physik erforscht, erschien ihm wunderbar, und das, was bisher als Volksglaube oder Aberglaube galt, schien ihm der Erforschung wert. Diese merkwürdige Verbindung von Okkultismus und Wissenschaft zeigt sich ja noch in der «Geheimwissenschaft» Rudolf Steiners: was er über Wiedergeburt und Karma mitzuteilen hatte, sollte durchaus einem wissenschaftlichen Standpunkt genügen. Die Hörer sollten ihm nicht glauben, sie sollten ihn prüfen.

So wollte auch Bergmann die Rationalität in bisher nicht erforschte Bereiche wie die Telepathie hineintragen, wiederum getreu dem späteren Motto Ulrichs im «Mann ohne Eigenschaften»: «Mehr Genauigkeit in Sachen der Seele!» So befasste sich Bergmann auch mit Salomon Maimon unter diesem Gesichtspunkt: «Salomon Maimon und die Anfänge der wissenschaftlichen Parapsychologie». Er zitiert Maimon: «Man verfährt also hier am vernünftigsten, wenn man keines dieser beiden entgegengesetzten Systeme gänzlich verwirft, und von jedem mit gehöriger Einschränkung einen Gebrauch macht.» Und fügt dem hinzu: «Mit solcher Formulierung kam Maimon 1792 nahe an dasjenige heran, was unter dem Einfluss der Quantentheorie heute oft als letztes Wort der wissenschaftlichen Methode angesehen wird. Unsere Hypothesen müssen elastisch sein. Neue Tatsachen führen zu neuen Hypothesen, neue Hypothesen führen zur Entdeckung neuer Tatsachen. Dies ist der Weg der Wissenschaft überhaupt und auch der Weg der wissenschaftlichen Parapsychologie.» (Voigts 2, 137)

An Rudolf Steiners Vorträgen in Prag im März 1911 nahmen nicht nur Hugo Bergmann, Max Brod und Franz Kafka teil, sondern viele Mitglieder der Prager zionistischen Bewegung. (Voigts 2, 140) Das mag erstaunen, aber der Prager Zionismus war keine religiöse, sondern eine kulturelle und politische Gruppierung, die sich zwar auf die jüdische Tradition berief, der diese Tradition aber nicht mehr als religiöse lebendig war. Durch die Theosophie bzw. Anthroposophie konnte sie neu begriffen werden, zumindest ihr mystischer Teil, den man gewöhnlich Kabbala nennt. Rudolf Steiner war damals noch Wortführer der theosophischen Bewegung, erst 1913 gründete er seine eigene, die er Anthroposophie (Menschenweisheit) nannte. Theosophie (Gottesweisheit) ist im übrigen die eingeführte Bezeichnung für den Weg des mystischen Denkers welcher Richtung auch immer. Zwischen der Hierarchie der Welten in der Theosophie bzw. Anthroposophie Rudolf Steiners und der Hierarchie der Welten in der Kabbala gibt es durchaus Ähnlichkeiten, schließlich speiste sich Steiners Lehre aus der mystischen Tradition Europas, die – sei sie nun jüdisch oder christlich – letztlich auf den Neu-Platonismus Plotins zurückgeht. (Zimmermann 2)

Hugo Bergmann lernte bei diesen Vorträgen seinen Freund Ernst Müller kennen. Dieser Ernst Müller war schon 1907, worauf Manfred Voigts aufmerksam macht, nach Safed ins Heilige Land gereist, ein Ort der Kabbalisten seit alters her. Zurückgekehrt befasste sich Müller mit dem Buche Sohar, dem zentralen Werk der jüdischen Geheimlehre. Der 1913 vom «Verein Jüdischer Hochschüler Bar Kochba» in Prag herausgegebene Sammelband «Vom Judentum» enthielt im Anhang Übersetzungen «Aus dem Buche Sohar» von Bergmann und Müller, «wohl der erste Hinweis auf den Sohar in diesem Jahrhundert», wie Manfred Voigts schreibt, jedenfalls vor den Forschungen Gershom Scholems, die heute weithin bekannt sind. Müller veröffentlichte 1920 sein Buch «Der Sohar und seine Lehre». Zur dritten Auflage schrieb Bergmann ein Vorwort, in dem er auch auf die Anthroposophie Steiners einging, denn Seelenwanderung, Reinkarnation, Astralleib, das findet sich in der Kabbala auch.

Rudolf Steiner hielt im März 1911 insgesamt elf Vorträge, von denen Franz Kafka mindestens zwei, wenn nicht gar alle besuchte.

Kafka nahm Steiner so ernst, dass er ihn um eine Unterredung bat. Im Tagebuch unter dem 28. März 1911 berichtet er davon, freilich nur von seinem Besuch im Hotel Viktoria in der Jungmanngasse und von seiner wohl vorbereiteten Frage, die er in voller Länge aufzeichnet. Die alles entscheidende Antwort Steiners dagegen fehlt. Kafka: «Ich fühle wie ein großer Teil meines Wesens zur Theosophie hinstrebt, gleichzeitig habe ich vor ihr höchste Angst.» (Tagebuch 1, 30) Bevor er überhaupt sich mit Theosophie befasst, nach der es ihn immerhin verlangt, also nach «Erkenntnis der höheren Welten», hat er schon Angst vor ihr. Der Grund: sie lenkt ihn von der Literatur ab, die doch sein Hauptgeschäft ist: «Mein Glück, meine Fähigkeiten und jede Möglichkeit irgendwie zu nützen liegen seit jeher im Literarischen.» Seit jeher: bis dahin hatte Kafka fast nichts veröffentlicht, weshalb Steiner ihn auch bat, ihm etwas zu schicken, was auch geschah; auch hier fehlt wieder die Antwort Steiners. (9, 285)

Die Frage Kafkas geht weiter: «Und hier habe ich allerdings Zustände erlebt (nicht viele) die meiner Meinung nach den von Ihnen Herr Doktor beschriebenen hellseherischen Zuständen sehr nahe stehen, in welchen ich ganz und gar in jedem Einfall wohnte, aber jeden Einfall auch erfüllte und in welchen ich mich nicht nur an meinen Grenzen fühlte, sondern an den Grenzen des Menschlichen überhaupt.» Hier ist die durchaus ungewöhnliche Art seines Schreibens angedeutet: es ist ein gewissermaßen hellseherischer Zustand, ein «anderer Zustand», mit Musil wieder zu sprechen, aus dem heraus er seine Texte verfasst, die also gewissermaßen nicht von dieser Welt sind, sondern von den Grenzen dieser Welt. Das gibt ihnen in der Tat eine Nähe zu den mystischen Versuchen, die Grenzen dieser Welt durch Meditation und Askese zu überschreiten, um zu höheren Welten zu gelangen. Freilich ist Kafka nicht zufrieden damit, wie sollte es auch anders sein: «Nur die Ruhe der Begeisterung, wie sie dem Hellseher wahrscheinlich eigen ist, fehlte doch jenen Zuständen wenn auch nicht ganz. Ich schließe dies daraus, dass ich das Beste meiner Arbeiten nicht in jenen Zuständen geschrieben habe.» (9, 286)

Die Frage, die er nun Steiner vorlegt, ist natürlich ein Kafkasches Dilemma, aus dem es keinen Ausweg gibt: er muss ins Büro und er muss schreiben; schreibt er, ist er schlecht im Büro; ist er gut im Büro, schreibt er nichts. Beides gut zu vollbringen, das gelingt ihm nicht. Und nun soll er auch noch sich mit einer dritten Sache befassen: der

Theosophie: «Werde ich, ein gegenwärtig schon so unglücklicher Mensch die 3 zu einem Ende führen können? Ich bin gekommen Herr Doktor Sie das zu fragen, denn ich ahne, dass, wenn Sie mich dessen für fähig halten, ich es auch wirklich auf mich nehmen kann.» Was hätte Steiner antworten können? Kafka hätte ihm nicht folgen können. Für ihn gab es keinen Ausweg. Als die gutmütige Grete Bloch, der er Briefe lang klagte, dass er nicht schlafen könne, ihm riet, doch abends eine Tasse Baldrian-Tee zu trinken, lehnte er empört ab: das wäre ein ungeheurer Eingriff in seinen Organismus. (Felice, 587) Einen so nahe liegenden Ratschlag wie Grete Bloch hat Rudolf Steiner Kafka anscheinend nicht gegeben. Nach dem, was Max Brod berichtet, hat er Kafka sogar missverstanden, was diesen zu einem «schmerzlich-nervösen Lachen» brachte, als er Max Brod davon erzählte (Streitbares Leben, 183). Kafkas Enttäuschung – Enttäuschung auch später beim Besuch eines 1915 in Prag weilenden Wunderrabbis, Max Brod weist mit Recht darauf hin – kam nicht daher, dass er nicht etwas «Höheres» erwartet hätte, also dass er nicht etwas «Höheres» für möglich hielt, sondern daher, dass seine hohen Erwartungen von Rudolf Steiner, der damals großes Aufsehen in Prag erregte, nicht erfüllt wurden.

Kafka sah genau hin. Auch diesmal, und da zeigt sich wieder der begabte Schriftsteller: in seiner Wahrnehmung: «Er nickte von Zeit zu Zeit, was er scheinbar für ein Hilfsmittel einer starken Konzentration hält. Am Anfang störte ihn ein stiller Schnupfen, es rann ihm aus der Nase, immerfort arbeitete er mit dem Taschentuch bis tief in die Nase hinein, einen Finger in jedem Nasenloch.» (9, 31) Ähnlich dann im September 1915 beim Besuch des Wunderrabbi in Zizkov mit Max Brod und Jiri Langer: «Kratzt sich am Bartansatz, schnäuzt durch die Hand auf den Fußboden, greift mit den Fingern in die Speisen – wenn er aber ein Weilchen die Hand auf dem Tisch liegen lässt, sieht man das Weiß der Haut, wie man ein ähnliches Weiß nur in den Vorstellungen der Kindheit gesehen zu haben glaubt.» (11, 98) Dieser Eindruck von «schmutzig und rein», wie er vorher schreibt, fasziniert ihn – mehr als das, was die Herren zu sagen haben. Hier die unappetitliche Art des Schnupfens und des Schnäuzens, dort der höchste Anspruch auf Weisheit: dieses Missverhältnis zwischen der Armseligkeit des Alltags, in dem wir leben, und der Erkenntnis der höheren Welten, nach der wir streben, kann nur ironisch dargestellt werden. Kafka hat es mit grimmiger Ironie immer wieder offen gelegt, auch an sich selbst. Bei allen Schwierigkeiten, auch selbstgeschaffenen, unter denen er litt, darf dieses andere jedoch nicht vergessen werden, das ihn antrieb, dieses nahezu zwanghafte Streben nach «den Grenzen des Menschlichen».

Zu Beginn des Jahres 1922 schreibt er in sein Tagebuch: «Dieses Jagen nimmt die Richtung aus der Menschheit. Die Einsamkeit, die mir zum größten Teil seit jeher aufgezwungen war, zum Teil von mir gesucht wurde – doch was war auch dies anderes als Zwang – wird jetzt ganz unzweideutig und geht aufs Äußerste. Wohin führt sie? Sie kann, dies scheint am zwingendsten, zum Irrsinn führen, darüber kann nichts weiter gesagt werden, die Jagd geht durch mich und zerreißt mich. Oder aber ich kann – ich kann? – sei es auch nur zum winzigsten Teil, mich aufrecht erhalten, lasse mich also von der Jagd tragen. Wohin komme ich dann? Jagd ist ja nur ein Bild, ich kann auch sagen Ansturm gegen die letzte irdische Grenze, und zwar Ansturm von unten, von den Menschen her, und kann, da auch dies nur ein Bild ist, es ersetzen durch das Bild des Ansturms von oben, zu mir herab.» (11, 198) Hier ist wieder dasselbe Bild, das er schon 1911 im Gespräch mit Rudolf Steiner benutzte: «an den Grenzen des Menschlichen». Er sieht dann auch den Zusammenhang von Zionismus und Theosophie, also Kabbala, indem er fortfährt: «Diese ganze Literatur ist Ansturm gegen die Grenze, und sie hätte sich, wenn nicht der Zionismus dazwischengekommen wäre, leicht zu einer neuen Geheimlehre, einer Kabbala, entwickeln können. Ansätze dazu bestehen.» (11, 199)

Wenn Kafka von Kabbala spricht, weiß er, wovon er spricht: aus der Lektüre, nicht zuletzt des Sammelbands «Vom Judentum», aus den Gesprächen, nicht zuletzt mit seinen Freunden Weltsch und Bergmann. Doch, anders als Bergmann, sieht er keine Verbindung zwischen Zionismus und Theosophie, sondern einen Gegensatz: sie schließen sich aus. Der Zionismus ist der Theosophie hinderlich, mit Bedauern stellt er das fest. Doch auch ohne dieses Hindernis wäre schwerlich etwas aus dieser neuen Geheimlehre geworden, meint er zum Schluss dieser Überlegung: «Allerdings ein wie unbegreifliches Genie wird hier verlangt, das neu seine Wurzeln in die alten Jahrhunderte treibt oder die alten Jahrhunderte neu erschafft und mit all dem sich nicht ausgibt, sondern jetzt erst sich auszugeben beginnt.» Vielleicht war er dieses Genie.

6. Felice Bauer.
Die Geburt des Schriftstellers.

Der Tagebuch-Eintrag vom Januar 1922, der ihn schließlich zu Kabbala und Zionismus führt, beginnt mit der Feststellung eines Zusammenbruchs. Der Grund: «Die Uhren stimmen nicht überein, die innere jagt in einer teuflischen oder dämonischen oder jedenfalls unmenschlichen Art, die äußere geht stockend ihren gewöhnlichen Gang. Was kann anderes geschehen, als dass sich die zwei verschiedenen Welten trennen und sie trennen sich oder reißen zumindest an einander in einer fürchterlichen Art.» (11, 198) Hier konstatiert er diese Kluft zwischen seiner inneren Welt und der äußeren Welt, der Grund dafür, dass diese innere Welt schwerlich auf die äußere, in der er lebte, zurückgeführt werden kann. Diese Kluft, am Anfang gering, aber wohl immer vorhanden, wurde im Laufe seines Lebens immer größer, bis diese innere Welt, die in seinem Werk sich entfaltete, die äußere Welt zu verdrängen drohte. Und sie dann tatsächlich gänzlich verdrängte: er starb. Die innere ist, in der Schrift fixiert, uns geblieben. Und dies Teuflische oder doch Dämonische, das ihn plagte, wird man ohne Mühe in dieser Schrift erkennen können.

Er brauchte die Verbindung zur äußeren Welt, wie hätte er sonst leben können, aber er brauchte sie auch, um seine innere Welt aufs Papier zu bringen. Er bedurfte, vor allem am Anfang, eines Ansporns, eines Anstoßes von außen, um schreiben zu können und zu publizieren. Er bedurfte einer Verbindung, wie notdürftig auch immer, zur realen Welt, damit er sich frei schreiben konnte. Diese Nabelschnur zur Realität suchte er sich in einem Menschen, der in seiner umsichtigen Art die Realität zu verkörpern schien. Für den Mann ist das in der Regel eine Frau. Für Franz Kafka war es Felice Bauer.

Eine Liebesgeschichte. Ein junger Mann, nennen wir ihn K., besucht seinen Freund und trifft dort unverhofft auf entfernte Verwandte dieses Freundes, darunter eine junge Frau aus Berlin, nennen wir sie F. B.. Diese Frau gefällt ihm, K. zieht sie ins Gespräch, ironisch planen sie eine Reise nach Palästina. Kaum ist F. B. nach Berlin zurückgekehrt, erhält sie aus Prag einen Brief von K., der sie gerne wiedersehen möchte. Sie treffen sich drei Wochen später in

Berlin. Sie schreiben sich daraufhin fast täglich, sie treffen sich immer wieder. Schließlich weihen sie ihre Familien ein und verloben sich. Eine Wohnung wird gefunden, Möbel werden gekauft, kaum ein Jahr ist nach der ersten Begegnung vergangen und das glückliche Paar heiratet. So hätte es sein können. So war es aber nicht.

Am 13. August 1912 sieht Franz Kafka Felice Bauer bei Max Brod; laut Tagebuch-Eintrag machte sie keinen sehr vorteilhaften Eindruck auf ihn; er beschreibt sie kalt und distanziert (10, 79). Den ersten Brief an sie verfasst er erst fünf Wochen später am 20. September. Da Felice Bauer ihm nicht antwortet, wendet er sich zweimal an Sophie Friedmann, Max Brods Schwester, die in Berlin mit einem Vetter Felice Bauers verheiratet ist; er bittet um ihre Fürsprache. Am 23. Oktober endlich antwortet Felice Bauer. Am 15. und 22. November schließlich muss der gefällige Max Brod zwei Briefe an Felice schreiben, um für seinen Freund zu werben. Offensichtlich liegt diesem sehr an ihr. Er wirbt um sie, er will sie für sich gewinnen. Aber: er will sie nicht sehen. Er fährt nicht nach Berlin. Er will mit ihr Briefe tauschen, er will ihr schreiben und er will, dass sie ihm schreibt. Er ist süchtig nach Nachrichten von ihr: wie sieht die Firma aus, in der sie arbeitet, wie sieht die Straße aus, in der sie wohnt, wie das Zimmer. Der Freund Löwy, der gerade in Berlin gastiert, muss in die Immanuelkirchstraße eilen und eine Beschreibung von Straße und Haus liefern; er beschreibt das falsche Haus, wie sich dann herausstellt. Es scheint, als sammle Franz Kafka Material. Erst am 23. März 1913, also ein dreiviertel Jahr nach der ersten Begegnung, sehen sich Franz und Felice in Berlin für zwei Tage.

Seine Sehnsucht, ihr zu schreiben, ist jedenfalls größer als seine Sehnsucht, sie zu sehen. Am 11. und 12. Mai 1913 folgt ein zweites Treffen in Berlin, dann sehen sie sich erst am 8. und 9. November wieder, mehr als ein halbes Jahr später. Am 28. Februar 1914 erst kommt es zur nächsten Begegnung. Zu Ostern, nämlich am 12. April 1914, verloben sie sich inoffiziell, am 1. Mai kommt Felice Bauer zur Wohnungssuche nach Prag, und zu Pfingsten, am 30. Mai 1914 gibt es die offizielle Verlobung in Berlin. Schon sechs Wochen später, am 12. Juli 1914, wird die Verlobung wieder gelöst. Am Tag darauf fährt Franz Kafka von Berlin an die Ostsee zu einem zweiwöchigen Urlaub – anscheinend voll Erleichterung und wegen der Erleichterung mit Schuldgefühlen.

Bis zur offiziellen Verlobung hat Franz Kafka Felice Bauer nur sechs Mal getroffen und jeweils nur einen oder zwei Tage und dies im Laufe von fast zwei Jahren. Aber er hat ihr so viele Briefe geschrieben, dass die Publikation allein seiner Briefe – ihre sind leider nicht erhalten – mehr als 700 Seiten umfasst. Eine Liebesgeschichte war es nicht. Wozu brauchte er diese Frau, wozu missbrauchte er sie, die eine normale Liebesgeschichte erwartete oder doch eine normale Heiratsgeschichte? Zum Schreiben!

Die zeitliche Übereinstimmung zwischen dem Schreiben der Briefe und dem Schreiben der ersten wichtigen Bücher ist offensichtlich. In der Nacht von 22. auf den 23. September 1912 wird die Erzählung «Das Urteil» niedergeschrieben, zwei Tage nach dem ersten Brief an Felice, also auch ohne Schuldgefühl, das aus dieser misslungenen Beziehung entstanden sein könnte, denn sie hatte ja noch gar nicht begonnen. Vom 17. November bis 7. Dezember schreibt er sein erstes Meisterwerk, die Erzählung «Die Verwandlung». Zugleich kommen die ersten Publikationen: im Dezember 1912 die Sammlung kleiner Prosastücke «Betrachtung» und im Mai 1913 «Der Heizer», das erste Kapitel des Amerika-Romans «Der Verschollene». Der Schriftsteller Franz Kafka hat sich etabliert.

So wie der Beginn der Bekanntschaft mit Felice Bauer einen Schub des Schreibens auslöste, so das Ende. Anfang August 1914, nach Entlobung und Ferien an der Ostsee, beginnt Franz Kafka die Arbeit am Roman «Der Proceß»; im Oktober schreibt er in zwei Wochen Urlaub am Proceß-Roman weiter, aber auch die Erzählung «In der Strafkolonie» entsteht und das letzte Kapitel des Fragment gebliebenen Amerika-Romans: «Das Naturteater von Oklahoma». Am 23. und 24. Januar 1915 trifft er erstmals nach der Entlobung Felice Bauer wieder, diesmal in Bodenbach an der böhmisch-sächsischen Grenze, sozusagen auf halbem Wege zwischen Prag und Berlin. Er liest ihr «Vor dem Gesetz» vor, die «Türhüterlegende», wie er sie im Tagebuch nennt; es ist eine seiner knappen, klaren, unübertrefflichen Arbeiten, die auch nach Myriaden von Deutungen frisch geblieben ist wie am ersten Tag. Diese Lesung könnte man als seinen Dank an Felice Bauer betrachten: er liest ihr vor, was sie hervorgerufen hat, ohne es zu wissen und zu wollen.

Die Welt, die er im Kopf trägt, die ihn bedrängt und bedrückt, muss er bannen, indem er sie aufs Papier bringt; er muss sie in der Schrift festhalten, um sich von ihr zu befreien. Das kann im Brief geschehen und das kann in Erzählung und Roman geschehen, aber nie und nimmer im Gespräch, wie ausführlich es auch sein mag. Er kann fast täglich mit Max Brod sprechen, der so viel Verständnis für ihn hat, doch die Fülle der Gedanken und Bedenken, vor allem der Bedenken, die er in sich bewegt, kann er ihm im Gespräch nicht in aller Detailfreude darlegen. Das kann er nur in der Schrift, die einen hohen Grad an Differenziertheit ermöglicht. Er muss schreiben; es ist für ihn ein Akt der Selbsterhaltung und der Selbstbefreiung. Er muss Briefe schreiben. Und er schafft sich dazu eine Partnerin, die er dazu bringt, ihn anzuhören, ihm zu antworten. Er will wahrgenommen werden in allen kleinen Verästelungen seines Wesens, in allen kleinen Verrichtungen seines Alltags; im Gegenzug dazu will er auch die Partnerin wahrnehmen. Doch braucht er sie vor allem als anteilnehmende Adressatin.

Im Schreiben lernt er schreiben. «Liebste! Was ist das doch für eine ausnehmend ekelhafte Geschichte, die ich jetzt wieder beiseite lege, um mich in den Gedanken an Dich zu erholen. Sie ist jetzt schon ein Stück über die Hälfte fortgeschritten und ich bin auch im allgemeinen mit ihr nicht unzufrieden, aber ekelhaft ist sie grenzenlos und solche Dinge, siehst Du, kommen aus dem gleichen Herzen, in dem Du wohnst und das Du als Wohnung duldest. Sei darüber nicht traurig, denn wer weiß, je mehr ich schreibe, und je mehr ich mich befreie, desto reiner und würdiger werde ich vielleicht für Dich, aber sicher ist noch vieles aus mir hinauszuwerfen und die Nächte können gar nicht lang genug sein für dieses übrigens äußerst wollüstige Geschäft.» (Felice, 117) Dies schreibt er in der Nacht vom 23. auf den 24. November 1912, als er an «Die Verwandlung» arbeitet.

Den Vorgang der Reinigung und Befreiung durch Schreiben nennt er hier offen, doch wenn er meint, dass Felice Bauer nur sein freundliches, von diesen ekelhaften Geschichten befreites Herz besitze, so sagt er nicht die volle Wahrheit. Denn auch sie muss seine ekelhafte Seite kennen lernen. Deshalb haben alle, die ihn nur als Menschen, nicht aber als Schreibenden kannten, einen so außerordentlichen Eindruck von ihm erhalten: sie sahen seine sanfte Freundlichkeit, die er an den Tag legte, wenn er rücksichtsvoll und höflich war, offen für Mensch und Tier, einer Fliege konnte er nichts zu leide tun. Sie kannten nicht die andere Seite, die er in die Nacht legte. Diese düstere Seite, die ihn bedrängte, konnte er nur durch Schreiben fassen und festhalten. Da er Felice Bauer schrieb und vor allem schrieb, sein freundliches Wesen lernte sie selten kennen bei den wenigen Begegnungen, zog er sie hinein in diese düstere Welt und machte aus dieser Ver- und Entlobung mit ihr ebenfalls eine «ekelhafte» Geschichte, «teuflisch in aller Unschuld», wie er nach der Entlobung ins Tagebuch schrieb.

Am 23. November 1912, also einen Tag vor dem zitierten Brief, schrieb er Felice Bauer: «Liebste, mein Gott, wie lieb ich Dich!» Nun müsste doch eine weitergehende Erklärung kommen, der Wunsch, sie zu sehen, sie zu umarmen, zu küssen. Nichts da: «Es ist sehr spät in der Nacht, ich habe meine kleine Geschichte weggelegt …» Und den ganzen langen Absatz lang geht es nur um diese vermaledeite Käfer-Geschichte. Der Schlussabsatz ist auch nicht besser: «Glaube übrigens nicht, dass ich immer gar so traurig bin, das bin ich doch nicht, bis auf einen Punkt habe ich mich wenigstens bis aufs äußerste in keiner Hinsicht zu beklagen und alles bis auf jenen einen ausnahmslos schwarzen Punkt kann ja noch gut und schön und mit Deiner Güte herrlich werden.» (Felice, 116–117) Doch er ist stärker als sie, ihre Güte wird nicht helfen, seine Unnachgiebigkeit wird siegen, diese radikale Konsequenz, die sein Werk so bedeutend macht und seinem Leben die Schwere vermittelt: der schwarze Punkt wird immer größer werden. Mit grimmigem Genuss, so scheint es, vollzieht er diese Entwicklung.

Man muss sehr bedauern, dass Felice Bauers Briefe nicht erhalten sind. Der Kontrapunkt des vernünftigen, an der Realität orientierten, zu lebenserleichternden Kompromissen befähigten Menschen fehlt uns. So müssen wir uns aus seinen Erwiderungen ihre klugen Argumente rekonstruieren, gegen die er vollkommen immun ist. Als sie ihm das Beispiel eines Bekannten aus Breslau nennt: «Du missverstehst mich, F. Was Du mir über den Breslauer Bekannten schreibst, kümmert mich gar nicht; wie er heißt, wie er verheiratet ist, kümmert mich gar nicht; er selbst kümmert mich ja überhaupt nicht.» (Felice, 566)

Wie viel Verständnis hatte sie für ihn, wie wenig er für sie. Allerdings: wie wenig verstand sie ihn wirklich. Und: wie wenig verstand er sie. Und das, was er verstand, lehnte er ab; es war diese gut bürgerliche Welt seiner Eltern, die er loswerden wollte und nicht konnte, die er in ihr wieder traf, aber auch wieder treffen wollte; warum suchte er sie sich denn sonst als Partnerin aus? Hat sie nicht sogar eine gewisse Ähnlichkeit mit seiner Mutter? Und durchlebte er an ihr nicht all das wieder aufs Neue, was er an der Mutter erlebt und erlitten hatte?

Ende Oktober 1914, also etwa drei Monate nach der Entlobung, schreibt er ihr: «In Wirklichkeit stellt sich das nun so dar, dass Du das alles vollständig hättest anerkennen müssen, dass Du hättest einsehen müssen, dass alles, was dort geschieht, auch für Dich geschieht, und dass alles, was die Arbeit für sich braucht, nicht Trotz, nicht Laune, sondern Hilfsmittel ist, zum Teil notwendig an sich, zum Teil durch meine für diese Arbeit äußerst feindlichen Lebensumstände erzwungen.» Und nun kommt die bekannte Jammer-Arie über die unzureichende Wohnung, die Zeit im Büro, die Schlaflosigkeit in der Nacht, die er durch seinen langen Nachmittagsschlaf natürlich befördert. Man beachte die beiden «müssen»: sie hätte müssen! Er ist von einer geradezu unmenschlichen Unerbittlichkeit. Und seine einzige Entschuldigung ist: er ist von einer noch größeren Unerbittlichkeit gegen sich selbst.

So ist Felice Bauer zu einem Teil seiner Welt geworden, er hat sie schreibend zu einem Teil seines Selbst gemacht; er hat sie sich angeeignet, ohne sie zu heiraten, also ohne die übliche Gegengabe dafür zu zahlen. Und Felice Bauer ist sich in dieser Beziehung fremd geworden. Und doch hat sie sich noch einmal auf all das, was sie schon zur Genüge kannte, eingelassen, fasziniert von diesem in jeder Hinsicht außerordentlichen Menschen. Im Januar 1915 treffen sich die beiden in Bodenbach, im Juni 1915 dann in Karlsbad; im Juli 1916 machen sie zum ersten und letzten Mal gemeinsam Ferien in Marienbad und ein Jahr später im Juli 1917 verloben sie sich wieder, diesmal in Prag. Sie treffen sich also kaum mehr als einmal im Jahr! Und doch schien alles noch gut zu werden. Aber sechs Wochen später, wie beim ersten Mal, folgt wieder die Entlobung, diesmal von der Krankheit erzwungen: ein Blutsturz zeigt die Tuberkulose an, eine Krankheit, die er herbeigesehnt zu haben scheint. Er kann die Verlobung guten Gewissens wieder lösen.

Felice Bauer fährt daraufhin im September 1917 nach Zürau in Nordwestböhmen, wo Franz Kafka bei seiner Schwester Ottla wohnt. Am 21. September schreibt er in sein Tagebuch: «Felice war hier, fährt um mich zu sehen 30 Stunden, ich hätte es verhindern müssen. So wie ich es mir vorstelle, trägt sie, wesentlich durch meine Schuld, ein Äußerstes an Unglück. Ich selbst weiß mich nicht zu fassen, bin gänzlich gefühllos, ebenso hilflos, denke an die Störung einiger meiner Bequemlichkeiten und spiele als einziges Zugeständnis etwas Komödie.» (11, 164) Er ist wieder der schärfste Kritiker seiner selbst: er verstellt sich, seine Gefühle sind geheuchelt, er ist «gänzlich gefühllos». «In Kleinigkeiten hat sie Unrecht, Unrecht in der Verteidigung ihres angeblichen oder auch wirklichen Rechtes, im Ganzen aber ist sie eine unschuldig zu schwerer Folter Verurteilte; ich habe das Unrecht getan, wegen dessen sie gefoltert wird und bediene außerdem das Folterinstrument.» (11, 164) Sie ist unschuldig und doch zu schwerer Folter verurteilt, eine Konstellation, die man sich merken muss, und er ist derjenige, der das Unrecht tat, und er ist derjenige, der das Foltergerät bedient; er ist Täter und Richter zugleich, auch dies eine Konstellation, die man sich merken muss.

Sein letzter Brief an Felice Bauer ist vom 16. Oktober 1917; danach hat er ihr anscheinend nicht mehr geschrieben. Zu Weihnachten 1917 war Felice Bauer noch einmal in Prag. Es war das Ende ihrer Geschichte. Felice hatte ihre Schuldigkeit getan, Franz blieben noch sieben Jahre für seine Arbeit.

7. Beschreibung eines Kampfes.
Hochzeitsvorbereitungen auf dem Lande

«Es waren und sind in mir zwei, die miteinander kämpfen.» Das schreibt Franz Kafka im Brief an Felice Bauer vom Ende Oktober 1914, also nach der ersten Entlobung. «Der eine ist fast so, wie Du ihn wolltest ... Der andere aber denkt nur an die Arbeit, sie ist seine einzige Sorge, sie macht, dass ihm die gemeinsten Vorstellungen nicht fremd sind ... Die zwei kämpfen nun, aber es ist kein wirklicher Kampf, bei dem je zwei Hände gegeneinander losschlagen. Der erste ist abhängig vom zweiten, er wäre niemals, aus inneren Gründen niemals im Stande, ihn niederzuwerfen, vielmehr ist er glücklich, wenn der zweite glücklich ist ...» (Felice, 617) Die zwei Seelen in seiner Brust bezeichnet er hier, einmal die nach Heirat und bürgerlichem Leben sich sehnende, ja, die gibt es auch, zum andern die sich ganz und gar der Literatur verschreibende, die ist die beherrschende. Sie setzt sich immer durch.

Nach der zweiten Entlobung kommt er am 1. Oktober 1917 wieder auf diese zwei Kämpfer zurück, diesmal aber mit einer Variation: «Dass zwei in mir kämpfen, weißt Du. Dass der bessere der zwei Dir gehört, daran zweifle ich gerade in den letzten Tagen am wenigsten. Über den Verlauf des Kampfes bist du ja auch in 5 Jahren durch Wort und Schweigen und durch ihre Mischungen unterrichtet worden, meistens zu Deiner Qual.» (Felice, 755) Sie gehörte schließlich zu einer der beiden Seiten, die gegeneinander kämpften, zwar zur besseren, aber eben doch zu der Seite, die immer den Kürzeren zieht, weil ihr die überlegene und skrupellose Seite gegenüber steht. Und hier kommt nun die Variante: das Boshafte in diesem anderen Kämpfer tritt hervor: «Ich bin ein lügnerischer Mensch, ich kann das Gleichgewicht nicht anders halten, mein Kahn ist sehr brüchig.» Der Absatz, der folgt, ist ihm so wichtig, dass er ihn in einem Brief an Max Brod abschreibt nach der ironischen Bemerkung: «Was sagst Du zu diesem blendenden Stück Selbsterkenntnis, das ich mir aus einem Brief an F. abgeschrieben habe. Es wäre eine gute Grabschrift.» (Briefe, 178)

Die «Grabschrift» lautet: «Wenn ich mich auf mein Endziel hin prüfe, so ergibt sich, dass ich nicht eigentlich danach strebe, ein guter Mensch zu werden und einem höchsten Gericht zu entsprechen, sondern, sehr gegensätzlich, die ganze Menschen- und Tiergemeinschaft zu überblicken, ihre grundlegenden Vorlieben, Wünsche, sittlichen Ideale zu erkennen und mich dann möglichst bald dahin zu entwickeln, dass ich durchaus allen wohlgefällig würde und zwar – hier kommt der Sprung – so wohlgefällig, dass ich, ohne die allgemeine Liebe zu verlieren, schließlich als einziger Sünder, der nicht gebraten wird, die mir innewohnende Gemeinheit offen, vor aller Augen ausführen dürfte. Zusammengefasst kommt es mir also nur auf das Menschen- und Tiergericht an und dieses will ich überdies betrügen, allerdings ohne Betrug.» (Briefe, 178)

Wie ist das gemeint: Betrügen ohne Betrug? Das eine Ich betrügt, das andere von diesem bekämpfte nicht? Wichtiger als die Aussage, die eh schwankt in seinen verschiedenen Äußerungen, sind die Kategorien, in denen er denkt, mit denen er die Welt betrachtet, seine Welt. Da ist von einem Gericht die Rede, von einem höchsten Gericht, vor dem der Mensch als gut erscheinen will. Das will er nicht, er will vor dem Menschen- und Tiergericht, vor Menschen und Tieren allein sich behaupten, aber nicht vor dem höchsten, dann doch wohl göttlichen Gericht. Er will die Menschen- und Tierwelt erkennen, er will geliebt werden, er will die in ihm wohnenden Gemeinheiten ungestraft ausleben. Also:.Gericht und Strafe, Gut und Böse, Reinheit und Sünde, Lüge und Betrug. Dies die Kategorien, zu denen die Folter aus der Tagebuch-Eintragung passt. Und Gut und Böse passen vortrefflich zu den beiden Kämpfern, die in den Briefen an Felice Bauer genannt werden.

Eine frühere Arbeit Franz Kafkas, der früheste längere Text, lange vor der Begegnung mit Felice Bauer entstanden, heißt «Beschreibung eines Kampfes». Max Brod berichtet, diese Erzählung sei das erste Werk, das Kafka ihm vorgelesen habe. (5, 256) Kafka begann es 1904, also mit 21 Jahren. Um so erstaunlicher, dass er eine Konstellation hier skizziert, wie unzureichend auch immer, die später wiederkehrt, also offensichtlich grundlegend für ihn ist und schon vorhanden, bevor er die Lebenserfahrungen machte, die als Ursache für diese Konstellation gerne angenommen wird.

Es ist zunächst die Auseinandersetzung zwischen zwei Kämpfern, die bedrohlich zu werden droht: «Jetzt kam offenbar der Mord. Ich werde bei ihm bleiben und er wird das Messer, dessen Griff er in der Tasche schon hält, an seinem Rock in die Höhe führen gegen mich. Es ist unwahrscheinlich, dass er sich wundern wird, wie einfach die Sache ist, aber vielleicht doch, wer kann das wissen. Ich werde nicht schreien, ich werde ihn nur anschauen, solange die Augen es aushalten.» (5, 108) Ein «Polizeimann» erscheint, glücklicherweise sollte man denken, doch: «Erst dieser Polizeimann, der zweihundert Schritte von einem baldigen Mord nur sich selbst sah und hörte, machte mir eine Art von Angst.» (109) Nicht das drohende Messer, sondern der Polizist macht ihm Angst. Nimmt dies nicht schon das Ende Josef K.s im Roman «Der Proceß» vorweg? Auch er folgt brav und widerstrebend zugleich den beiden Henkern, die das Messer in ihn bohren werden, und er beschleunigt seine Schritte, als er Polizisten sieht, die ihm doch helfen könnten. Auch der Gang durch die Stadt, das enge Nebeneinandergehen, die merkwürdige Attraktion des gefährlichen Anderen: das nimmt Elemente des letzten Kapitels des Romans «Der Proceß» vorweg.

Der Ich-Erzähler lernt diesen merkwürdigen Menschen auf einer Abendgesellschaft kennen und verlässt mit ihm das Haus. Sie streifen durch das nächtliche Prag, durch die Ferdinandstraße, dann das Moldau-Ufer entlang zur Karlsbrücke. Der rätselhafte Begleiter stößt den Ich-Erzähler ab und zieht ihn auch wieder an, so dass er ihn nicht verlassen kann, auch nicht, als dieser ihn fortschicken möchte. Bei ihm zu bleiben sei gefährlich, sagt er. Zum angekündigten Mord kommt es aber nicht, schließlich trennen sie sich doch. Und ausgerechnet der Ich-Erzähler sagt zu dem anderen: «Und fürchten müssen Sie sich vor mir nicht, das ist wirklich überflüssig.» Und: «Ich hörte ihn noch lachen.» (5, 112). Hätte er nicht vor dem Lachenden sich fürchten müssen? Wer bekämpft hier wen, sind die beiden gegeneinander im Kampf und miteinander im Bunde? So scheint es.

Die Konstellation zweier Kämpfender wiederholt sich im nächsten Kapitel, das unverbunden neben diesem ersten steht. Es fällt ja auf, wie wenig ihm hier gelingt, worin er später Meister ist: eine stringente Handlungsführung, von allem überflüssigen Beiwerk befreit. Hier plätschert die Handlung dahin, mal vage, mal detailtreue Beschreibungen der Gegend, belanglose Gespräche, zwischen denen dann doch Bedrohliches aufblitzt. Zur Alltagsrealität hatte schon das erste Kapitel wenig Bezug: mit dem Weggang aus der Abendgesellschaft – und der erfolgt bald – betreten die beiden Kämpfer eine Prager Traumlandschaft: der Mond scheint über der Altstadt und die beiden verhalten sich höchst ungewöhnlich.

Im zweiten Teil, der in der Fassung A, also der ersten Fassung des Textes, den Titel trägt «Belustigungen oder Beweis dessen, dass es unmöglich ist zu leben», ist der Realitätsbezug völlig gekappt. Da reitet ein Ich-Erzähler auf einem Bekannten, den er wie ein Pferd traktiert und quält, bis er zusammenbricht: «Da er mir nicht mehr nützlich sein konnte, ließ ich ihn auf den Steinen und pfiff nur einige Geier aus der Höhe herab, die sich gehorsam und mit ernstem Schnabel auf ihn setzten, ihn zu bewachen.» Oder zu fressen, wie es Geier zu tun pflegen. Die Härte und Rücksichtslosigkeit fallen auf, die dem Erzähler eine gewisse Freude bereiten. Der Erzähler ist hier noch mit seiner Perspektive auf der Seite des siegenden Kämpfers, später, in den späteren Erzählungen und Romanen, wird er in der Regel den unterliegenden Kämpfer begleiten und aus dessen Sicht erzählen. Auffallend ist auch: der junge Mann von 21 Jahren, der hier schreibt, hat noch gar nicht gelebt und weiß doch schon – siehe Titel –, dass es unmöglich ist zu leben. Früh hat er sich dafür entschieden, ohne Gründe, gar Beweise dafür zu haben, wie er behauptet.

Es folgen Bilder, Szenen, Gespräche, die an solche des Traums erinnern. Einmal sagt es auch der Erzähler: «Ich schlief und fuhr mit meinem ganzen Wesen in den Traum hinein.» (116) Ein andermal schreibt er, dass er nach seinem Willen die Landschaft zu verändern vermag. Der Weg ist ihm zu steil, also «ließ ich den Weg flacher werden und sich in der Entfernung endlich zu einem Tale senken.» (5, 114). Ein Dicker, fett wie ein Buddha, wird von vier Männern auf einer Sänfte ins Wasser getragen, die Männer ertrinken, der Dicke schwimmt mit dem Strom und erzählt dem Ich-Erzähler, der ihm am Ufer folgt, seine Geschichten.

Im letzten Teil der «Beschreibung eines Kampfes» treten die beiden Kämpfer des ersten Teils wieder an, diesmal sind sie auf dem Laurenziberg angekommen. Der andere macht dem Ich-Erzähler Vorwürfe: «Sie leben aber. Sie töten sich nicht. Niemand liebt sie. Sie erreichen nichts. Den nächsten Augenblick können sie nicht beherrschen. Da reden Sie so zu mir, Sie gemeiner Mensch. Lieben können Sie nicht, nichts erregt Sie außer Angst. Schauen Sie doch, meine Brust.» (5, 95) Und er zeigt ihm seine breite Brust. Hier kommt die Unsicherheit des jungen, noch allzu jungen Menschen zum Ausdruck, der sich noch nicht gefunden hat. Und der sich nicht finden wird, wohl auch nicht finden will. Bevor er es überhaupt versucht hat, ist er schon fertig mit dem Leben.

Die Bruchstücke, die hier versprengt auftauchen, treten später zu Geschichten zusammen, zu fiktionalen Geschichten und zu seiner Lebensgeschichte, die ja auch seine Geschichte ist so wie seine Erzählungen und Romane: auch diese hat er verfasst mit grimmiger Konsequenz. Auch die Verlobung wird hier schon als Vorwurf genannt, bevor überhaupt eine in Sicht ist: «Ich stand auf mit matt verzogenem Munde, trat in den Rasen hinter der Bank, zerbrach auch einige beschneite Ästchen und sagte dem Bekannten ins Ohr: Ich bin verlobt, ich gestehe es.» Warum ist das ein Schuldbekenntnis? Schuld ohne Grund, denn warum sollte man sich schuldig machen, wenn man sich verlobt?

Von Verlobung und bevorstehender Hochzeit ist auch in der zweiten längeren Arbeit die Rede, die lange vor der Begegnung mit Felice Bauer entstand: «Hochzeitsvorbereitungen auf dem Lande». Begonnen wurde sie wohl 1906, also nach dem Studium, aber vor der Anstellung in der Versicherungsanstalt Assicurazioni Generali 1907, von der er schon 1908 in die Arbeiter-Unfall-Versicherungs-Anstalt wechselte. Wie an der «Beschreibung eines Kampfes» arbeitet er auch an diesem Text jahrelang, ohne ihn vollenden zu können. Es sind Fingerübungen eines werdenden Schriftstellers, freilich solche, in denen sich seine Obsessionen schon deutlich zeigen, Belege dafür, dass sie aus ihm selber kommen und nicht aus seinen Lebenserfahrungen, denen er sie später zuordnete. Oder besser: die er später unter dem Blick dieser Obsessionen erlebte und erfasste.

Vier wichtige Themen treten hier schon hervor. Einmal die Belastung durch das Amt, die den Menschen in ein «man», seine soziale Rolle, und in ein «ich», seine eigenen Wünsche und Hoffnungen, aufspalten, wie es heißt, es sind also wiederum zwei Kämpfer, wenn auch diesmal nicht so benannt. (5, 15) Der Beamte Raban – die zwei Silben mit dem A sind dem Namen Kafka nachgebildet – ist auf dem Wege von der Stadt aufs Land, wo seine Verlobte wartet; dort wird er heiraten.

Dies das zweite Thema: die Verlobung. Betty ist «ein ältliches hübsches Mädchen» (5, 21), offensichtlich nicht sonderlich attraktiv für ihn (5, 35), von Liebe ist nicht die Rede, aber davon, dass diese Heirat seine schöne Ruhe stören wird: «Und doch weiß ich nicht ob ich es noch können werde, denn es ist nicht so leicht, wie ich es mir denke, da ich noch allein bin und noch alles thun kann, noch zurückgehen wenn ich will.» (5, 26) Er geht nicht zurück, kommt aber auch nicht an, jedenfalls nicht in der Fragment gebliebenen Erzählung, die immerhin aus einer fortlaufenden Handlungsfolge besteht, die den Weg durch die Stadt zum Bahnhof schildert, die Bahnfahrt, die Ankunft am Dorf-Bahnhof, von wo man mit der Kutsche noch ein tüchtiges Stück Wegs zurücklegen muss. Raban sitzt in der Kutsche und wartet auf den Kutscher, das ist eine Szene, die eine spätere Szene – K. in der Kutsche des Beamten Klamm im Roman «Das Schloß» – vorwegzunehmen scheint. Doch hier kommt der Kutscher noch, dort im «Schloß»-Roman kommt keiner mehr, die Ausweglosigkeit hat zugenommen. Auch der Weg des Raban ins fremde Dorf hat eine gewisse Ähnlichkeit mit dem Weg K.s, der seine Heimat verlassen hat, um ins Dorf unterm Schloss zu wandern. Freilich erfahren wir über seine Herkunft nichts. Aber auch dieser Raban wird in seinem Dorf fremd sein, wenn wohl auch noch nicht so fremd wie später der arme K. in seinem.

Und auch Raban kommt nicht ans Ziel. Dies das dritte Thema: Weg und Ziel und die Unmöglichkeit, den Weg zu finden oder doch das Ziel zu erreichen. Und erreicht man es doch, ist es das falsche.

Raban möchte am liebsten das Ziel nicht erreichen, so scheint es, denn die Heirat, zu der er aufbrach, ist ihm nicht erstrebenswert.

Das vierte Thema: der Käfer, der in «Die Verwandlung» 1912 wieder erscheint, beginnt sich hier 1906 zu regen: «Ich habe wie ich im Bett liege die Gestalt eines großen Käfers, eines Hirschkäfers oder eines Maikäfers glaube ich.» (5, 18) Nun weiß man also, dass es keine Wanze ist, sondern ein Hirsch- oder Maikäfer, also ein ziemlich angenehmes Insekt. Der Wunschtraum – wiederum richtet sich die Wirklichkeit nach den Wünschen des Ich-Erzählers – macht es möglich: «Ich schicke meinen angekleideten Körper nur.» (18) Der angekleidete Körper wird als Beamter losgeschickt und der Beamte selbst bleibt gemütlich im Bett: «Eines Käfers große Gestalt, ja.», heißt es in der Fassung A, also der ersten und ausführlichsten des Textes, «Ich stellte es dann so an als handle es sich um einen Winterschlaf und ich presste meine Beinchen an meinen gebauchten Leib. Und ich lisple eine kleine Zahl Worte, das sind Anordnungen an meinen traurigen Körper ...» (5, 18)

In diesen beiden frühen Arbeiten haben wir also schon die wichtigen Gesichtspunkte, nach denen Franz Kafka sein Leben sieht und entwirft und seine Texte auch, ebenso wie seine Briefe. Die Ablehnung einer Verlobung ist schon da, bevor auch nur die Möglichkeit einer Verlobung gegeben ist, die Abneigung gegen das Amt zeigt sich bereits, bevor er eines angetreten hat. Den inneren Zwiespalt formuliert er in Kämpfen zwischen ähnlichen Figuren, auch im Wunsch zu töten und in der Angst getötet zu werden, wobei er zwischen den beiden Kämpfern hin- und herstreift, einmal auf Seiten des Täters, einmal auf Seiten des Richters, denn beide sind in ihm und bedrängen sich dort. Wie schreibt er an Grete Bloch am 15. Oktober 1914: «Sie saßen zwar im Askanischen Hof als Richterin über mir – es war abscheulich, für Sie, für mich, für alle – aber es sah nur so aus, in Wirklichkeit saß ich auf Ihrem Platz und habe ihn bis heute nicht verlassen.» (Felice, 614)

Seine innere Traumwelt ist es, die ihn beschäftigt; in diesen beiden frühen Texten ist sie noch deutlicher also sonst zu erkennen; er muss sie festhalten; geschieht es hier auch noch unzureichend, so doch unter demselben Zwang wie später: er muss es aufschreiben. Am 6. August 1914, der Krieg ist ausgebrochen und mit Abscheu beobachtet er die patriotischen Umzüge in Prag, schreibt er ins Tagebuch: «Von der Literatur aus gesehen ist mein Schicksal sehr einfach. Der Sinn für die Darstellung meines traumhaften inneren Lebens hat alles andere ins Nebensächliche gerückt, und es ist in einer schrecklichen Weise verkümmert und hört nicht auf, zu verkümmern. Nichts anderes kann mich jemals zufrieden stellen.» (10, 167)

Am 31. Juli 1914 hatte er aufgeschrieben: «Es ist allgemeine Mobilisierung. K. und P. sind einberufen. Jetzt bekomme ich den Lohn des Alleinseins. Es ist allerdings kaum ein Lohn, Alleinsein bringt nur Strafen. Immerhin, ich bin wenig berührt und entschlossener als jemals. Nachmittags werde ich in der Fabrik sein müssen, wohnen werde ich nicht zu Hause, denn E. mit den beiden Kindern übersiedelt zu uns. Aber schreiben werde ich trotz alledem, unbedingt, es ist mein Kampf um die Selbsterhaltung.» (10, 164)

Schreiben ist sein Kampf um die Selbsterhaltung, auch und gerade in der neuen durch den Krieg hervorgerufenen Situation. Dies darf als zweiter Anstoß zu den Arbeiten gelten, die nun entstehen: In der Strafkolonie, Der Proceß und das Naturteater von Oklahoma, um die wichtigsten zu nennen. Ist die Entlobung der erste Anstoß, ist der Kriegsausbruch der zweite, der ihn zum Schreiben führt, zur Selbstbehauptung im Schreiben. Freilich ist das, was er dann schreibt, etwas anderes als das, was den Anstoß zum Schreiben gab.

Und doch trägt er, der sich so sehr in seine eigene Welt zurückgezogen hatte, hier das Schicksal seiner Generation, die durch den Krieg ins Chaos gestürzt wurde, war dies auch 1914 für die meisten noch nicht absehbar. Die Katastrophe des 20. Jahrhunderts begann. Franz Kafka, der immer schwarz sah, sah es kommen, ohne darauf einzugehen. Seine dunkle Traumwelt kam nun, merkwürdig genug, an die äußere Realität des gewalttätigen Machtapparats, der sich in Gang setzte, näher heran als die Welt anderer Schriftsteller, die sich an dieser äußeren Realität orientiert hatten.

8. Das Urteil. Der Sohn.

Ob man die kleine Geschichte «Das Urteil», die Franz Kafka in der Nacht vom 22. auf den 23. September 1912 schrieb und Felice Bauer widmete, auch für bedeutsam hielte, wenn man sonst nichts von diesem Autor kennen und wissen würde? Heute erscheint sie als Schlüssel zu seinem Leben und Werk und wird mit dem «Brief an den Vater», mit dessen Hilfe sie denn auch häufig gelesen wird, verglichen als Ausdruck des Kampfs mit dem unerbittlichen Vater.

Die Geschichte fängt an wie eine realistische Erzählung des 19. Jahrhunderts: «Es war an einem Sonntagvormittag im schönsten Frühjahr. Georg Bendemann, ein junger Kaufmann, saß ...» Der junge Kaufmann führt nach dem Tod der Mutter das Geschäft des Vaters, in dem dieser auch noch tätig ist, höchst erfolgreich. Erfolglos ist dagegen sein Freund, der nach St. Petersburg auswanderte, um dort ein Geschäft zu eröffnen; er ist ein kontaktscheuer Junggeselle, der seit drei Jahren nicht mehr in der Heimat war. Georg Bendemann schreibt ihm, scheut sich aber, ihm die wichtigste Neuigkeit mitzuteilen: er hat sich verlobt mit einem Fräulein Frieda Brandenfeld. Die Namensähnlichkeiten sind beabsichtigt: hinter Frieda Brandenfeld versteckt sich Felice Bauer und Georg hat so viele Buchstaben wie Franz, Bende so viele wie Kafka, die beiden e stehen für die beiden a. Franz Kafka selbst verweist darauf im Tagebuch. (10, 125) So liegt die autobiographische Deutung nahe.

Doch ist Kafka ins Geschäft des Vaters eingetreten, war er dort höchst erfolgreich, erfolgreicher als der Vater? Mitnichten. Kafka ähnelt eher dem isolierten missvergnügten Freund in St. Petersburg, der wiederum, merkwürdig genug, ein Sohn nach dem Herzen des Vaters ist, wie dieser Georg später mitteilt. Wäre Kafkas Vater nicht höchst glücklich darüber gewesen, er hätte einen solch geschäftstüchtigen Sohn wie Georg gehabt, der auch noch die Tochter aus einem wohlhabenden Hause heiratete? Kafkas Vater hätte den Sohn keineswegs zum Tode verurteilt, sondern herzlich umarmt: er wäre ein Sohn nach seinem Herzen gewesen.

Es hat also, könnte man sagen, eine Verschiebung stattgefunden: im Mittelpunkt der Erzählung steht Georg, dem Franz ganz und gar nicht ähnelt, am Rande der Erzählung steht der Freund in St. Petersburg, der nie auftritt, aber eine wichtige Rolle spielt. Ihm ähnelt Franz schon: auch er ist ein Junggeselle und Eigenbrötler. Aber gerade diesen erfolglosen Eigenbrötler schätzt der Vater Bendemann sehr. Ist die Erzählung also Ausdruck eines guten Verhältnisses von Franz zu seinem Vater? Die Mutter fehlt in der Geschichte, sie ist gestorben. Steht sie zwischen den beiden und bringt ihr Tod die beiden erst zusammen? Rätsel über Rätsel.

Im Brief an Felice Bauer schreibt Franz Kafka: «Findest Du im Urteil irgendeinen Sinn, ich meine irgendeinen geraden, zusammenhängenden, verfolgbaren Sinn? Ich finde ihn nicht und kann auch nichts darin erklären. Aber es ist vieles Merkwürdige daran.» (Felice, 394)

In der Tat ist die Geschichte recht unzusammenhängend, sie gleicht mehr einem Traum mit seinen unglaublichen Verschiebungen und Wendungen als einer halbwegs glaubwürdig motivierten realistischen Geschichte, als die «Das Urteil» doch begann; freilich macht sie das auch wieder reizvoll. Die sechs mangelhaft begründeten Wendungen in der Erzählung könnten allerdings einen kritischen Betrachter auch dazu führen, die Geschichte mangelhaft zu nennen.

Die erste: Warum scheut sich Georg, seinem Freund die Verlobung mitzuteilen? Warum sollte dieser etwas dagegen haben? Das wird nirgends begründet. Müsste sich der Freund nicht freuen, dass Georg eine Frau gefunden hat, die er liebt? Sollte dies nicht der Fall sein, müsste es doch in der Geschichte erläutert werden. Schließlich teilt Georg dem Freund im Brief doch die Verlobung mit. Dies aber muss er dem Vater erklären, denn der Freund «ist ein schwieriger Mensch». (1, 45)

Die zweite: Warum zweifelt der Vater daran, dass es diesen Freund gibt? «Du hast keinen Freund in Petersburg.» (1, 47) Warum quälte sich dann Georg mit der Frage, ob er diesem Freund von der Verlobung schreiben sollte? Der Leser muss also annehmen, dass der alte kränkliche Vater schon ein wenig verwirrt ist. Georg behandelt ihn entsprechend fürsorglich und will ihn wieder ins Bett bringen. Der Vater spielt wie ein Kind mit der Uhrkette Georgs, scheint also ziemlich kindisch geworden zu sein.

Die dritte: Warum sagt dann der Vater, den Freund gebe es doch, ja, er habe eine Korrespondenz mit ihm und der Freund sei «ein Sohn nach meinem Herzen»? (1, 48) Der Leser findet keinen Anhaltspunkt dafür, es sei denn, er fühlt sich darin bestätigt, dass der Alte verwirrt ist.

Die vierte: Warum ist der Vater gegen die Verlobung des Sohnes? Man sollte doch annehmen, dass es ihn freut, den Sohn mit einer Frau zu sehen und damit die Zukunft der Familie und des Geschäfts gesichert. Das wäre doch die übliche Sicht. Seine scharfe Ablehnung ist dem Leser völlig unverständlich: «Ich fege sie dir von der Seite weg, du weißt nicht wie.» (1, 51) Der Vater scheint durchgedreht und benimmt sich auch entsprechend, indem er fast nackt auf dem Bett herumspringt. Dabei hat Georg gerade noch überlegt, den Vater nach seiner Heirat aus Fürsorge zu sich zu nehmen.

Die fünfte: Warum verurteilt der Vater den Sohn zum Tode? Er mag ja gegen die Verlobung sein und für den Freund in Petersburg, aber ist das ein Grund dafür, den Sohn zum Tode zu verurteilen? Ein Urteil, das im übrigen nur ein ordentliches Strafgericht aussprechen könnte nach langer Gerichtsverhandlung. Was hat Georg denn verbrochen? Kann man ihm vorwerfen, dass der Freund in Russland «gelb zum Wegwerfen» ist, wie der Vater es tut? Das Todesurteil ist nicht durch das Verhalten des Sohnes begründet, im Gegenteil: er ist erfolgreich und fürsorglich. Dass ihm der Vater, der zum einen behauptet, es gebe keinen Freund in Petersburg, zum anderen, er schreibe ihm regelmäßig, bisweilen auf die Nerven geht, lässt sich gut verstehen. Aber ist das Grund genug für ein Todesurteil?

Die sechste: Warum gehorcht Georg sofort seinem Vater und wirft sich in den Fluss? Verständlich wäre es gewesen, er hätte einen Krankenwagen gerufen und den alten Herrn in ärztliche Pflege gegeben. Doch nein, Georg geht sofort zur nächsten Brücke, hält das Geländer fest «wie ein Hungriger die Nahrung» und schwingt sich hinüber. Es macht ihm anscheinend Freude. «Liebe Eltern, ich habe euch doch immer geliebt», ruft er und lässt sich fallen.

Auch Franz Kafkas eigene Deutungen helfen nicht weiter, sie vergrößern eher das Rätsel. In einem Brief an den Kurt-Wolff-Verlag nennt er «Das Urteil» «die mir liebste Arbeit» (Briefe, 149). Und: «... sie ist mehr gedichtmäßig als episch.» Das mag immerhin die Brüche verständlicher machen, die im Epischen störten. Im Tagebuch schreibt er nach der Lektüre der Korrekturen: «Der Freund ist die Verbindung zwischen Vater und Sohn, er ist ihre größte Gemeinsamkeit.» (10, 125) Ist da nicht durch das lange Leben in der Familie und die Arbeit im Geschäft mehr Gemeinsamkeit zwischen Vater und Sohn als durch den fernen Freund? «Georg hat nichts, die Braut, die in der Geschichte nur durch die Beziehung zum Freund, also zum Gemeinsamen lebt ...» Wieso hat Georg nicht die Braut, sie ist doch fast das einzige, was er besitzt neben seinem geschäftlichen Erfolg? Der Freund weiß doch noch nichts von der Braut. Da «das Gemeinsame» am Schluss gänzlich um den Vater «aufgetürmt» sei», schreibt er weiter, «wirkt das Urteil, das ihm den Vater gänzlich verschließt so stark auf ihn.» (10, 126)

Franz Kafka hat sich mit dieser Geschichte frei geschrieben, das mag seine Vorliebe für sie erklären, doch die Geschichte selbst, auf die er so stolz war, erreicht nicht den Rang von späteren Meisterwerken, etwa mit den aus dem Nachlass herausgegebenen «Prometheus», «Poseidon», «Das Stadtwappen» oder «Der Gesang der Sirenen» kann sie sich nicht messen. Das sind auch rätselhafte, aber meisterhaft gearbeitete, knappe Prosastücke. Zu Unrecht wird «Das Urteil» so viel gelesen, zu Unrecht wird der Text als Schlüssel zu seinem Werk betrachtet, zu Unrecht verleitet er dazu, das ganze Werk autobiographisch zu lesen. «Das Urteil» muss man wohl autobiographisch lesen, nur so gibt es einen Sinn. Als Traum-Geschichte kann man es akzeptieren. Nicht ohne Grund erinnert sich Kafka im Tagebuch an Sigmund Freud. (10, 101)

Es ist eine Wunschtraumgeschichte, mit der sich Kafka eine Situation phantasierte, in der ein junger höchst erfolgreicher Mann, der er nicht war, ein Geschäftsmann ganz nach dem Herzen seines Vaters, von einem höchst merkwürdigen Vater, der sein Vater nicht war, in den Tod geschickt wird. Diese Geschichte nimmt dem Sohn jedes Schuldgefühl und schiebt jegliche Schuld dem Vater zu, anscheinend eine Situation nach dem Herzen von Franz Kafka. Mit der Realität hatte das wenig zu tun, aber es bot eine Entlastung für den Schreibenden. «Die Geschichte ist vielleicht ein Rundgang um Vater und Sohn.» (Felice, 397)

Ironie der Geschichte: gerade hier, wo Kafka seine eigene Geschichte auf seine höchst individuelle Weise verarbeitet, schreibt er an der Geschichte seiner Generation, einer Generation von Söhnen wohlhabender Väter, die mit diesen Vätern ganz und gar nicht einverstanden waren. Der Protest, die Rebellion gegen den Patriarchen war geradezu das Markenzeichen der jungen Generation von Schriftstellern, die gerne als die expressionistische bezeichnet wird.

Das Theaterstück, das diesen Generationskonflikt am schärfsten zum Ausdruck brachte, wurde am 30. September 1916 zur Eröffnung der Kammerspiele des Deutschen Landestheaters Prag von Hans Demetz inszeniert. Die deutsche Erstaufführung folgte am 8. Oktober 1916 im Albert Theater Dresden, die Hauptrolle spielte der Prager Schauspieler Ernst Deutsch; freilich war dies eine geschlossene Veranstaltung; die Zensur hatte das Stück verboten und damit belegt, dass der Protest gegen die väterlichen Autoritäten in Staat und Gesellschaft nicht unbegründet war, jedenfalls in Deutschland. In Wien konnte das Stück am 25. Januar 1917 in der Volksbühne ohne weiteres gezeigt werden.

Das Stück heißt «Der Sohn», sein Verfasser ist Walter Hasenclever, Sohn eines reichen jüdischen Fabrikanten aus Aachen, dessen Vater ihm jegliche literarische Betätigung verboten hatte. Und das ist auch schon ein Anlass des Stückes: der pathetisch leidende, mit sich selbst beschäftigte Sohn und der überaus strenge Vater. Der Sohn zum Hauslehrer: «… Und weshalb redet er nicht mit mir über Gott? Weshalb spricht er nicht von Frauen? Weshalb muss ich heimlich Kant lesen, der mich nicht begeistert? Und weshalb dieser Hohn über alles, was doch weltlich ist und schön? Glauben Sie, es genügt, wenn er mir manchmal am Abend das Sternbild des großen Bären zeigt. Er sitzt mit seiner Zigarre unten auf der Terrasse … Aber ich stehe oben und kämpfe mit allen Göttern und sterbe vor einer Frau, die ich noch nicht kenne. Wie oft bin ich nachts über die Stiegen gewandelt, sehnsüchtig wie ein Geist, der keine Ruhe findet.» (Hasenclever, 239)

Der Übergang vom Kindes- zum Erwachsenenalter, Pubertät genannt, ist oft schmerzlich, schmerzlich besonders, wenn die Eltern kein Verständnis für den Heranwachsenden haben und ihm autoritäre Regeln auferlegen, die ihm nicht entsprechen. Aber woher diese pathetische Aufladung bei Hasenclever, Kafka, Bronnen, Heym und anderen Expressionisten? Diese überzogene Gestik des Abscheus bis zur Hoffnung auf den Weltuntergang und dieser Wunsch nach Erlösung durch einen Führer oder nach Selbsterlösung durch Poesie? Schon in seinem ersten Stück «Nirwana. Eine Kritik des Lebens in Dramaform» ließ Hasenclever einen Dichter Bernau sprechen, der resigniert ist, weil es ihm nicht gelingt, den Menschen «etwas Neues, noch nie Gesagtes zu offenbaren». (Hasenclever, 41). Es ist eine tiefe metaphysische Heimatlosigkeit, die sich hier äußert, und die Hoffnung auf eine neue Heilslehre, welche auch immer. Alles Alte ist ihnen fragwürdig geworden. So kommt es zu dieser nicht seltenen Verbindung von pubertärer Selbstüberschätzung und religiöser Hoffnung und Verzweiflung zugleich.

Immerhin kommt in diesem Stück auch der Vater zu Wort, der immer nur seine Pflicht getan hat, das Kind geliebt und es umhegt hat, sagt er, und nur sein Bestes will. In der Tat verlangt er nichts Schlimmeres, als dass der Sohn sein Studium beende. Der Sohn aber erinnert sich an die Prügel, die Schläge ins Gesicht. Voll Hass endet das Gespräch zwischen den beiden. Der Sohn schließt sich einer Schar von Freunden an, es gibt eine Versammlung und von Rebellion, ja, von Revolution ist die Rede. Man gründet einen Bund «der Jungen gegen die Welt» (Hasenclever, 291) und ruft: «Tod den Toten! Der meine schickt mir kein Geld mehr. Ich unterschreibe!» Es ist mehr Ausdruck des Wunsches nach Gemeinschaft als nach Revolution. Immerhin der dritte Akt endet mit dem Absingen der Marseillaise. Was aber folgt? Der vierte beginnt im Bordell, das waren also die Ziele der Rebellion: der Besuch der Söhne im Freudenhaus. Die Väter waren sicher schon da.

Doch im fünften Akt will der Vater den unbotmäßigen Sohn, der ja nichts Schlimmes getan hat, verhaften lassen. Der Kommissar macht die rechtsstaatlichen Regeln geltend und tut nichts. Dann kommt es zur letzten Begegnung zwischen Vater und Sohn: der Sohn zieht die Pistole, der Vater stirbt – an Herzversagen. Walter Hasenclever an den Verleger Kurt Wolff am 13. August 1913: «Ich mache Ihnen aber gern Konzessionen und der Papa soll am Herzschlag sterben. Sterben muss er.» (Hasenclever, 560)

Also auch ein «Urteil» und eine Verurteilung, diesmal die des Vaters durch den Sohn. Hatte Walter Hasenclever mehr Mut als Franz Kafka, der die Konsequenz seiner Darstellung scheute und nicht den Vater, sondern den Sohn hinrichtete? Aber ist nicht gerade deshalb das Mitgefühl auf Seiten des armen Sohnes? Wollte Kafka das erreichen? Viele Interpreten sind allerdings auf der Seite des Vaters und suchen den Tod des Sohnes zu rechtfertigen. (Gray)

Jedenfalls stehen sich hier bei Kafka wie bei Hasenclever Vater und Sohn unversöhnlich gegenüber. Mit einer Heftigkeit bekämpfen sie sich, die dem heutigen Leser schwer verständlich ist, da die Gründe, die der Text nennt, so gewichtig nicht sind. Sicher, die unterschiedlichen Lebensauffassungen fallen ins Auge, auch die übergroße Strenge, mit der die Autoritäten der damaligen Zeit auftraten, aber die Aggressivität, die sich äußert, findet keine hinlängliche Rechtfertigung in den Texten selbst. So muss der heutige Leser auf Staat und Gesellschaft der damaligen Zeit übergehen und die Aggressivität mit einer Analyse dieser patriarchalischen Welt zu erklären versuchen. Freilich gibt es hier auch divergierende Urteile.

Wie kommt es also zu diesem mörderischen Vaterkonflikt, der von Walter Hasenclever (Der Sohn), von Franz Kafka (Das Urteil), von Arnolt Bronnen (Vatermord), von Franz Werfel (Nicht der

Mörder, der Ermordete ist schuld), von Hanns Johst (Der junge Mensch), von Gottfried Benn (Ithaka und Pastorensohn) artikuliert wird? (Vietta, 176) Ein Grund könnte der unverhohlene Widerspruch sein, in dem das wilhelminische Bürgertum lebte: einerseits die Wertschätzung der deutschen Klassik (Goethe und Schiller), andererseits der schnöde Gelderwerb, der nur wenig mit diesen kulturellen Gütern zu tun hatte. So kam die schlichte Trennung: tagsüber das Geschäft, abends die Kultur. Hier die kalte Geschäftstüchtigkeit, dort die kulturelle Verbrämung. Moral und Religion waren leeres Gerede, die Wirklichkeit sah anders aus. Der alte Fontane hatte das schon in seinem Roman «Frau Jenny Treibel» dargestellt, freilich mit sarkastischer Ironie.

Nietzsches totale Kritik an diesem Bürgertum war den Söhnen deshalb aus dem Herzen gesprochen. Im Grunde nahmen sie die Werte, die ihnen von den Vätern, wie unvollkommen auch immer, überliefert worden waren, ernster als diese selbst sie nahmen. Goethe und Schiller, Kleist und Heine waren ihnen tatsächlich Vorbilder, sie wollten sein wie diese, leben und denken wie diese. Sie hielten sich nicht mehr an die säuberliche Trennung von Tagesgeschäft und Feierabend-Kultur. Was für den Abend gedacht war, wollten sie den ganzen Tag betreiben. Da sie in vielen Fällen auf den Gelderwerb nicht angewiesen waren, die Väter verdienten schließlich das Nötigste, konnten sie sich auf die Kunst voll und ganz konzentrieren – zum Kummer der Väter, die wussten, dass die Künste in der Regel brotlos sind.

Denn so schlimm kann das Leben vor 1914 auch wieder nicht gewesen sein, zumindest verglichen mit dem, was nach 1914 kam: zwei Weltkriege und zwei totalitäre Systeme. So verwundert es denn auch nicht, wenn Hugo Bergmann 1918 nach dem Tode seiner Schwiegermutter Berta Fanta schrieb: «Wäre dieser Krieg nicht gekommen! Hätten wir unser glückliches Leben vor 1914 weitergeführt!» (Fanta, 182) Die Rebellion gegen die Väter eingeschlossen.

9. Die Verwandlung.
Der Froschkönig.

«Als der Prinz am Morgen erwachte, fand er sich in einen großen grünen Frosch verwandelt. Er lag auf dem Rücken und betrachtete verwundert seine Gliedmaßen. Das kann nur ein Traum sein, dachte er und schloss die Augen. Als er sie wieder öffnete, hatte sich nichts verändert. Er sah sich die Froschschenkel und -füße genauer an. Waren sie nicht hübscher als die menschlichen? Und so praktisch. Mit einem Ruck drehte er sich auf den Bauch. Auf- und abwippend erprobte er die Beine. Dann machte er einen Satz vom Bett hinunter auf den Fußboden. Welche Sprunggelenke. Er sprang noch einmal und noch einmal. Es machte Vergnügen. Nun roch er die frische Morgenluft, die durch das offene Fenster hereindrang. Gerne wäre er in den Garten gesprungen, um im Teich zu baden. Das Fensterbrett war jedoch zu hoch. Da hörte er Schritte auf dem Flur. Der Diener kam. Schnell sprang er ins Bett und zog sich die Decke über die Nase, so gut es eben ging.»

So oder so ähnlich könnte das Märchen «Der Froschkönig» in der Sammlung der Brüder Grimm beginnen, würde es aus der Perspektive des Froschkönigs erzählt. Doch den Märchenerzähler interessiert das Innenleben seiner Figuren nicht. Er berichtet aus der Distanz und recht knapp. Allerdings hat er zur Prinzessin eine geringere Distanz als zum Frosch. So kann es zu einer schönen Überraschung kommen. Dass der Frosch, der ihr den Ball aus dem Brunnen holt, sprechen kann, erstaunt die Prinzessin nicht. Aber dass er an ihrem Tisch essen und in ihrem Bett schlafen will, das brüskiert sie. Als er in ihr Bett kriecht, ergreift sie ihn und wirft ihn an die Wand. Und nun kommt die Überraschung: ein schöner junger Prinz fällt herunter. «Der war nun ihr lieber Gesell.» (Grimm, 65) Im Märchen ist es nicht ungewöhnlich, dass Frösche sprechen können und dass Prinzen und Prinzessinnen in Tiere und wieder zurück in Menschen verwandelt werden. Ungewöhnlich ist hier, dass die Verwandlung nicht durch eine gute, sondern durch eine ungute Tat geschieht.

Im Märchen «Der Froschprinz» sind es drei Prinzessinnen, denen ein Frosch begegnet, der ihr Schatz sein möchte. Sie weisen das dumme Tier zurück, bis auf die jüngste, die sagt es ihm zu. Das Wasser des Brunnens wird darauf wieder rein. Der Frosch besucht die

Prinzessin am Abend, sie lässt ihn in ihrem Bett schlafen. Und am Morgen steht ein schöner junger Prinz vor ihr, «der sagte, dass er der bezauberte Frosch gewesen und dass sie ihn erlöst hätte, weil sie versprochen, sein Schatz zu sein.» (Grimm, 400) Hier wurde der durch einen bösen Zauber verwandelte Prinz «erlöst» durch die Liebe einer Frau. Dies entspricht einem häufigen Schema in Märchen, Sage und Legende.

Im Märchen «Schwesterchen und Brüderchen» ist die hilfreiche Frau nicht die Geliebte, sondern die Schwester. Und die Verzauberung wird begründet: die böse Stiefmutter ist eine Hexe und gibt den Geschwistern einen Zaubertrank zu trinken, der sie in Tiere verwandelt. Das Brüderchen trinkt und wird ein Reh, das Schwesterchen nicht. Es kümmert sich hinfort um das brüderliche Rehkälbchen. Sie heiratet schließlich einen mächtigen König. Leider erfährt die böse Stiefmutter davon und ermordet sie. An ihre Stelle legt sie dem König ihre eigene Tochter ins Bett. Dreimal kehrt die Tote zurück: «Was macht mein Kind? Was macht mein Reh? Nun komm ich noch diesmal und dann nimmermehr,» sagt sie beim dritten und letzten Mal. Der König aber hat sie erwartet. Er umarmt sie und da wird sie wieder lebendig. «Die falsche Königin ward in den Wald geführt, wo die wilden Tiere sie fraßen, die böse Stiefmutter aber ward verbrannt, und wie das Feuer sie verzehrte, da verwandelte sich das Rehkälbchen. Und Brüderchen und Schwesterchen waren wieder beisammen und lebten glücklich ihr Lebelang.» (Grimm, 83)

So enden bekanntlich die Märchen: das Gute siegt und das Böse wird vernichtet. In der Welt ist es nicht so: Meist siegt das Böse und das Gute unterliegt. In Kafkas Märchen «Die Verwandlung» gibt es zwar eine Schwester, die sich zeitweise für den verwandelten Bruder einsetzt, aber eine Erlösung gibt es nicht: der in einen Käfer durch welchen Zauber auch immer verwandelte Bruder bleibt Käfer und stirbt als Käfer. Dies der eine Unterschied zwischen den Märchen der Brüder Grimm und dem Märchen Franz Kafkas, bei dem es bösen Bann genug gibt, aber nie eine Erlösung. Der andere: Kafka erzählt aus der Sicht des Käfers, also aus der Sicht des verwandelten Menschen. So entsteht diese Faszination aus einer Kombination, die das Märchen nur andeutet: das scharfe menschliche Bewusstsein steckt in einem ungewohnten Insekten-Körper. Denn Gregor Samsa wurde nicht vollends in ein Tier verwandelt, dann hätte er ja kein Bewusstsein mehr, nur sein Körper wurde verwandelt. An seinem Bewusstsein leidet er nach wie vor und mehr denn je.

Der dritte Unterschied wiederum ist bereits eine Erfindung der Romantik, deren Meister in Deutschland E. T. A. Hoffmann war. Es ist die Verquickung von zeitgenössischer Realität mit phantastischer Märchenwelt. Hoffmanns erstes Märchen «Der goldene Topf» heißt «ein Märchen aus der neuen Zeit» und beginnt auf der Brühlschen Terrasse in Dresden, also hier und heute an genau bezeichnetem, allen bekanntem Ort. Zwei Welten stoßen aufeinander: die Dresdner Alltagswelt und die phantastische Märchenwelt. Die braven Dresdner Bürger halten von Phantasterei gar nichts, so der Konrektor Paulmann oder der Registrator Heerbrand. Das sind brave Beamte, die mit beiden Beinen im Leben stehen. Der Archivarius Lindhorst dagegen ist ein großer Fürst im Geisterreich, ein Salamander, also ein Feuergeist. Seine Tochter Serpentina ist eine silberne Schlange. Und in diese verliebt sich der Student Anselmus, der bei Lindhorst in die Lehre geht. Natürlich gibt es auch eine Hexe, die sich als Apfelverkäuferin tarnt. Sie bannt den armen Anselmus in ein Kristallglas, aus dem ihn Lindhorst erst befreien kann, nachdem er einen heftigen Zweikampf mit der Hexe gewann. Anselmus heiratet Serpentina und reist mit ihr nach Atlantis, dem Zauberreich der Poesie, zu dem jeder Zugang hat, der ein poetisches Gemüt in sich trägt.

Das ist denn auch die Voraussetzung zum Verständnis von Kafkas Märchen «Die Verwandlung». Philister wie Heerbrand und Paulmann werden das Ganze für eine Halluzination halten, zu viel Punsch getrunken, werden sie denken, oder für die Ausgeburt einer Neurose, zu viel Vaterkonflikt, werden sie denken. Dabei ist es ein schönes Märchen «aus der neuen Zeit», und diese neue Zeit ist diesmal nicht Dresden nach 1800, sondern Prag nach 1900. Allerdings hat dieses Märchen, wie gesagt, kein gutes Ende. Insofern würde E. Th. A. Hoffmann es wohl nicht zu den Märchen zählen, sondern zu den «Nachtstücken», wie er seine Geschichten nannte, in denen ein böser Bann böse Folgen hatte. Die bekannte Geschichte «Der Sandmann» gehört dazu; phantastische Teile gibt es auch dort: ein Automat, in den sich der Held Nathanael verliebt, und einen Zaubergeist, der diesen armen Nathanael in den Wahnsinn treibt. Erklärt wird das nicht, so dass die Interpreten rätseln, was wohl der Grund dafür sei. Sie können natürlich der Erklärung von Sigmund Freud folgen, der über diese Geschichte schrieb; allerdings bietet er immer dieselbe Erklärung an bei unterschiedlichen Geschichten; einen Vorteil hat das: man kann sich die Erklärung leicht merken – und das war wohl eine Voraussetzung für Freuds Erfolg unter den Gebildeten des 20. Jahrhunderts.

So wird natürlich auch «Die Verwandlung» auf den Vater-Sohn-Konflikt reduziert. Es ist aber eine Geschichte, die jeder verstehen kann, auch wenn er nichts von Kafkas Schwierigkeiten mit dem Vater weiß und nichts von den Juden in Prag. Sie ist eben eine Art Märchen, das wie die Märchen der Brüder Grimm weltweit verstanden werden kann. Und dieses Märchen aus der neuen Zeit würden wir auch verstehen, wenn wir über seinen Autor so wenig wüssten wie über Homer und Shakespeare.

«Als Gregor Samsa eines Morgens aus unruhigen Träumen erwachte, fand er sich in seinem Bett zu einem ungeheuren Ungeziefer verwandelt. Er lag auf seinem panzerartig harten Rücken und sah, wenn er den Kopf ein wenig hob, seinen gewölbten, braunen, von bogenförmigen Versteifungen geteilten Bauch, auf dessen Höhe sich die Bettdecke, zum gänzlichen Niedergleiten bereit, kaum noch erhalten konnte. Seine vielen, im Vergleich zu seinem sonstigen Umfang kläglich dünnen Beine flimmerten ihm hilflos vor den Augen.» (1, 93)

Kafka erzählt seinen «Froschkönig» aus der Sicht des Tieres, also aus der Sicht des Käfers, in den sich Gregor Samsa verwandelte. Warum es geschah, erfahren wir hier so wenig wie im Grimmschen «Froschkönig»; die Frage wird nicht einmal gestellt, weder von Gregor noch von seiner Familie. Wir werden mit der fertigen Tatsache konfrontiert wie Gregor selbst, der sich mit seinem neuen Körper zurecht finden muss. Mit welch einfühlsamer, ins Detail gehender Beschreibung, nahezu genussvoller Beschreibung Kafka diese Situation sich und uns ausmalt, ist höchst bewundernswert. Genussvoll im Sinne von Lust des Schreibens, des Sich-Hineinfindens, des Ausgestaltens. Und das ist zunächst auch einmal der Sinn des ersten der drei Teile, wenn nicht aller drei Teile der Erzählung. Es ist wie eine Versuchsanordnung: was geschieht, wenn der Sohn einer Familie, der Vater, Mutter, Schwester ernährt, zu einem Ungeziefer mutiert? Wie reagiert die Familie, wie reagiert der Sohn, dessen Reaktion aus der Innenperspektive geschildert werden sollte? Man denke es sich als Aufgabe eines Kurses des Leipziger Literaturinstituts für angehende Schriftsteller.

Natürlich ist da als erstes die Frage nach der anstrengenden Arbeit des Handlungsreisenden, der immer unterwegs ist, um Tuche zu verkaufen, von Geschäft zu Geschäft gehend. Er hat sich verspätet, schon will ihn der Prokurist abholen, der Druck der Arbeit scheint ungeheuer. Und doch kann das nicht als Grund für die Verwandlung gelten. Viele Leute leiden unter ihrer misslichen Arbeit, bildlich gesprochen: zu Käfern werden deshalb nur wenige. So wird denn auch die Arbeit, nachdem sie ausführlich abgehandelt wurde, verlassen und das Verhalten Gregors und das der Familie kommt in den Blick. Immer aber ist der Blickwinkel des Erzählers der Gregors. Ist es auch eine Er-, keine Ich-Erzählung, so ist der Erzähler doch immer an der Seite Gregor Samsas. Er kann deshalb nur die Gespräche der Eltern mitteilen, wenn Gregor sie belauscht. Nur wenn die Familie die Tür zu Gregors Zimmer offen lässt, so dass Gregor durch den Spalt schauen kann, vermag der Erzähler uns zu berichten. Diese Sicht endet mit dem Tode Gregors natürlich, also sehr spät. Dann geht der Erzähler zur Familie über. (1, 153)

Durch diese Erzähl-Perspektive wird das Leiden Gregors in den Mittelpunkt gerückt, der Leser wird dazu gebracht, sich mit ihm zu identifizieren. Das ist ja auch die faszinierendere Perspektive. Das Leid der Familie rückt an den Rand. Aber man denke sich einmal hinein, wie schwer es für eine arme Familie sein muss, deren Sohn von heute auf morgen zum Ungeziefer mutiert. Einen Gelderwerb finden die drei bald, aber das Ungeziefer, das doch ihr Sohn und Bruder ist, bleibt eine schreckliche Belastung, mit der sie nicht fertig werden. Einerseits verabscheuen sie es, andererseits war es doch ein Familienmitglied und ist es vielleicht noch. Sie spüren eine Verpflichtung.

Wäre die Geschichte aus der Perspektive der Schwester Grete erzählt, sähe sie anders aus. Der Leser hätte mehr Verständnis für die Familie. Grete hat Mitleid mit ihrem Bruder und versucht ihm zu helfen, solange sie kann, aber die Bedrückung spürt sie doch auch. Lange lässt sie nichts merken, bis sie dann im Höhepunkt des dritten und letzten Teils am Ende ihrer Kraft ist. Kann man es ihr verdenken?

Brillant an der Erzählung ist nicht zuletzt ihr dreigliedriger Aufbau. Teil I konfrontiert Gregor und die Familie mit seinem neuen Körper. Teil II bringt den Versuch eines Zusammenlebens in der neuen Situation. Da Gregor nicht mehr sprechen kann, kann er sich nicht verständlich machen. Er sieht und hört aber alles nach wie vor und bedenkt es wie ein Mensch, wenn auch seine körperlichen Bedürfnisse die eines Käfers sind. Seine Schwester stellt sich auf ihn ein. «Hätte Gregor nur mit der Schwester sprechen und ihr für alles danken können, was sie für ihn machen musste, er hätte alle Dienste leichter ertragen.» (1, 124)

Zu Beginn des Teils III scheint eine Art heikle Balance gefunden. Gregor darf am Abend am Gespräch der Familie teilnehmen, das freilich sehr einsilbig geworden ist. Man lässt ihm die Tür einen Spalt offen, so dass er sehen und hören kann. Wäre Gregor immer in seinem Zimmer geblieben, hätte dieses Zusammenleben sich eine Weile gehalten. Nun kommt aber der turbulente Höhepunkt der Geschichte, in dem sich komische und tragische Elemente mischen zu einer grotesken Situation, die an eine Szene dieser frühen Stummfilme erinnert, die Franz Kafka so gerne sah. Drei Untermieter, nicht einen, haben die Eltern angenommen, drei Herren mit Vollbart, die immer gemeinsam auftreten, eine Konstellation wie in Slapstick-Filmen. Die Eltern sind allzu devot, Grete spielt diesen drei gewichtigen Herren Geige vor, Gregors Tür hat die Bedienerin vergessen zu schließen; das ist natürlich das Werk des Erzählers. Und nun treffen alle im Wohnzimmer zusammen, denn der Zauber der Musik zieht auch Gregor ins Zimmer. Das Entsetzen lässt sich denken. Doch nicht die drei Vollbärte, die nur der Komik dienen, sind es, die ausbrechen. Es ist Grete, der einzige Halt Gregors.

In dieser Szene treffen Gretes Zusammenbruch und ihre nun scharfe Ablehnung des «Untiers» mit Gregors Lebens- und Liebessehnsucht aufeinander. Jetzt, wo er mit der Musik sich wieder als Mensch fühlt, wird er von der Schwester, dem einzigen Menschen, von dem er sich verstanden sah, zurückgewiesen. «War er ein Tier, da ihn Musik so ergriff? Ihm war, als zeige sich ihm der Weg zu der ersehnten Nahrung.» (1, 146) Er möchte nun die Schwester ganz für sich. Das darf nicht als erotisches Verlangen gewertet werden. Im Grimmschen Märchen «Brüderchen und Schwesterchen» war das dem Brüderchen wie von selbst gelungen: das Schwesterchen hielt zu ihm und rettete ihn letztlich als Menschen, indem sie einen anderen heiratete. Das Brüderchen wurde erlöst. Hier ist Gregor einer Erlösung so nahe wie sonst nie. Wohl nicht einer, die ihn körperlich befreite, aber wohl einer, die ihn seelisch befreite. Aus dem Körper zieht Gregor sich schließlich selbst. Er isst nichts und verhungert, ähnlich jenem Hungerkünstler in Kafkas später Erzählung «Ein Hungerkünstler», der fastete, weil er die rechte Speise nicht finden konnte.

In dem Augenblick, in dem Gregor der Erlösung so nahe scheint wie noch nie, ist er ihr zugleich so fern wie noch nie, eine paradoxe Situation wie so oft bei Kafka. Wie berichtet Max Brod: K. im Fragment gebliebenen Roman «Das Schloß» sollte schließlich doch die Erlaubnis zum Aufenthalt im Dorf erreichen – auf seinem Sterbebett; in dem Augenblick also, in dem er stirbt, erhält er das Recht zum Leben. Als Kafka todkrank war, konnte er sich endlich von Prag befreien und mit einer Frau zusammenleben: mit Dora Diamant in Berlin; jetzt konnte er leben, bald darauf starb er.

Nun Grete Samsa, als der Bruder sich ihr als Mensch besonders nahe fühlt: «Ich will vor diesem Untier nicht den Namen meines Bruders aussprechen, und sage daher bloß, wir müssen versuchen, es loszuwerden. Wir haben das Menschenmögliche getan, es zu pflegen und zu dulden, ich glaube, es kann uns niemand den geringsten Vorwurf machen.» (1, 149) «Es»: Gregor ist kein Mensch mehr, kein Bruder, er ist ein «es». Aus dem Menschen ist ein Tier, aus dem Tier ein Untier, aus dem Untier ein «es», eine Sache geworden, die man los werden muss. Aber kann man Grete nicht auch verstehen: «Ich kann es auch nicht mehr» (150). Sie ist am Ende ihrer Kraft. «Weg muss es.» (1, 150)

Gregor stirbt in der Nacht, und die Bedienerin, die ihn schon immer mitleidlos behandelte, berichtet: «Es ist krepiert; da liegt es, ganz und gar krepiert!» (1, 153) Gregor ist völlig verschwunden: zuerst als Mensch, dann als Tier, ein namenloses Ding ist er nun und dann nichts mehr, er ist ver- nichtet. Die Bedienerin: «Also darüber, wie das Zeug von nebenan weggeschafft werden soll, müssen Sie sich keine Sorgen machen. Es ist schon in Ordnung.» (1, 156) Die Ordnung ist wieder hergestellt, die Familie macht einen Ausflug, das Leben geht weiter.

Man kann «Die Verwandlung» auch eine ausgeführte Metapher nennen. Wie oft werden Menschen als Tiere bezeichnet oder als Untiere oder als Ungeziefer? Sind Juden nicht als «räudige Rasse» bezeichnet worden, wie Kafka in einem Brief an Milena Jesenska im November 1920 schreibt; er fährt fort: «Ist es nicht das Selbstverständliche, dass man von dort weggeht, wo man so gehasst wird (Zionismus oder Volksgefühl ist dafür gar nicht nötig)? Das Heldentum, das darin besteht, doch zu bleiben, ist jenes der Schaben, die auch nicht aus dem Badezimmer auszurotten sind.» (Milena, 240) Juden als Schaben, Menschen als Ungeziefer.

Kafka hat die Metapher beim Wort genommen und einen Menschen zum Tier, zum Untier werden lassen – in der Fiktionalität einer Erzählung. Er hat es einmal dargestellt: wie wäre das, wenn ein Mensch tatsächlich zum Tier würde? Wie fühlte er sich, wie würde er sich im bürgerlichen Alltag zurechtfinden? Und wie kämen die anderen mit ihm aus, wie würden sie sich verhalten?

Eine höchst gelungene Geschichte also, Literatur durch und durch. Aber: gab es nicht auch andere, die eine Metapher beim Wort nahmen und Menschen nicht nur Ungeziefer nannten, sondern sie auch als Ungeziefer behandelten? Zuerst nahmen sie ihnen ihre bürgerlichen Rechte, dann sprachen sie ihnen ihr Menschsein ab, sie waren Ratten, Ungeziefer, das um der Gesundheit des Volkskörpers willen beiseite geschafft werden musste. Die Metapher wurde wörtlich genommen. Aus den Menschen wurden Tiere, aus den Tieren Untiere, aus den Untieren Zeug, das nichts mehr wert war, das man also wegwerfen konnte und musste.

Der Prager Philosoph Karel Kosik sieht nicht in Gregor, sondern in Grete Samsa die wichtigste Figur in «Die Verwandlung». Grete Samsa, sagt er, ist die moderne «Anti-Antigone», das Gegenbild zur antiken Antigone. Antigone in jener großen Tragödie des Sophokles beerdigte ihren toten Bruder, obwohl er als Verräter gebrandmarkt und seine Beerdigung bei Todesstrafe verboten war. Sie sah in ihm einen Menschen und Bruder; sie nahm den Tod dafür auf sich. Grete Samsa dagegen sieht in ihrem Bruder nicht mehr den Menschen. Sie beerdigt ihn nicht. Sie lässt ihn von der Bedienerin wegschaffen.

Kosik ist die Verwandlung Gregors nicht so wichtig wie die Gretes: «Die groteske Verwandlung tritt in dem Augenblick ein, als Grete Samsa aufhört, in ihrem Bruder einen Menschen zu sehen, sich von Zweifeln und Unschlüssigkeit, ob er Mensch oder Tier ist, freimacht, als seine Gegenwart für sie unerträglich wird.» (Kosik, 193) Sie sieht in ihm nur noch das Untier und das Untier muss nicht begraben werden, es wird beiseitegeschafft. Es gibt kein Trauerzeremoniell, wie es einem Menschen zukäme: mit Besen und Schaufel werden die Reste wie Müll zusammengefegt. Gregor habe die Ruhe der Familie gestört, so Kosik, nun sei die Ruhe wieder hergestellt: «Grete Samsa verkörpert diese unerschütterliche Ruhe der modernen Zeit, die sich nicht aus der Fassung bringen lässt, und ihrem Ziel entgegengeht – über Leichen.» (Kosik, 193) Sie geht über Leichen.

Karel Kosik liest dieses grausame Märchen Kafkas vom Beginn des kurzen 20. Jahrhunderts, das mit den Schüssen in Sarajewo 1914 anfing, gegen Ende dieses Jahrhunderts, als es in den neunziger Jahren wiederum mit Schüssen in Sarajewo endete. Er liest es mit den Augen eines Menschen, der den Zweiten Weltkrieg, den Nationalsozialismus und den Kommunismus erlebt hat. Und er liest es mit den Augen eines, der gegen seinen Willen in die Rolle der Bedienerin von Grete Samsa gezwungen wurde. Als Häftling des Gestapo-Gefängnisses in der Kleinen Festung in Theresienstadt gehörte er zu dem Arbeitskommando, das jeden Morgen die Leichen der gestorbenen Häftlinge einsammeln musste, die zu Knochen abgemagerten Körper, die zusammengekarrt und weggeschafft wurden.

Die Kleine Festung liegt vor dem Ort Theresienstadt, einer Garnison, die Kaiser Josef II. zum Schutz gegen Preußen bauen ließ. In Theresienstadt hatten die Nationalsozialisten ein Ghetto eingerichtet, in dem sie die Juden aus Böhmen und Mähren und aus anderen Ländern zusammenpferchten. Es war ein Durchgangslager; von hier fuhren die Züge nach dem Vernichtungslager Auschwitz. Auch Franz Kafkas drei Schwestern Valli, Elli und Ottla wurden nach Theresienstadt geschafft, bevor sie nach Auschwitz deportiert wurden, sowie Max Brods Bruder Otto. Max Brod und Felix Weltsch gelang es, mit dem letzten Zug zu entkommen.

«Kafka beschrieb das Wesen dieser Zeit mit unglaublich scharfem Durchblick», schreibt Karel Kosik. «Während einigen seiner Zeitgenossen schien, seine Texte seien Traumvisionen, dichterische Übertreibungen und phantastische Halluzinationen, konstatieren wir heute mit Erstaunen die Genauigkeit und Nüchternheit dieser Beschreibungen.» (Kosik, 187)

10. In der Strafkolonie.
Die sechste Stunde.

Dass seine eigene Pein auch die Pein seiner Zeit ist, dass er nicht nur sein eigenes Elend, sondern das seiner Zeit zum Ausdruck bringen will und muss, hat Kafka in einem Brief an seinen Verleger Kurt Wolff deutlich genug mitgeteilt. Es ging um die Erzählung «In der Strafkolonie», die während der Arbeit am Roman «Der Proceß» im Oktober 1914 entstanden war und nun von Wolff in Druck gegeben werden sollte:

«Ihr Aussetzen des Peinlichen trifft ganz mit meiner Meinung zusammen, die ich allerdings in dieser Art fast gegenüber allem habe, was bisher von mir vorliegt. Bemerken Sie, wie wenig in dieser oder jener Form von diesem Peinlichen frei ist! Zur Erklärung dieser letzten Erzählung füge ich nur hinzu, dass nicht nur sie peinlich ist, dass vielmehr unsere allgemeine und meine besondere Zeit gleichfalls sehr peinlich war und ist und meine besondere sogar noch länger peinlich als die allgemeine. Gott weiß, wie tief ich auf diesem Weg gekommen wäre, wenn ich weitergeschrieben hätte oder besser, wenn mir meine Verhältnisse und mein Zustand das, mit allen Zähnen in allen Lippen, ersehnte Schreiben erlaubt hätte.» (Briefe, 150)

«In der Strafkolonie» ist in der Tat die peinlichste, die peinvollste Geschichte, die Kafka geschrieben hat; vor der exakten Beschreibung einer Foltermaschine und einer Folterung schreckt er nicht zurück, wenn er auch die ganze Angelegenheit auf einen entfernten Erdteil verlagert, eben in die asiatische Strafkolonie einer europäischen Macht, wohl Frankreichs, denn die beiden Helden sprechen französisch miteinander. Hier in Asien treffen zwei Europäer zusammen: ein Forschungsreisender und ein Offizier der Strafkolonie. Der Forschungsreisende, der am Tag zuvor die Insel betreten hat und sie noch am selben Tag wieder verlassen wird, verkörpert die guten europäischen Umgangsformen: vor allem Höflichkeit und eine gewisse Vorstellung von Humanität. Der Offizier, äußerlich adrett und wohlerzogen, ist ebenfalls Europäer durch und durch, vor allem in seiner Hingabe an die Technik, eine europäische Erfindung, die in dem Apparat, den er vorführt, zu einer gewissen Vollkommenheit gelangte: der Apparat hat keinen anderen Zweck als den, die Delinquenten zwölf Stunden lang zu foltern und dann zu töten.

Die beiden Positionen, die hier aufeinandertreffen, sind also genuin europäische: einmal eine konventionelle Humanität, die ziemlich hilflos ist, zum andern eine zielbewusste Technikbegeisterung, die völlig inhuman ist. Sie ist nicht nur inhuman, weil sie den Menschen kaum beachtet und nur der Verbesserung der Technik gilt, sondern sie ist in einem äußersten Maße inhuman, da die Maschine, der sie gilt, einzig den Zweck hat, Menschen zu vernichten. In der Gestalt des Offiziers fallen Technik und Barbarei zusammen und die Barbarei kommt gerade dadurch zum Ausdruck, dass der Offizier sich nur um die Technik kümmert und den Menschen lediglich nebenbei als Zubehör seiner Maschine in Betracht zieht. Er leidet nicht mit dem Menschen, den er foltert, sondern mit der Maschine, wenn der Mensch sie beschmutzt, weil er sich erbrechen muss.

Kafkas großartige Leistung als Erzähler besteht hier darin, dass er jegliches moralisches Pathos ausschaltete. Er stellt zwei Perspektiven nebeneinander: die des Offiziers und die des Reisenden. Er erzählt die Geschichte zwar aus einer personalen Sicht, die den Reisenden im Blick hat, so dass auch dessen Gedanken in innerer Rede mitgeteilt werden können, nicht aber die Gedanken des Offiziers, der von außen betrachtet wird. Doch der Offizier hält sehr lange Reden, in denen er seine Perspektive ausführlich und mit großer Eloquenz vortragen kann. Sein Vortrag ist derart faszinierend, dass er nicht nur den Reisenden, sondern auch den Leser wenigstens zeitweise für sich einnimmt. Die inneren Vorbehalte, die der Leser dabei haben mag – handelt es sich doch immerhin um ein Folterinstrument, das hier enthusiastisch beschrieben wird – sind die inneren Vorbehalte des Reisenden, die dieser jedoch nicht zu äußern wagt. Nur in einer gewissen Zurückhaltung zeigt sich seine Abwehr, also fast gar nicht. Gerade seine Kultiviertheit hindert den Reisenden daran, der Barbarei Einhalt zu gebieten. Er verhindert weder die Folterung des zum Tode verurteilten Soldaten noch den Selbstmord des Offiziers. Im ersten Fall schaut er höflich zu; seine Erziehung verlangt eben, dass man sich auch in schwierigen Situationen nicht gehen lässt. So ist er aufmerksam und freundlich dem Offizier gegenüber, auch als dieser den Soldaten der entsetzlichsten Folter ausliefert. Im zweiten Fall – dem des Selbstmords des Offiziers – ist es die Faszination des Ereignisses, die ihn abhält, einzugreifen.

Auch hier mag sich der Leser auf Seiten des Reisenden fühlen: eine gewisse Erleichterung darüber, dass dieser fanatische Mensch nun selbst in der Maschine stirbt, die er für andere vorbereitet hat, ist spürbar. Doch hätte er nicht auch Mitleid verdient? Dem allzu raschen Mitleid des Lesers hat der Erzähler entgegengearbeitet, im Fall des unsympathischen Offiziers wie im Fall des unsympathischen Delinquenten. Er will offensichtlich die Aufmerksamkeit auf etwas anderes lenken: auf den Vorgang in uns, den der Vorgang in der Erzählung auslöst. Sie handelt vom Schrecken in uns und in unserer Kultur, der im 20. Jahrhundert unverhüllt hervorgetreten ist.

Gerade weil der Erzähler die Handlung so sachlich darbietet, kommt sie uns so nahe. Die Rationalität, die in der ausgeklügelten Erzählkunst des Erzählers genauso steckt wie in der so vernünftig wirkenden Lobrede des Offiziers auf den Apparat, diese Rationalität ist eine Fassade, hinter der sich die Barbarei verbirgt, aus der sie jederzeit hervorbrechen kann, wenn humanes Engagement zu konventioneller Höflichkeit verkommt. Insofern sind die Kontrahenten dieser Geschichte, der Offizier und der Reisende, sogar Komplizen des Verbrechens: der eine, indem er es zielbewusst durchführt wie einen rationalen Vorgang, der andere, indem er es duldet und ihm nicht entgegentritt, obwohl er dagegen ist. Kafka hat hier die doppelte Wurzel der staatlichen Verbrechen dargestellt: es sind nicht nur die Täter, die die systematische Vernichtung betreiben, sondern es sind auch die Untätigen, die aus falscher Rücksichtnahme auf sich und andere nichts unternehmen; beide gemeinsam sind zur Durchführung der Verbrechen nötig.

In dieser Erzählung ist es sogar der Offizier, der den Reisenden endlich zum Widerspruch bringt und damit die Umkehr, die Peripetie der Handlung, bewirkt. Die Erzählung ist klar gegliedert – einer Art Exposition, die in Ort, Zeit, Personen der Handlungen einführt, steht ein Schlussteil gegenüber, der an das Ende der Geschichte, das durch drei Sterne markiert wird, angehängt ist; er ist eigentlich unnötig und schwach, verglichen mit dem Vorangegangenen, enthält aber eine wichtige Mitteilung: die Prophezeiung, dass der verstorbene Kommandant, der das Foltergerät eingeführt hatte, eines Tages wieder auferstehen werde zur Freude seiner Anhänger. Schließlich der Hauptteil der Erzählung, der wiederum in drei Teile gegliedert ist. Der erste Teil bringt die Vorführung des Apparats mitsamt Delinquenten; im zweiten Teil kommt es zu Rede und Gegenrede über das Hinrichtungsverfahren und die Möglichkeiten, es zu verteidigen oder abzuschaffen. Hier versucht der Offizier, den Reisenden für sich zu gewinnen, erst das bringt den Reisenden zum offenen Widerspruch: «Die Antwort, die er zu geben hatte, war für den Reisenden von allem Anfang an zweifellos.» (1, 185). Er sagt schließlich: «Nein». Mit diesem endlich erfolgten Nein setzt der Umschwung der Geschichte ein; er vollendet sich in der Aussage des Offiziers: «Dann ist es also Zeit» (1, 186). Damit beginnt der dritte und letzte Teil des Hauptteils: der Offizier befreit den Delinquenten und legt sich selbst in die Maschine, die ihn tötet.

Die Maschine, die der Offizier mit großer Freude am Detail beschreibt, besteht aus drei Komponenten: dem Bett, auf das der Delinquent geschnallt wird, dem Zeichner und der Egge. Die Egge führt in zittrigen Bewegungen den Zeichner über den Körper des Verurteilten, dem das Urteil in den Leib gestochen wird – in einer kunstvoll verschnörkelten Schrift, die kaum entzifferbar ist. Der Verurteilte erfährt sein Urteil erst auf diese Weise: er liest es mit dem blutenden Körper.

Der Reisende äußert hier zum ersten Mal Bedenken, nicht gegen die Maschine, sondern gegen das Gerichtsverfahren. Wenn der Angeklagte sein Urteil nicht kennt, hatte er auch keine Gelegenheit, sich zu verteidigen. Dem Offizier, der nur sein Gerät erläutern will, sind diese Fragen lästig; immerhin gibt er Auskunft. Demnach bestand das Verbrechen des Soldaten darin, dass er nachts auf Wache schlafend gefunden wurde. Jede Stunde muss er nämlich in der Nacht vor der Tür des Hauptmanns salutieren. Das gewährleiste, dass er frisch bleibe. Das ist purer Zynismus, denn er bleibt ja gerade nicht frisch, weil er die ganze Nacht nicht schlafen kann. Der Soldat wurde Punkt zwei Uhr schlafend gefunden, also wurde er zum Tode verurteilt. Der Offizier schrieb nach dem Bericht des Hauptmanns sogleich das Urteil; es gab keine Anhörung des Soldaten, das hätte nur zu Verwirrung geführt. Auch das ist zynisch: wenn man nur eine Meinung gelten lässt und diese willkürlich als Wahrheit festsetzt, gibt es natürlich keine Verwirrung.

Im Gegensatz zum Roman «Der Proceß», der in derselben Zeit entstand, wird in «In der Strafkolonie» das Vergehen des Delinquenten deutlich benannt. Dieses Vergehen wird von einem humanen Standpunkt aus allerdings nicht als Vergehen, schon gar nicht als todeswürdiges Vergehen zu begreifen sein; das Verlangen der Offiziere dagegen, dass der Soldat jede Stunde der Nacht zu salutieren habe, um frisch zu bleiben, wird als inhumane Schikane zu betrachten sein. Das Vergehen des Delinquenten wird also in dieser Erzählung bezeichnet: es ist eines, das nach halbwegs rechtsstaatlicher Sicht als belanglos betrachtet werden muss; der Delinquent ist somit unschuldig. Das Verfahren selbst, das weder eine Anhörung des Angeklagten noch eine Verteidigung kennt, ist nicht nur fragwürdig, sondern unrechtmäßig, wiederum unter halbwegs rechtsstaatlichem Gesichtspunkt betrachtet. Es ist schwer zu verstehen, dass etliche Interpreten die relativ unübersichtliche Situation von «Der Proceß» auf die Strafkolonie übertragen und über die Schuld des Delinquenten in der Strafkolonie rätseln wie über die des K. in «Der Proceß». Dieses Zögern der Interpreten, Unrecht auch Unrecht zu nennen, entspricht der Hilflosigkeit des Reisenden. Die konventionelle Höflichkeit des Reisenden wiederholt sich in der Gleichgültigkeit der Interpreten. Das «gefrorene Meer» in ihnen wurde, mit einer berühmten Tagebuchnotiz Kafkas gesprochen, vom «Beil» der Kafkaschen Geschichte noch nicht getroffen.

Erst als der Verurteilte aufs Bett gefesselt ist und die ersten Schwingungen ihn packen, gerät der Reisende ins Nachdenken. Erst jetzt steht im Text eindeutig: «Die Ungerechtigkeit des Verfahrens und die Unmenschlichkeit der Exekution war zweifellos» (1, 175). Doch der Reisende überlegt immer noch, ob und auf welche Weise er eingreifen soll und kann. Der Offizier versucht ihn sodann zu überreden, sich beim neuen Kommandanten für dieses alte Verfahren einzusetzen, das dieser abschaffen möchte. Erst dieser Versuch führt den Reisenden endlich zum Nein; der Offizier ist es, der ihn zum Eingreifen überredet.

«Ich bin ein Gegner dieses Verfahrens,» sagte nun der Reisende, «noch ehe Sie mich ins Vertrauen zogen – dieses Vertrauen werde ich natürlich unter keinen Umständen missbrauchen – habe ich schon überlegt, ob ich berechtigt wäre, gegen dieses Verfahren einzuschreiten und ob mein Einschreiten auch nur eine kleine Aussicht auf Erfolg haben könnte. An wen ich mich dabei zuerst wenden müsste, war mir klar: an den Kommandanten natürlich. Sie haben es mir noch klarer gemacht, ohne aber etwa meinen Entschluss erst befestigt zu haben, im Gegenteil, Ihre ehrliche Überzeugung geht mir nahe, wenn sie mich auch nicht beirren kann.» (1, 185)

Hier setzt der merkwürdige Umschwung ein. Der Offizier spricht sich selbst das Urteil: «Sei gerecht», heißt die Schrift, welche die Maschine ihm einprägen soll. Auch hier greift der Reisende nicht ein. Erst als die Maschine nicht mehr recht funktioniert, will er etwas tun. Sarkastisch heißt es: «Das war ja keine Folter, wie sie der Offizier erreichen wollte, das war unmittelbarer Mord» (1, 192). Der normale Vorgang des Folterns und Tötens wird durch den Defekt der Maschine, die mit dem Offizier zugrunde geht, durchbrochen; erst diese Abweichung beunruhigt den Reisenden. Der Ablauf von Folter und Mord hätte ihn also nicht beunruhigt? Es muss alles nach der Ordnung gehen, gleichgültig welche es ist, dann ist alles in Ordnung?

Der Reisende ist die wichtigste Figur dieser Erzählung und mit ihm der durchschnittliche Europäer, also auch der Leser. Dieser Europäer wird mit einem von Europäern, wenn auch an entlegenem Ort, praktizierten Verfahren konfrontiert, das er als höchst ungerecht und inhuman empfinden muss, und zugleich an die Grenzen seiner Humanität geführt. Er erfährt seine Humanität als eine konventionelle Form, die unter Gebildeten am Teetisch ihre Funktion erfüllen mag, aber außerhalb des gebildeten Zirkels versagt. In der Strafkolonie, einer europäischen Einrichtung außerhalb Europas, stößt er an die Grenze der europäischen Kultur, die von dieser Grenze her als in ihrem Kern höchst zerbrechlich erkannt wird. Der Reisende entflieht dieser Erfahrung. Noch am selben Tag geht er aufs Schiff, das ihn nach Europa zurückbringen wird. Dort aber wartet auf ihn – so ließe sich die Geschichte weiterspinnen – der Erste Weltkrieg, der gerade ausgebrochen ist und ihn tausendfach mit dem konfrontiert, dem er gerade entflohen ist.

Franz Kafka schrieb diese Erzählung im Oktober 1914 kurz nach Ausbruch des Weltkriegs, und es kann wohl kein Zweifel sein, dass die Erlebnisse des Kriegsbeginns in diese Erzählung eingegangen sind – ebenso wie Kafkas Kenntnisse von Strafkolonien der europäischen Kolonialmächte, die es damals und noch bis nach dem Zweiten Weltkrieg gab. Wie auch sonst, so entnahm er auch hier das Material seiner Geschichte der Realität, die ihm zugänglich war. «In der Strafkolonie» ist keine Kritik der Praktiken in den europäischen Strafkolonien; in keiner Strafkolonie dürfte es eine solche Foltermaschine gegeben haben. «In der Strafkolonie» ist auch keine Kritik der damaligen Justiz, denn der Skandal der Geschichte besteht gerade darin, dass jede Art von Gerichtsbarkeit, wie unzureichend sie auch sein mag, ausgeschaltet ist. So bleibt die Frage: wo sonst werden mit raffinierter Technik konstruierte Apparate zum einzigen Zweck der Folterung und Ermordung von Menschen benutzt? Im Krieg! Der Erste Weltkrieg setzte zum ersten Mal eine gigantische Tötungsmaschinerie in Gang, die den gesamten Kriegsverlauf bestimmte. Zum ersten Mal kam diese Verbindung von technischer Rationalität und äußerster Barbarei zustande, die der Offizier in seinem Apparat anpreist.

Diese Erzählung, die nicht vom Krieg handelt, stellt die Konstellation dar, die den modernen Krieg bestimmt: die Koppelung von Technik und Barbarei, vor der die europäische Humanität versagte; sie erwies sich als leeres Gerede. Hier im modernen Krieg gilt die Formel, die der Offizier nennt: «Die Schuld ist immer zweifellos» (1, 168), denn jeder wird dieser Tötungsmaschinerie unterworfen – ohne Rücksicht auf das, was er ist und was er tut. Dasselbe gilt natürlich für die Gefangenen- und Konzentrationslager, in denen die Insassen rechtlos der Folter ihrer Peiniger unterworfen sind – wie der Delinquent in der Strafkolonie dem Offizier.

Wenn wir Kafkas Erzählung als aufs äußerste konzentrierte Darstellung von technischer Rationalität und barbarischer Inhumanität verstehen können, so bleiben doch wenigstens zwei dunkle Punkte in dieser Geschichte, auf die noch Licht zu werfen ist. Es ist zum einen der Selbstmord des Offiziers und die Selbstvernichtung der Maschine, es ist zum andern die Schrift, die diese Maschine dem Verurteilten in den Leib sticht.

Warum begeht der Offizier Selbstmord? Hätte er nicht seinen Apparat als kostbares Museumsstück bewahren können für die besseren Zeiten, die auf dem Grabstein des alten Kommandanten prophezeit werden? Dagegen lässt sich einwenden, die alten Zeiten, an denen sein Herz hängt, seien nun vorbei und er wolle mit ihnen zugrunde gehen. Das würde seine eigene Motivation sein; geht die Intention des Erzählers aber nicht darüber hinaus? Ist die Vernichtung eines Menschen nicht auch eine Selbstvernichtung, weil sie das Menschliche in dem Mörder tötet? Oder ist damit etwa ausgedrückt, dass die technische Apparatur, die wir konstruieren, letztlich auch uns selbst vernichten wird, weil wir ihrer nicht mehr Herr werden? Oder ist gar gesagt, dass der Widerspruch, zu dem der Reisende sich schließlich aufraffte, die Grausamkeit beenden konnte? Brauchen wir also nur Mut, gegen die Barbarei einzuschreiten und ihr wäre ein Ende gesetzt?

Zum zweiten dunklen Punkt: warum muss die Maschine dem Delinquenten eine kunstvolle, kaum lesbare und sicherlich auch von ihm selbst nicht entzifferbare Schrift auf den ganzen Körper eingravieren wie eine Tätowierung? Hat diese Schrift eine besondere, eine symbolische Bedeutung? Doch welche? Weist sie etwa auf Kafka hin, den Schriftsteller, dessen Leben die Schrift war? Doch das Schreiben war für ihn der einzige Akt der Befreiung und der Emanzipation, den er gelten ließ, und kein Akt der Vernichtung oder gar Selbstvernichtung. Aber war ihm das Schreiben nicht dermaßen ausschließlich Lebenszweck, dass es alle Regungen seines Körpers mit Beschlag belegte, ihn ganz gefangen nahm und schließlich auch zugrunde richtete? Und war es nicht doch die einzige Möglichkeit der Erlösung für ihn: der Körper ging zugrunde, die Schrift blieb am Leben?

Oder ist gar an eine weitergehende Deutung zu denken: der Mensch steht unter der Schrift, unter dem Gesetz, das in der Schrift überliefert ist. Diese Schrift wird ihm sein Leben lang eingeprägt, auch wenn er sie nicht liest, bis er stirbt. Das Urteil über sein Leben ist darin enthalten. Ein jüdischer Gedanke: das Leben unter dem Gesetz als fortlaufendes Gerichtsverfahren.

«Verstand geht dem Blödesten auf», erklärt der Offizier dem Forschungsreisenden. Um die sechste Stunde beginne der Verurteilte zu begreifen; seine Haut lerne zu lesen: «Um die Augen beginnt es. Von hier aus verbreitet es sich. Ein Anblick, der einen verführen könnte, sich mit unter die Egge zu legen.» (1, 173)

Die endliche Erlösung, die der Offizier als schönen Sinn der hässlichen Prozedur behauptet, stellt der Reisende nach dem Tod des Offiziers nicht fest. Der Erzähler wagt sich hier weit vor und nimmt dieses Wagnis durch eine Klammer wieder zurück, als hätte er damit zu viel von der Intention der Geschichte verraten. Das ist sicherlich nicht so recht gelungen, genauso wenig wie der dann folgende Schlussteil, was Kafka im Brief an Kurt Wolff vom 4. September 1917 eingestanden hat: «Zwei oder drei Seiten kurz vor ihrem Ende sind Machwerk, ihr Vorhandensein deutet auf einen tieferen Mangel, es ist da irgendwo ein Wurm, der selbst das volle der Geschichte hohl macht.» (Briefe, 139) Nicht gelungen ist diese Einfügung in Klammern: «(kein Zeichen der versprochenen Erlösung war zu entdecken)» (1, 193). Das ist eindeutig und damit schon mehr eine Deutung als eine Erzählung.

So wird es auch kein Zufall sein, dass es die sechste Stunde ist, die der Offizier nennt. Die sechste Stunde der Folterung des Delinquenten erinnert an die sechste Stunde der Marter Jesu am Kreuz. Im Matthäus-Evangelium heißt es: «Und von der sechsten Stunde an ward eine Finsternis über das ganze Land bis zu der neunten Stunde. Und um die neunte Stunde schrie Jesus laut und sprach: Eli, Eli, lama asabathani? Das ist: Mein Gott, mein Gott, warum hast du mich verlassen.» (Matth. 27, 45–46) Der unschuldig zu Tode Gemarterte fühlt sich von Gott verlassen. Es ist die dunkle Zeit der Ferne Gottes.

11. Der Verschollene.
Der Stummfilm.

Max Brod nannte das Roman-Fragment «Amerika», da Franz Kafka ihm immer von seinem Amerika-Roman gesprochen hatte. Kafka selbst nannte das Fragment «Der Verschollene» im Brief an Felice Bauer vom 11. November 1912. Deshalb wird es nun so genannt. Der Titel «Der Verschollene» bezieht die in Europa zurückgebliebenen Verwandten ein, ja, er ist aus deren Sicht gesetzt: verschollen nennt man einen Menschen, von dem man nichts mehr hört. Ob er noch lebt und unter welchen Umständen, weiß man nicht.

Von Karl Rossmann, der als Sechzehnjähriger nach Amerika geschickt wird, weiß der Erzähler aber zu berichten: für Erzähler und Leser ist er keineswegs verschollen. Insofern weist der Titel auf die Perspektive der in Europa Verbliebenen, während der Roman aus der Perspektive des durch Amerika ziehenden Karl erzählt wird, der seine Familie in Europa bald vergessen hat.

Franz Kafka war nie in Amerika. Sein Amerika-Bild stammt aus zweiter Hand: aus Zeitungsberichten, aus Büchern, aus Filmen und aus Erzählungen. Aus Erzählungen nicht zuletzt in der eigenen Familie. Die zwei erfolgreichen Brüder der Mutter, Alfed und Joseph Löwy, waren weit in der Welt herumgekommen, auch in den USA, und drei Vettern waren nach Nordamerika ausgewandert.

Da war zunächst ein Cousin, der nicht auswanderte, dem aber genau das widerfuhr, was Karl Rossmann im Roman zur Auswanderung zwang: er wurde als kleiner Junge, angeblich schon mit 14 Jahren, von einer Köchin verführt, die ein Kind von ihm bekam. Dieser Robert Kafka könnte auch den Anstoß zum Namen von Karl Rossmann gegeben haben, aus den Vorsilben Ro und Ka könnte Karl und Rossmann geworden sein, vermutet Anthony Northey.

Zu den ausgewanderten Vettern. Otto Kafka (1879–1939) aus der Koliner Verwandtschaft ging zunächst nach Südamerika, dann nach New York und brachte es dort zeitweise zu großem Reichtum, so dass er sich ein Landhaus auf Long Island in der Nähe der Rockefellers leisten konnte, also ein «Landhaus bei New York» wie der Onkel von Karl Rossmann im Roman. Dieser Otto ließ seinen jüngeren Bruder Franz oder Frank Kafka (1893–1953) nachkommen, gab ihm eine sorgfältige Ausbildung und nahm ihn in sein Import- und Exportgeschäft auf. Wie Karl Rossmann war dieser Frank 16 Jahre alt, als er den Hafen von New York erreichte, wo er von seinem älteren Bruder erwartet wurde – wie Karl von seinem Onkel im Roman. Schließlich gab es noch einen Vetter aus der Leitmeritzer Verwandtschaft, Emil Kafka (1881–1963), der nach Chicago zog und dort einige Zeit in dem großen Versandhaus «Sears, Roebuck und Co» arbeitete, einer Firma, deren Werbebroschüre belegt, dass Kafka in seinem Roman nicht übertrieb, wenn er die großen Telefonhallen und die Säle mit den vielen Schreibmaschinistinnen beschrieb. Demnach empfing «Sears» täglich zwischen 90 000 und 180 000 Briefe, 450 Umschläge wurden in der Minute maschinell geöffnet; alle Briefe wurden innerhalb von 24 Stunden durch ein Heer von Angestellten beantwortet.

Sowohl die Schicksale von Ausgewanderten als auch die Verhältnisse in der «neuen Welt» kannte Kafka also aus Erzählungen in seiner weitläufigen Familie. Er machte davon Gebrauch und manches, was dem Leser heute bizarr erscheint, war realistisches Detail. Freilich waren alle seine drei Vettern in Amerika recht erfolgreich – im Gegensatz zu seinem Helden Karl Rossmann, der immer scheitert, darin den anderen Helden Kafkas ähnlich, nicht aber seinen drei Vettern. So viel Kafka auch aus Publikationen über die USA lernte – vor allem Arthur Holitschers Bestseller «Amerika. Heute und morgen. Reiseerlebnisse» faszinierte ihn –, das Verhalten seines Helden ist typisch nicht für Amerika, sondern für Kafka.

Der naive und in seiner Naivität auch wieder raffinierte Karl Rossmann geht fehl, er folgt den falschen Ratschlägen, er ist an der falschen Stelle hartnäckig. Da, wo er naiv sein sollte, ist er raffiniert; da, wo er raffiniert sein sollte, ist er naiv. Mal fehlt ihm die Erfahrung, mal die Skrupellosigkeit, die nötig ist, sich durchzusetzen. Kafka hat «das allermodernste New York» beschrieben, wie er im Brief vom 25. Mai 1913 an seinen Verleger Kurt Wolff meint. Doch in diesem New York irrt sein Held umher wie seine Helden immer umherirren, sei es in Böhmen oder anders wo, sei es auf dem Weg durch die Stadt oder auf dem Weg von einem Dorf zum andern.

«A. hat mit B. aus dem Nachbardorf H. ein wichtiges Geschäft abzuschließen. Er geht zur Vorbesprechung nach H., legt den Hin- und Herweg in je zehn Minuten zurück und rühmt sich zu Hause seiner besonderen Schnelligkeit.» (6, 165) Am nächsten Tag geht A. wieder nach dem Dorf H. und zwar früh am Morgen, diesmal braucht er zehn Stunden. Er trifft B. nicht an, der schon nach dem Dorf von A. geeilt ist. Endlich kommt A. wieder in seinem Dorf an. B. sei schon früh gekommen, heißt es, habe ihn am Tor getroffen, er sei an ihm vorbeigelaufen, nun warte er oben. A. läuft die Treppe hinauf. «Schon ist er fast oben, da stolpert er, erleidet eine Sehnenzerrung und fast ohnmächtig vor Schmerz, unfähig sogar zu schreien, nur winselnd im Dunkel, hört und sieht er, wie B. undeutlich ob in großer Ferne oder knapp neben ihm, wütend die Treppe hinunterstampft und endgültig verschwindet.» (6, 165)

Das ist eine erfolgreiche Geschäftsreise nach Franz Kafka. In so einer kleinen Geschichte, schematisch vereinfacht, liegt die Struktur der Erzählung klar vor Augen. Es ist dieselbe Struktur, die mal mehr, mal weniger verkleidet in seinen meisten Texten steckt: große Anstrengung, kein Erfolg, aus welchen Gründen auch immer. Es ist wie verhext.

Die kleine Geschichte erinnert in ihrem schlichten Ablauf an Slapstick-Filme, an frühe Stummfilme, in denen die Helden auch hin und her rasten, ob verfolgt oder nicht, hinfielen, wieder aufstanden, um wieder hinzufallen, und immer erfolglos blieben zur Freude der Zuschauer, die sich vor Lachen bogen. Max Brod schrieb in seinem Nachwort zum Amerika-Roman in der ersten Ausgabe des Werkes: «Es gibt Szenen in diesem Buch ... die unwiderstehlich an Chaplin-Filme erinnern, an so schöne Chaplin-Filme, wie sie freilich noch nicht geschrieben wurden – wobei man nicht vergessen möge, dass in der Zeit, in der dieser Roman entstand (vor dem Kriege!), Chaplin unbekannt oder vielleicht gar noch überhaupt nicht aufgetreten war.»

In der Tat fällt die Ähnlichkeit einzelner Szenen des Romans mit denen früher Stummfilme auf: etwa das schäbige Hotel, in dem Karl für eine Nacht Unterschlupf findet, nachdem er das vornehme Landhaus verließ; dann die beiden hinterhältigen Tramps Robinson und Delamarche, sodann das Durcheinander im überladenen Zimmer der dicken Brunelda oder die im Lift schlafenden Pagen. Alle diese mit knappen übertreibenden Gesten, mit schroffen Wendungen und harten Konfrontationen gesetzten Szenen, komisch und schrecklich zugleich, ähneln denen in frühen Stummfilmen, die Franz Kafka gerne sah.

Seit 1907 gab es in Prag zwei feste Kinos, Kinematographen genannt, das «Orient» in der Hibernergasse und das Kino der Brüder Ponrepo in der Karlsgasse. Kafka hat nur selten und kurz über seine Filmbesuche berichtet, aber immer voll Begeisterung. So empfahl er etwa in einem launigen Brief zur Jahreswende 1908 auf 1909 Elsa Taussig, der späteren Frau Brods, dringlich den Besuch zweier Filme im «Orient». Hanns Zischler, der die Kinobesuche Kafkas in mühevoller Arbeit zu rekonstruieren suchte, hat die Inhaltsangabe der beiden Filme gefunden, eine Komödie der eine, ein Melodram der andere, beide von großer Schlichtheit: «Der durstige Gendarm» und «Der galante Gardist». (Zischler) Letzterer bringt eine Situation, wie man sie sich auch im Ramses des Amerika-Romans oder im Hotel «Occidental» vorstellen könnte oder im Hause Bruneldas: ein Liebespaar wird von zwei Strolchen verfolgt und überfallen – immer sind es zwei Strolche, im Kino wie bei Kafka –, der Liebhaber, ein Gardist, erschießt den einen und soll danach zum Tode verurteilt werden. Im letzten Moment wird er gerettet; es ist schließlich ein Film und keine Erzählung von Kafka.

Beide Filme stammten aus der Pariser Produktion der Brüder Pathé, die im Oktober 1908 dem Publikum auch einen Film mit «Naturaufnahmen» von New York anboten; es sind Bilder, die genau dem entsprechen, was Karl Rossmann zu sehen bekommt und in der Reihenfolge, in der er es sieht. Dass Kafka diese Aufnahmen kannte, ist nicht verbürgt, immerhin: er hatte ein «eidetisches» Gedächtnis, so dass er auch kurz wahrgenommene Bilder festhalten und später wiedergeben konnte. Es gibt Szenen in dem Roman, die wie die Beschreibung von Filmaufnahmen wirken, etwa die Autos, die in der Nacht am Hotel vorbeifahren, oder jener wunderbare Blick auf das Treiben in den New Yorker Straßen:

«Was aber in der Heimatstadt Karls wohl der höchste Aussichtspunkt gewesen wäre, gestattete hier nicht viel mehr als den Überblick über eine Straße, die zwischen zwei Reihen förmlich abgehackter Häuser gerade und darum wie fliehend in die Ferne sich
verlief, wo aus vielem Dunst die Formen einer Kathedrale ungeheuer sich erhoben. Und morgen wie abend und in den Träumen
der Nacht vollzog sich auf dieser Straße ein immer drängender Verkehr, der von oben gesehn sich als eine aus immer neuen Anfängen
ineinandergestreute Mischung von verzerrten menschlichen Figuren und von Dächern der Fuhrwerke aller Art darstellte, von der aus
sich noch eine neue vervielfältigte wildere Mischung von Lärm,
Staub und Gerüchen erhob, und alles dieses wurde erfasst und
durchdrungen von einem mächtigen Licht, das immer wieder von
der Menge der Gegenstände verstreut, fortgetragen und wieder
eifrig herbeigebracht wurde und das dem betörten Auge so körperlich erschien, als werde über diese Straße eine alles bedeckende
Glasscheibe jeden Augenblick immer wieder mit aller Kraft zerschlagen.» (2, 45–46)

Hier ist ein Text-Beispiel, das Kafkas große Erzählkunst zeigt in
der knappen Genauigkeit der sich überstürzenden Bilder. Diesen
Blick mag das Kino geschult haben. Er gemahnt freilich auch an den
der Expressionisten, mit dem sie Menschen und Autos in den Stra
ßen der Großstadt verzerrt darstellten. Der Stummfilm lieferte
Kafka Bilder und Szenen voll Trivialität, die es ihm erlaubten, einen
grotesken Handlungsablauf zu schaffen, in dem die gewichtigen
Themen von der Banalität des Alltags gebrochen wurden. Das gibt
seiner Darstellung bis heute ihre Schärfe: diese Mischung aus Erhabenheit und Banalität.

Der frühe Film hatte zudem eine Nähe zum Traum, zum Tagtraum zumindest und zum Albtraum manchmal auch, eine Nähe,
die Kafkas Texte ebenfalls behaupten, entwarf er sie doch nicht selten in der Nacht oder bei Tage, halbschlafend und halbwachend auf
dem Kanapee liegend, so dass auch hier wieder eine Verwandtschaft
seines Sehens und Schreibens mit den frühen Filmen gegeben ist. So
träumte er die Einfahrt Karl Rossmanns in den Hafen von New
York, möglicherweise angeleitet nicht nur durch Arthur Holitschers Reisebericht, sondern auch durch die «Naturaufnahmen» der
Brüder Pathé. Im Tagebuch schreibt er jedenfalls unter dem 11. September 1912:

«Ein Traum. Ich befand mich auf einer aus Quadern ins Meer hineingebauten Landzunge. ... Ich wusste zuerst nicht eigentlich, wo ich war, erst als ich mich einmal zufällig erhob, sah ich links vor mir und rechts hinter mir das weite klar umschriebene Meer mit vielen reihenweise aufgestellten, fest verankerten Kriegsschiffen. Rechts sah man Newyork, wir waren im Hafen von Newyork. Der Himmel war grau, aber gleichmäßig hell. Ich drehte mich frei, der Luft von allen Seiten ausgesetzt auf meinem Platze hin und her, um alles sehen zu können.» (10, 82)

Man kann also sagen: Franz Kafka hat New York gesehen – im Traum und im Kino.

12. Das Labyrinth der Welt.
Jan Amos Komensky.

Als Karl Rossmann in New York von Bord gehen will, entdeckt er, dass er seinen Schirm in der Kabine vergessen hat. Er übergibt seinen Koffer einem flüchtigen Bekannten und läuft unter Deck: «... er musste sich seinen Weg durch eine Unzahl kleiner Räume, über kurze Treppen, die einander immer wieder folgten, durch fortwährend abbiegende Korridore, durch ein leeres Zimmer mit einem verlassenen Schreibtisch mühselig suchen, bis er sich tatsächlich, da er diesen Weg nur ein- oder zweimal und immer in größerer Gesellschaft gegangen war, ganz und gar verirrt hatte.» (2, 56) Karl verirrt sich im Labyrinth des Schiffes und gelangt in ein Zimmer, wo er auf einen Heizer trifft, den er nicht gesucht hatte. Dadurch wird er in eine Geschichte verstrickt, die nicht die seine ist. Er kommt vom Weg ab; er wollte doch von Bord gehen. Auch im großen Landhaus bei New York, in das ihn zwei Geschäftsfreunde des Onkels lockten, findet er sich nicht zurecht und irrt durch die Gänge und über Treppen, bis er endlich wieder hinausfindet. Im Hotel «Occidental», in dem er, nachdem er mit den zwei Tramps umherzog, schließlich als Page eine Anstellung findet, hat er ebenfalls Mühe, sich zu orientieren; es ist für 5000 Gäste gebaut.

Kafka liebt es, seine Helden durch Labyrinthe zu führen, sie orientierungslos umherirren zu lassen. Sie haben ein Ziel, aber sie erreichen es nicht. Sie erreichen, wenn überhaupt, ein Ziel, das sie nicht erreichen wollten. So läuft ja auch K. im Schloß-Roman immer wieder durchs Dorf, ohne je zum Schloss, das über dem Dorf zu sehen ist, zu gelangen. Heinz Politzer, Prager Jude wie Franz Kafka, erinnert dieses Labyrinth des Dorfes an ein anderes Labyrinth, an das des Comenius, eines nicht nur in Prag berühmten tschechischen Autors des Barock. Jan Amos Komensky, der sich Comenius nannte, war Theologe und Bischof, Pädagoge und Schriftsteller. Sein wohl bedeutendstes Buch heißt «Das Labyrinth der Welt und das Paradies des Herzens», es ist 1623 tschechisch erschienen, erst 1907 auf deutsch (Comenius). Dass Kafka Comenius gekannt hat, daran kann kein Zweifel sein, auch wenn er nur einmal seinen Namen in einem Brief an Max Brod erwähnt (Briefe, 401); Comenius gehörte zum Bildungsgut eines Prager Gymnasiasten.

Mehr noch als «Das Schloß» hat Kafkas erster Roman «Der Verschollene» Ähnlichkeiten mit Comenius' Werk. Und dies nicht nur, weil der Held immer wieder in Labyrinthe gerät. Dem Labyrinth verwandt ist schließlich auch der geschlossene Raum. Auch das Labyrinth ist ja ein geschlossener Raum, der freilich so groß ist, dass man immer in ihm umherstreift, ohne je den Ausgang zu finden. Der kleine Raum, der abgeschlossen wird, hat dieselbe Wirkung auf den Helden: er kommt nicht hinaus. So wird Karl vom Heizer in seinem Zimmer eingeschlossen, von Klara Pollunder in ihrem Zimmer im Landhaus bei New York und schließlich von Delamarche auf dem Balkon des Zimmers von Brunelda. Er werde weggehen, sagt Karl auf dem Balkon zu Robinson. Aber wie, fragt der, wenn die Tür zum Zimmer doch verschlossen ist?

Das Labyrinth als Motiv ist seit dem Mythos vom kretischen Minotauros allzu verbreitet, als dass der Verweis auf dieses Motiv allein eine Ähnlichkeit zwischen dem Werk des Comenius und dem Amerika-Roman Kafkas begründen könnte. Die ganze Welt als Labyrinth, in dem «nichts herrscht als Irrung und Verwirrung, Unsicherheit und Bedrängnis, Lug und Trug, Angst und Elend, und zuletzt Ekel an allem und Verzweiflung», wie es schon im Titel von Comenius' Buch heißt, dies könnte schon eine bemerkenswerte Ähnlichkeit zwischen der Welt, die Comenius schildert, und der Welt Kafkas begründen. Das Labyrinth des Gerichts in «Der Proceß», in dem niemand sich auskennt, das Labyrinth des Dorfes mit seinem unzugänglichen Schloss in «Das Schloß», das Labyrinth der großen Häuser und Städte

Amerikas in «Der Verschollene», dieses Labyrinth scheint doch jeweils Modell zu sein für etwas anderes: für die Welt als Ganzes?

Die Welt als «Jammertal»: Manche Interpreten haben die Finsternis der Welt, die Kafka beschreibt, durch Hinweise auf die Tradition der Gnosis zu erklären versucht, in der ein böser Weltenschöpfer, ein Demiurg, eine finstere Welt geschaffen hat, in der die Menschen elend umherirren. (Sokel) In der Tat sind manche Parallelen erstaunlich. Aber die Welt als schöner Schein, hinter dem Lug und Trug regieren, klam a mam, wie es tschechisch heißt, zeigt auch die Literatur des Barock, eine Quelle, die dem im barocken Prag aufgewachsenen Franz Kafka nicht ganz unbekannt gewesen sein dürfte. Bemerkenswert sind jedenfalls die Ähnlichkeiten zwischen seinem Amerika-Roman und dem Werk des Comenius, denn sie gehen über das allgemeine Modell «Die Welt als Labyrinth» hinaus.

Es sind vor allem drei Handlungsteile, die bei Comenius Parallelen finden, und es sind gerade die drei Handlungsteile, die der Interpretation des Romans besondere Schwierigkeiten machen. Sie sind von zentraler Bedeutung. Da ist zunächst und vor allem das «Naturteater von Oklahoma», wie Kafka schreibt, also das letzte, Fragment gebliebene Kapitel des Fragment gebliebenen Romans. Gerade dieses Naturtheater scheint besonders rätselhaft: Was hat es zu bedeuten? Hält es, was es verspricht? Ist es ein Utopia, das hier angedeutet wird, ein Platz, an dem ein jeder Arbeit, Unterkunft und Anerkennung findet, wie verkündet wird?

«Das große Teater von Oklahama ruft Euch! Es ruft nur heute, nur einmal! Wer jetzt die Gelegenheit versäumt, versäumt sie für immer! Wer an seine Zukunft denkt, gehört zu uns! Jeder ist willkommen! Wer Künstler werden will, melde sich! Wir sind das Teater, das jeden brauchen kann, jeden an seinem Ort!» (2, 295)

Hier kann also jeder sein Glück finden, jedem wird Gerechtigkeit zuteil. So behauptet jedenfalls die Ankündigung. Karl fasst es sogleich auf: «Jeder, also auch er» (2, 295). Und er verlangt wie die meisten nicht viel: «Er wollte endlich den Anfang einer anständigen Laufbahn finden» (2, 296).

Karl Rossmann fährt mit seinem letzten Geld zum Treffpunkt, dem Rummelplatz von Clayton, wo sich ihm ein merkwürdiges Bild bietet: «Hunderte Frauen», als Engel verkleidet (2, 297), auf hohen Postamenten stehend, blasen Trompete, «ein wirrer Lärm» (2, 296). Karl hört seinen Namen rufen von einem Engel, als sei er erwartet worden. Der Engel ist aber seine alte Bekannte Fanny, die hier einen Posten gefunden hat. Die Frauen blasen zwei Stunden, berichtet sie, dann kommen die Männer, als Teufel verkleidet, «die Hälfte bläst, die Hälfte trommelt» (2, 300).

Merkwürdig ist nicht nur das verheißungsvolle Glücksversprechen, sondern auch die religiöse Dekoration: die Frauen als Engel, die Männer als Teufel verkleidet, als himmlische und als höllische Boten. Ob das Versprechen eingelöst wird, erfahren wir nicht. Das Fragment endet mit der Zugfahrt nach Oklahama.

Das 13. Kapitel des Buches von Comenius heißt «Die Rosenkreuzer» und beginnt folgendermaßen: «Plötzlich vernahm ich den lauten Schall einer Trompete und sah einen Berittenen heransprengen, der die Philosophen zusammenrief. Als diese nun in großer Menge von allen Seiten zusammenströmten, begann er in fünf verschiedenen Sprachen von der Unvollkommenheit der freien Künste und der Philosophie überhaupt zu sprechen und dass sich, von Gott erleuchtet, einige ausgezeichnete Männer zusammengefunden, alle diese Mängel untersucht und auch beseitigt und so die ganze menschliche Weisheit auf jene Stufe der Vollendung emporgehoben hätten, auf welcher sie sich vor dem Sündenfalle im Paradies befunden habe. Das Goldmachen sei unter hundert anderen Dingen das geringste, was sie leisten könnten.» (Comenius, 112)

Alle Probleme sind also gelöst. Die geheime Bruderschaft der Rosenkreuzer hat den Stein der Weisen gefunden; so behauptet sie jedenfalls. Die Wirkung ist entsprechend: «Auf dem ganzen Platz herrschte ein gewaltiger Lärm, und die meisten brannten vor Begierde, sich mit einer Bitte an die Bruderschaft zu wenden» (Comenius, 114). Bittschriften werden verfasst, aber nicht beantwortet. Anträge auf Aufnahme in die Bruderschaft werden von niemandem entgegengenommen. Dann erfolgt ein zweiter Trompetenschall. Ein Mann bietet geheimnisvolle Schachteln an, die viel versprechende Schätze enthalten sollen: Portae Sapientiae, Fortalitum Scientiae, Gymnasium Universitatis, Bonum Macromicro-cosmicon, Harmonia utriusque Cosmi, Christiano-cabbalisticum etc. (Comenius, 116). Alle reißen sich um die Schachteln. Man solle sie nicht öffnen, ihre geheimnisvolle Kraft ginge sonst verloren, heißt es. Einige öffnen sie aber doch: Die Schachteln sind leer. Die Menschen sind empört. «Ha», schreien sie: «Betrug, Betrug!» Und der Pilger, Held des Buches, ruft aus: «O eitle Hoffnungen!» (Comenius, 117).

Eine gewisse Ähnlichkeit dieser wichtigen Szene bei Comenius mit der des «Naturteaters von Oklahoma» ist offensichtlich: mit Trompetenschall auf großem Platz werden Glücksversprechen ausgerufen, die nicht einzuhalten sind. Jedenfalls bei Comenius, bei Kafka ist das nicht so eindeutig.

Der Pilger bei Comenius erhält zwei Begleiter auf seinem Weg schon zu Beginn des Buches: den Führer «Allwissend» mit dem Beinamen «Überalldabei», der ihm von der Königin der Welt erzählt, die Weisheit heiße, aber Eitelkeit sei. Und als Dolmetsch dieser Weisheit kommt «die Verblendung» hinzu. Von ihr erhält der Pilger eine Brille, die Brille der Verblendung, die zusammengesetzt ist aus «Vorurteil» und «Gewohnheit». Im 5. Kapitel überblickt der Pilger von einem hohen Turm die Welt. Hierzu gibt es zweimal zwei ähnliche Figurationen in Kafkas Amerika-Roman. Zum ersten die zweimal zwei Männer, die Karl Rossmann führen, anführen, verführen. Zunächst die Geschäftsfreunde des Onkels Green und Pollunder, die Karl vom Onkel weglocken ins Landhaus bei New York und ihn damit auf die schiefe Bahn bringen; beim reichen Onkel winkten ihm Sicherheit und Karriere trotz aller Einschränkungen, denen er sich unterwerfen musste. Sodann die beiden Tramps Robinson und Delamarche, die ihn nach Ramses mitnehmen und schließlich aus dem Hotel «Occidental», in dem er doch ein bescheidenes Auskommen hatte, in die unerträgliche Enge der Wohnung Bruneldas wegführen. Das sind also beide Male Führer und Verführer wie die zwei Begleiter des Pilgers bei Comenius.

Zum zweiten: sowohl von dieser Wohnung Bruneldas, nämlich von deren Balkon aus, als auch von der Wohnung des Onkels in New York aus betrachtet Karl das Treiben der Welt, vom Balkon aus sogar einen Wahlkampf. Und so wie die Figur der Verblendung dem Pilger bei Comenius eine Brille verpasste, so gibt Brunelda Karl einen Opernglas, durch den er nichts mehr sieht. Auch die Brille hinderte den Pilger am Sehen. Zufällige Ähnlichkeiten? Hier wäre auch noch an die beiden Diener K.s im Schloss-Roman zu erinnern, an Arthur und Jeremias, die K. behindern, statt ihm zu helfen.

Schließlich zum dritten Handlungsteil, der Ähnlichkeiten aufweist: die Brunelda-Szenen, die Kafka erstaunlich ausführlich gestaltet, obwohl hier die Handlung nahezu auf der Stelle tritt. Das zeigt ein Blick auf den Umfang der einzelnen Kapitel des Romans. Kapitel 1 «Der Heizer» hat 36 Seiten, Kapitel 2 «Der Onkel» 17, Kapitel 3 «Landhaus» 39, Kapitel 4 «Marsch nach Ramses» 32, Kapitel 5 «Hotel Occidental» 30, Kapitel 6 «Robinson» 47. Die beiden folgenden, nicht mehr nummerierten und betitelten Kapitel, die deshalb mit dem Anfangssatz bezeichnet werden «Es musste wohl eine entlegene …» und «Auf! Auf! rief Robinson …» umfassen 64 und 12 Seiten. Diese beiden Szenen mit Brunelda, durchweg in deren Zimmer und auf deren Balkon spielend, haben also zusammen 76 Seiten Umfang, gut doppelt so viel wie die anderen Kapitel des Romans. Mit Amerika haben diese Szenen nichts mehr zu tun. Der Roman bringt eine Engführung der Handlung könnte man sagen, von der Größe New Yorks, von der Weite der Staaten, droht er in der Enge eines armseligen Zimmers zu enden, das es so oder ähnlich überall geben könnte. Warum das?

Es kann einen Grund in der Entstehung des Textes haben. Kafka hat sich hier festgebissen, er kam nicht weiter, ließ die Arbeit dann liegen. Erst später konnte er mit den 6 Seiten «Ausreise Bruneldas» die dicke Dame verlassen und das Kapitel über das «Teater von Oklahama» schreiben. Das mag so sein, beantwortet aber nicht die Frage, warum Kafka sich so sehr auf die Brunelda-Szenen fixierte. Psychologische Vermutungen liegen nahe. Ein Hinweis auf Comenius könnte helfen.

Der erste Teil des Werkes von Comenius, eben der des «Labyrinths der Welt» endet in der Burg der «Weisheit», also der Königin der Welt, die in Wahrheit die «Eitelkeit» ist. Dort herrscht ein «Weiberregiment», wie es im 30. Kapitel heißt, «Schmeichelei» und «Gewalt» sind die Leibwächter der Königin, so wie Delamarche und Robinson mit Schmeichelei und Gewalt der eitlen und wollüstigen Brunelda dienen. Selbst der große König Salomo, der bei Comenius im 33. Kapitel der Weltweisheit die Maske vom Gesicht reißt, so dass sich ihr wahres, von Aussatz verunstaltetes Gesicht zeigt, selbst Salomo verfällt schließlich der «Wollust», die ihn verführt; sie ist die letzte wirkungsvollste Macht der «Eitelkeit» in der Welt.

Ist also in diesen unerquicklichen Szenen um Brunelda ein Abglanz der Allegorien von Eitelkeit und Wollust zu finden? Es wäre immerhin eine Deutung für die Szenen, die sonst einer Deutung schwer zugänglich sind, außer eben der psychologischen, die immer rasch zur Hand ist, etwa in der Art: Karl wird, vom Geschlechtsverkehr der Eltern, den er als schmutzig empfindet, ausgeschlossen und auf dem Balkon ausgesperrt. In der Tat hat Kafkas Vater den nachts brüllenden kleinen Franz einmal auf den Balkon gesperrt, ein schlimmes Erlebnis, das dieser nicht vergessen konnte.

Dass Kafka Szenen, in denen ein junger Mensch benachteiligt und verfolgt wird, anderen Szenen, in denen es ihm gut geht, vorzieht, zeigt ein Blick auf den Roman, den Kafka selbst als Vorbild für den «Verschollenen» angibt: «David Copperfield» von Charles Dickens. Im Tagebuch schreibt Kafka unter dem 8. Oktober 1917: «Dickens Copperfield («Der Heizer» glatte Dickensnachahmung, noch mehr der geplante Roman. Koffergeschichte, der Beglückende und Bezaubernde, die niedrigen Arbeiten, die Geliebte auf dem Landgut die schmutzigen Häuser u. a. vor allem aber die Methode. Meine Absicht war wie ich jetzt sehe einen Dickensroman zu schreiben, nur bereichert um die schärferen Lichter, die ich der Zeit entnommen und die mattern, die ich aus mir selbst aufgesteckt hätte.)» (11, 168)

Sieht man sich Dickens umfangreichen Roman an, er ist über 800 Seiten stark, fällt auf, dass nur jener Handlungsteil Kafka inspirierte, der vom entsetzlichen Elend des jungen David Copperfield handelt, also etwa Kapitel 4 bis 14; von 64 Kapiteln des Romans sind das gerade 10. Es sind diejenigen, die von der unglücklichen Kindheit Davids berichten: vom frühen Tod des Vaters, dem grausamen Stiefvater, dem Tod der Mutter, der Kinderarbeit unter schlimmsten Bedingungen, die der Stiefvater ihm auferlegt, schließlich von der Flucht. Auf dieser Flucht bittet David einen älteren Jungen, seinen Koffer zur Post zu bringen; der reißt natürlich mit dem Koffer aus, der alle Habseligkeiten des kleinen David enthielt. David schleppt sich daraufhin hungernd und frierend in tagelangen Fußmärschen zu seiner Tante. Diesen Teil des Romans hat Kafka festgehalten, die «Koffergeschichte» also, nicht aber den Rest: die gute Tante nimmt David freundlich auf, er erhält eine sorgfältige Erziehung, sein weiterer Weg ist glücklich und erfolgreich. Mit Witz und Behagen erzählt Dickens in vielen lukrativen Fortsetzungen – je mehr Fortsetzungen, um so mehr Geld verdiente er damit – vom bürgerlichen Leben seines Helden, das Kafka offensichtlich nicht interessierte. Ihn faszinierten Lug und Trug, klam a mam, das irdische Jammertal.

In der Tat gibt es ja einen Herrn Klamm bei Kafka. Klamm ist die deutsche Schreibweise des tschechischen klam, dessen Bedeutung Betrug, Täuschung, Selbsttäuschung ist. Klamm ist der wichtigste, nie recht fassbare Beamte im Schloß-Roman. Jeder sieht ihn anders, jeder macht sich sein eigenes Bild von ihm, jeder hat seine eigene Variante der Täuschung und Selbsttäuschung, so scheint es. Klamm ist fast eine Allegorie. Fast! Darin zeigt sich ein wichtiger Unterschied zwischen Kafka und Comenius oder Bunyan, dessen «Pilgrims Progress» Heller in seinem Aufsatz «Die Welt Franz Kafkas» zum Vergleich heranzieht. (Heller) Eine einzige große Allegorie wie der Weg des Pilgers bei Bunyan sei Kafkas Darstellung nicht, meint Heller; genauso wenig ist «Der Verschollene» eine große Allegorie in der Art des Labyrinthes der Welt des Comenius.

Comenius' Werk ist eindeutig und belehrend. Es zeigt die Eitelkeit der Welt, deren Vanitas, und es empfiehlt am Schluss die Einkehr ins eigene Herz. den Rückzug aus der Welt, weil nur dadurch das Heil in Christus zu finden sei. Die Welt des Comenius ist eine von Allegorien erhellte. Kafka deutet mitunter Allegorien an, aber er macht sie sofort unkenntlich. Seine Intention ist nicht offensichtlich, sondern verschlüsselt. Er benutzt Allegorien, und er benutzt sie zugleich nicht. Wie immer, so ist auch hier das Paradoxon die beste Figur, Kafkas Werk zu begreifen. Man könnte sagen, Kafka arbeite mit der «durchgestrichenen Allegorie», d. h. die Allegorie wird so weit ausgeführt, dass sie durchgestrichen werden kann. Damit sie durchgestrichen werden kann, muss sie ansatzweise entworfen werden. Ist sie entworfen, wird sie zurückgenommen.

Kafkas Figuren haben natürlich ein «reales Leben» innerhalb der fiktionalen Welt des Romans. Ist die Allegorie nichts anderes als die Verkörperung eines Abstraktums, einer Tugend, eines Lasters, etwa als «Frau Wollust» oder «Frau Hoffnung», so haben Kafkas Figuren Anteil an der Handlung des Romans als «Menschen unter Menschen». Etwa im Amerika-Roman: Green und Pollunder, Robinson und Delamarche. Die beiden ersteren sind Geschäftsfreunde des Onkels, die beiden letzteren Tramps und Gelegenheitsarbeiter. Durch diesen Anschein von «realem Leben» werden sie als Allegorien verwischt. Doch Hinweise gibt es möglicherweise auch hier in den Namen. Robinson erinnert manchen Interpreten an Robinson Crusoe. Doch dieser Robinson stellt eher das Gegenteil seines Namensgebers dar. Wo ist der Neubeginn einer Kultur aus dem einfachen Leben bei ihm? De-la-marche könnte la marche, französisch «der Gang», «der Marsch» bedeuten. Aber Delamarche ist gerade nicht der Pilger, der sich auf den Weg macht, sondern derjenige, der Karl Rossmann vom Weg abbringt. Das könnte auch eine Bedeutung von Poll-under sein. poll heißt englisch Kopf, auch Abstimmung bei der Wahl, als Verbum aber kappen, stutzen. Also ein Herr Kopfunter oder Herr Abschneider? Pollunder schneidet jedenfalls Karl von seinem reichen Onkel ab und stürzt ihn kopfunter in die Armut.

Am deutlichsten scheinen die Hinweise im Namen der Stadt und des Hotels: Ramses und Occidental. Ramses als Name einer amerikanischen Stadt ist ungewöhnlich; es gibt keine, deren Name diesem Namen auch nur von ferne ähnelte. Ramses hießen die alten ägyptischen Könige der 19. und 20. Dynastie. Ramses bedeutet: Re hat ihn geboren. Re ist der ägyptische Sonnengott, der mit seiner Barke am Tag über den Himmel fährt, in der Nacht durch die Unterwelt, wo er das Leben der Toten erneuert; er ist also ein Licht und Leben bringender Gott. Ramses im Roman kann dies kaum bedeuten, die Stadt ist eher das Gegenteil von Licht und Leben, also Finsternis und Tod. Wahrscheinlich gibt Evelyn Beck den richtigen Hinweis in ihrem Buch über Kafka und das jiddische Theater. (Beck) Sie zitiert aus einem jiddischen Stück von Mosche Richter «Der Schneider als Gemeinderat», das Kafka im Dezember 1911 in Prag sah. Darin sagt der Diener des Helden: «Warum führt er uns zurück nach Ägypten? Was ist der Unterschied zwischen Pithom und Ramses und Brooklyn und New York?» Demnach wären die Vereinigten Staaten von Amerika ein neues Ägypten für die Juden, das Auswandern nach Amerika wäre für sie eine Rückkehr in die ägyptische Gefangenschaft, jedenfalls eine Abwendung vom Heiligen Land, ihrer wahren Heimat.

So ließe sich auch das Hotel «Occidental», das Hotel «Westen» verstehen, das wiederum auf den merkwürdigen Grafen Westwest vorausweist, dem Dorf und Schloss im Roman «Das Schloß» gehören. Westen ist die dem Heiligen Land entgegengesetzte Himmelsrichtung. Wer nach Westen geht, kehrt dem Osten, dem Orient den Rücken, an dem sich Juden wie Christen orientieren. In der Synagoge ist die dem Osten zugewandte Seite (mizrach) diejenige, zu der man sich im Gebet wendet – wie in der christlichen Kirche diese Seite die des Altars ist. Der Westen dagegen ist die dem Heiligen Land abgewandte Seite. Ist dies mit «Ramses» und «Hotel Occidental» im Amerika-Roman gemeint? Dann ginge Karl Rossmann immer in die falsche Richtung, sein Weg von Europa nach New York führte nach Westen, sein Weg von New York nach Ramses führte ihn weiter nach Westen und der Zug, der ihn schließlich nach Oklahoma bringen soll, fährt noch weiter nach Westen.

Hat Kafka auf diese Weise trotz seines dezenten Aussparens und Verschweigens doch angedeutet, was Comenius im zweiten Teil seines Werkes ausführlich darlegt: die Alternative zum Jammertal der Welt? Bei Comenius ist dies die Einkehr zu Christus; das «Paradies des Herzens» beschreibt den seligmachenden Weg, den jeder jederzeit beschreiten kann; er muss sich nur von der Eitelkeit der Welt lösen. Bei Kafka ist dieser zweite Teil nicht vorhanden, der Fragment gebliebene Roman endet mit der Fahrt in die falsche Richtung nach Oklahoma. Aber ist der zweite Teil nicht doch vorhanden, implicite im ersten dargestellt, nämlich via negationis? Das wäre dann der Weg nach Osten, der Weg in den Orient, die Rückkehr der Juden nach Jerusalem. Die Abkehr vom verderblichen Westen, der durch Lug und Trug die Menschen verwirrt, läge in der Hinwendung zum Osten, dem Heiligen Land: «Nächstes Jahr in Jerusalem», heißt der Abschiedsgruß am Ende des Seder-Abends, dem Vorabend des Pessach-Festes.

13. Alfred Kubin und Gustav Meyrink.
Die andere Seite.

Ein Mann bricht auf in ein fernes Land, das ihn lockt. Die Reise ist lang und beschwerlich. Als er mit seiner Frau an der Grenze anlangt, werden von den Grenzpolizisten alle ihre Koffer durchsucht; was die Grenzer gebrauchen können, behalten sie. Die erste Verwunderung, der weitere folgen. «Im großen und ganzen war es hier ähnlich wie in Mitteleuropa und doch wiederum sehr verschieden.» (Kubin, 49) Nie scheint die Sonne, jahrelang wird der Himmel immer grau und trübe sein. Saftiges Grün gibt es nicht, nur ein stumpfes Graugrün.

Perle heißt die Hauptstadt des fremden Reiches, sie ist in vier Stadtteile geteilt: das Bahnhofsviertel ist an einem Sumpf gelegen mit öden Verwaltungsgebäuden. Die lange Gasse ist das Geschäftsviertel, das französische Viertel ist eine verrufene Gegend. Die Gartenstadt ist das Viertel der Reichen, die aber nie ihres Reichtums sicher sein können. Steht morgens ein Gerichtsvollzieher vor der Tür, der eine Familie des Hauses verweist, obwohl sie keine Schulden hat, muss diese nun verarmte Familie ausziehen. Der Gerichtsvollzieher hat immer zwei Zeugen dabei, die alles bezeugen, was er behauptet. Kauft man auf dem Markt frisches Fleisch, kann es wohl sein, dass man zu Hause eine Mausefalle mit Mäuseschwänzen auspackt. Die Bedienerin, die der Ich-Erzähler engagiert, verändert sich von Tag zu Tag, obwohl sie immer dieselbe Kleidung trägt.

Der Herr des Traumreichs ist, wie der Erzähler berichtet, sein Jugendfreund Patera, mit dem er in Salzburg die Schule besuchte. Doch Patera, der ihn einlud, ist unerreichbar. Um eine Audienz bei ihm zu erlangen, muss man eine Audienzkarte im Archiv beantragen. Der Erzähler versucht es:

«Der Portier schlief. Ich suchte mich auf eigene Faust zurechtzufinden und trat in ein geräumiges Vorzimmer. Ungefähr zehn bis zwölf Amtsdiener waren hier anwesend. Ich wurde wohl eine Viertelstunde lang überhaupt nicht bemerkt, als wäre ich unsichtbar. Endlich fragte mich einer mürrisch, was ich wollte, wartete jedoch die Antwort nicht ab, sondern setzte das unterbrochene Gespräch mit einem Nachbar fort. Ein etwas gnädig Gelaunter beugte sich zu mir und forschte nach meinem Vorhaben. Er legte sein gelbes, zerknittertes Gesicht in strenge Falten, tat ein paar Züge aus seiner langen Pfeife, deutete mit derselben nach dem Nebenraum und sagte: da drinnen! An der Tür stand: Nicht anklopfen! Und drinnen schlief ein Mensch. ...» (Kubin, 65)»

Hier erhält er nun Auskunft darüber, wie er eine Audienzkarte erhalten kann: «Um eine Audienzkarte zu erhalten, brauchen Sie außer Ihrem Geburts-, Tauf- und Trauschein das Schulaustrittszeugnis Ihres Vaters, die Impfbestätigung Ihrer Mutter. Im Korridor links, Amtszimmer Nummer sechzehn, machen Sie Ihre Angaben über Vermögen, Bildungsgang und den Besitz von Orden. Ein Leumundszeugnis Ihres Schwiegervaters ist erwünscht, aber nicht unbedingt erforderlich.» Darauf nickte er herablassend, beugte sich wieder tief über den Tisch und schrieb, wie ich sehen konnte, mit trockener Feder.» Also nichts. (Kubin, 65)

Sobald sich der Erzähler als von Patera eingeladener Gast zu erkennen gibt, wird der Beamte untertänig höflich und führt ihn zu einer Exzellenz: «Es begann eine endlose Wanderung durch öde Gänge, Kanzleien, wo man bei unserem Kommen wie ertappt auffuhr, kahle Säle und Kabinette, bis an die Decke mit Akten und Mappen gefüllt. Endlich gelangten wir in einen großen Warteraum, wo die verschiedenartigsten Menschen herumsaßen. Mein Führer und ich wurden sogleich in eine Art Allerheiligstes eingelassen. Exzellenz saßen ganz allein da und warteten.» (Kubin, 66)

Diese Exzellenz ist im Gegensatz zu allen anderen im Amt sehr freundlich: «Mich entzückte diese große Huld.» (Kubin, 66) Die Audienzkarte werde ihm morgen zugeschickt, sagt die Exzellenz und beginnt dann eine Rede an eine große Zuhörerschaft, die nicht da ist, wie ein Automat, der schließlich mit Stottern endet.

«Das, was ich da erlebte, passierte allerdings nur Neulingen. Solange man diesen Weg einschlug, wurde nie etwas Positives erreicht. Die dringendsten Anliegen wurden wegen nebensächlicher Formfehler zurückgesandt. Mit unentrinnbarer Sicherheit war von dieser Seite auf eine Durchkreuzung der Pläne zu rechnen. So erhielt ich auch die Audienzkarte zwar richtig, tags darauf aber die Mitteilung ihrer Ungültigkeit.» (Kubin, 67)

Typisch Kafka? Der Text stammt von Alfred Kubin. Was als Ausdruck der Erfahrung eines Versicherungsbeamten mit der Bürokratie der Versicherungsanstalt gerne gesehen wird, ist hier bei Kubin vorweggenommen, der keinerlei Erfahrung in einer Bürokratie gesammelt hatte. Kafka hat ihn gelesen, daran kann kaum Zweifel sein, bevor er den Proceß- und den Schloß-Roman schrieb. Alfred Kubin, in Leitmeritz in Nord-Böhmen 1877 geboren, hatte sich früh als Zeichner und Graphiker einen Namen gemacht. Seinen Roman «Die andere Seite» schrieb er gegen Ende des Jahres 1908, inspiriert von einem Roman Gustav Meyrinks, den er illustrieren sollte.

Das geheimnisvolle jüdische Prag, Praga magica, Praga mystica, ist nicht zuletzt das Werk eines Nicht-Juden und eines Nicht-Pragers, eben Gustav Meyrinks, der 1868 in Wien geboren wurde als unehelicher Sohn eines Württembergischen Staatsministers und einer Hofschauspielerin. Er lebte und arbeitete vor dem Ersten Weltkrieg in Prag. Er war Bankdirektor, bis die Bank pleite ging, dann Schriftsteller mit mäßigem Erfolg. Erst sein Roman «Der Golem», 1915 erschienen, brachte ihm Ruhm und Geld. Der Golem des Romans hat mit dem sagenhaften Golem, den der große Rabbi Löw geschaffen haben soll, nichts zu tun, er zehrt aber von dessen Aura. Der Legende nach soll Rabbi Löw aus Lehm eine menschenähnliche Gestalt geformt haben, der er Leben gab, indem er ihr eine magische

Schrift hinter die Zähne steckte. Der Golem diente daraufhin ihm und der Gemeinde. Als der Rabbi ihn nicht mehr brauchen konnte, nahm er ihm den Zettel aus dem Mund und das Ungetüm zerfiel zu Staub.

Meyrinks Roman «Der Golem» ist ein Abgesang auf das Prager Ghetto, das 1885 aus hygienischen Gründen abgerissen wurde. Was nur noch eine Stätte von Armut und Krankheit gewesen war, wurde von Meyrink und dann von anderen, die es nicht mehr erlebt hatten, zu einem exotisch-geheimnisvollen Ort mythisiert. Juden lebten gegen dessen Ende nur noch wenige dort; es war die Zuflucht armer Leute, kleiner Diebe, hungernder Prostituierter geworden, die in der wachsenden Großstadt anderswo keine Bleibe fanden. Ein Widerschein des alten Ghettos findet sich wohl auch bei Franz Kafka, dessen Eltern immer im Umkreis der alten Judenstadt wohnten, die noch lange nach ihrem Abriss eine Baustelle war, die Tagelöhner und Dirnen anzog.

Alfred Kubin begann bereits die ersten Kapitel von «Der Golem» seines Freundes Meyrink zu illustrieren, als der Roman noch gar nicht beendet war. Diese ersten Kapitel regten ihn zu seinem eigenen Roman «Die andere Seite» an. Die elf Zeichnungen zu Meyrinks «Der Golem» fügte er kurzerhand seinem eigenen Roman ein, denn Meyrink hatte eine Schaffenskrise und kam nicht weiter. Erst Jahre nach dem Erscheinen von Kubins Roman fand Meyrink die Kraft, seinen eigenen zu vollenden; Kubins «Die andere Seite» erschien 1909, Meyrinks «Golem» 1915. Erfolg hatten beide. Kubins Roman wurde nicht nur von seinen Maler-Kollegen Wassily Kandinsky und Paul Klee gelobt, sondern auch von bekannten Literaten wie Max Dauthendey und Stefan Zweig. (Hewig, 11 ff.)

Franz Kafka hatte im November 1911 Alfred Kubin kennen gelernt, als dieser Prag besuchte; er lebte in Ober-Österreich. Max Brod und Franz Kafka waren mehrfach mit dem Zeichner zusammen. Im Tagebuch berichtet Kafka darüber. Am 22. Juli 1914 schrieb er eine Postkarte an Alfred Kubin: «Vielleicht gelingt es mir, doch noch einmal zu sagen, was mir diese Ihre Arbeit bedeutet.» (Hewig, 23) Gemeint ist damit sicherlich auch der Roman «Die andere Seite», den Kafka möglicherweise in dieser Zeit – er machte nach der Entlobung von Felice Bauer Ferien an der Ostsee – las oder wiederlas. Am 23. Juli 1914 hielt er die Reminiszenz an die Entlobung im Hotel «Askanischer Hof» in Berlin im Tagebuch fest: «Der Gerichtshof im Hotel ...» (11, 24) Am 29. Juli 1914 schrieb er einen Text auf, der nicht über den ersten Absatz hinauskam: «Josef K., der Sohn eines reichen Kaufmanns, ging eines Abends nach einem Streit, den er mit seinem Vater gehabt hatte, ... in das Haus der Kaufmannschaft, das von allen Seiten frei in der Nähe des Hafens stand. Der Türhüter verneigte sich tief. ...» (11, 30) Hier sind schon Josef K. und der Türhüter vorhanden, ein erster Ansatz zum Roman «Der Proceß», den er dann im August in Prag niederzuschreiben begann.

Ähnlichkeiten zwischen dem Roman Kubins und Kafkas Romanen «Der Proceß» und «Das Schloß» liegen auf der Hand. Es sind dies: der Reisende, der in ein Dorf oder in eine Stadt kommt, in der die Menschen bedrückt und nach undurchschaubaren Regeln leben. Die atmosphärische Nähe zum Schloß-Roman war unübersehbar, auch Kubin sah das später so. (Hewig, 22). Auch die Topographie des Dorfes und Schlosses, die bei Kafka freilich nicht ausgeführt wird wie bei Kubin (der sogar einen Lageplan beifügt), haben eine gewisse Nähe. Und so wie bei Kafka das Schloss für K. unerreichbar ist, so ist für den Reisenden Kubins der Tempel unerreichbar, der – könnte man ihn besuchen – Einblick in das Leben in Perle gäbe. Doch ist er nur einmal im Jahr für Besucher geöffnet und selbst dann sind Protektionen nötig. Der Reisende sieht ihn nie.

Die Bürokratie, die Kubin malt, ist der von Kafka gezeichneten sehr ähnlich: faule, hinterhältige Beamte, deren ganzes Streben darauf gerichtet ist, die Bittsteller zu schikanieren. Sie schlafen mehr, als dass sie arbeiten; die Akten türmen sich, die Gänge der Gebäude sind endlos und die Arbeit der Beamten ohne jeden Sinn. All das gibt es bei Kafka im Proceß- und im Schloß-Roman zur Genüge. Kubin hat es vorgebildet.

Schließlich die verborgene Regierung: wer hinter oder über dem Gericht steht, das Josef K. zum Tode verurteilt, wer im Schloß regiert – wer ist der Graf Westwest? – und nach welchen Gesichtspunkten er dies tut, erfahren wir bei Kafka nicht, genauso wenig wie wir bei Kubin Patera – wohl von lateinisch pater – der Vater – kennen lernen und die Prinzipien seiner Macht. Nach den wenigen Informationen, die uns die beiden Autoren liefern, scheint die Lust am Quälen der Untertanen, die kaum eine Chance haben zu ihrem Recht zu kommen, das einzige Ziel der Regenten.

Wichtige Themen und Motive sind sich ähnlich: Der erste Teil des Romans von Kubin, «Der Ruf», erzählt von der Aufforderung, nach

Perle zu kommen, liegt also vor dem Besuch der Stadt, der zweite Teil «Perle» schildert das verrückte Leben in der Stadt selbst, der dritte Teil «Der Untergang des Traumreichs» erzählt von einem fürchterlichen Kampf von Widersachern Pateras, der zum Tod fast aller Bewohner Perles führt und schließlich auch zum Ende Pateras, der kein Mensch ist, sondern ein Ungeheuer, das sich verwandelt, und auch wie Luzifer in schöner bezaubernder Gestalt auftritt. Hier lässt Kubin seiner Phantasie freien Lauf. Das Bahnhofsviertel versinkt im Sumpf, Molche, Käfer, Unken und anderes Getier überfällt den Rest der Stadt. Eine Masse von «Schmutz, Abfall, geronnenem Blut, Gedärmen, Tier- und Menschenkadavern» wälzt sich wie ein Lavastrom heran. «In diesem in allen Farben der Verwesung schillernden Gemenge stapften die letzten Träumer herum.» (Kubin, 251) Die Bilder, die Kubin beifügt, erinnern den heutigen Leser an die Leichenberge in den befreiten Vernichtungslagern. Im Blick auf die eigene Geschichte haben auch viele noch nach dem Zweiten Weltkrieg Kubins Traumreich-Reise gelesen – bis in die sechziger Jahre hinein. Dann wurde der Roman kaum noch beachtet. 1990 erschien noch einmal eine schöne Reprintausgabe des Erstdrucks.

Doch ein wichtiger Unterschied zwischen Kafka und Kubin tritt gerade in der Darbietungsform hervor: Kubin ist ein ausschweifender Schreiber, Kafka ein schamvoll zurückhaltender. Was der als Schriftsteller ungeübte Kubin ausführlich ausmalt, das skizziert Kafka nur. Nie würde er ein Kapitel «Die Hölle» nennen (Kubin, 175 ff.), selbst wenn er sie beschreiben würde, nie würde er seine Figuren einen Klub gründen lassen, der nach Luzifer, also nach dem von Gott abgefallenen Engel benannt ist. (Kubin, 160) Und schon gar nicht käme der Name jenes finsteren Weltenschöpfers in seine Feder, der nach Ansicht der Anhänger der Gnosis die Welt regiert wie ein Gefängnis, in dem die Menschen getäuscht und gequält werden. Kubins Roman endet so: «Der Demiurg ist ein Zwitter.» (Kubin, 277)

Kubin sieht das Doppelspiel von Gut und Böse, von Tag und Nacht nicht nur in der Welt, sondern auch in uns selbst. Und er sieht die übermächtigen Kräfte des Bösen, die sich ja dann ab 1914 allen sichtbar in Europa zeigten. Kubin hat sich durch das Schreiben dieses Romans von diesen finsteren Kräften, die auch in ihm selbst sind, wie er sagte, zu befreien versucht. Dieses Ziel ist dem der Schreibanstrengung Kafkas nicht so fern.

Nicht was Kafka darstellt, unterscheidet ihn von Kubin, sondern wie er es darstellt. Merkwürdigerweise wird gerade durch seine Zurückhaltung alles, was er beschreibt, schrecklicher als das, was Kubin offen legt. Kafka verrückt die Alltagswirklichkeit nur ein wenig, so dass gerade dadurch die stärkste Irritation entsteht, eben durch die bedrängende Nähe zum Alltag. Kubins Traumreich ist so ungeheuer fremd, dass man es vor allem als Ausgeburt seiner (zeichnerischen) Phantasie sehen kann. Kafkas Welt dringt in die Ritzen des Alltags und beunruhigt deshalb viel mehr. Er verändert nicht alles, wie Kubin, er verändert ganz wenig, geht also ökonomisch mit seinen literarischen Möglichkeiten um, sparsam und genau.

Dies der eine wichtige Unterschied. Der zweite: Kafka erklärt nichts. Er beschreibt mit den Augen seiner Protagonisten. Der Erzähler weiß nicht mehr als diese, jedenfalls erscheint es so zumeist. Der Leser ist genauso verblüfft wie K., rätselt wie dieser, sucht einen Ausweg wie dieser. Da Kafka nicht nur Erklärungen vermeidet, sondern sie sogar zielbewusst erschwert, entsteht diese Offenheit seiner Texte, die Deutungen ansaugt wie ein Vakuum die Luft.

Ein Gegenbeispiel von Alfred Kubin: «Das war im Traumstaat die reinste Komödienobrigkeit. Hätte man sie fortgenommen, es wäre alles genau so gut und so schlecht gegangen. Diese enormen Aktenstücke – aus aller Herren Länder zusammengekauft – hatten mit dem Traumreich gar nichts zu tun. Um es herauszusagen, wie es sich verhielt: die mit Papierstaub geschwängerte Atmosphäre brauchte man zur Züchtung einer besonderen Spielart des homo sapiens, die zur Buntheit des Ganzen beitrug.» (Kubin, 67)

Kubins Ich-Erzähler weiß, woran er ist. Er hat das Ganze erlebt und überlebt, spricht also aus der Sicht dessen, der alles hinter sich hat und nun Bescheid weiß. Hier zeigt sich, wie klug Kafka war, den Ich-Erzähler zu vermeiden. Kubins Ich-Erzähler lässt uns nicht im Unsicheren wie der Er-Erzähler Kafkas: die Obrigkeit ist eine Komödie, das ganze Aktenhäufen ein Affentheater, zur Täuschung der Menschen gedacht. «Um es herauszusagen, wie es ist»: nie und nimmer würde Kafkas Erzähler heraussagen, wie es ist; er verschweigt, wie es ist. Spräche er wie Kubins Erzähler über die Richter des Gerichts im Proceß-Roman, über die Beamten im Schloß-Roman, wüssten die Leser sofort, dass K. unschuldig ist. Ein Deutungsrätsel gäbe es nicht. Tausende von gelehrten Werken der Kafka-Forschung wären nicht entstanden. Sie haben ihren Grund einzig in Kafkas Erzählweise, also in der Art, wie er erzählt, und nicht in dem, was er erzählt. Was Kubin erzählt, ist ungeheuerlicher, aber es liegt alles offen zu Tage. Der Erzähler zeigt es und erklärt es.

Da Kafkas Erzähler dem Leser nicht sagt, was er von der Obrigkeit in seinen Romanen zu halten hat, nicht sagt, ob sie menschlich, teuflisch oder göttlich ist, ob gut oder böse, da er nicht sagt, ob K. im Recht ist oder nicht, belässt er den Leser auf derselben Stufe der Ahnungslosigkeit wie seinen Helden. Dadurch zieht er den Leser in die Handlung seines Romans hinein und zwingt ihn, sich damit auseinander zu setzen.

14. Der Proceß.
Severins Gang in die Finsternis.

Kafkas Erzähler macht es dem Leser schwer. Warum wird Josef K. zu Beginn des Romans «Der Proceß» eines Morgens verhaftet, «ohne dass er etwas Böses getan hätte», wie der Erzähler ausdrücklich im ersten Satz feststellt? Warum von zwei Männern, die keine Polizisten sind und ihm keine Anklage vorlegen? Was wird ihm vorgeworfen? Und warum lassen ihn die beiden wieder zu seiner Arbeit in die Bank gehen, wie jeden Morgen, nachdem sie ihn lange genug bedrängt haben? Er ist also gar nicht verhaftet worden? Hat er sich alles nur eingebildet?

Diesen einfachen Ausweg hat der Erzähler freilich dem Leser verstellt: drei Beamte aus der Bank, in der K. arbeitet, wurden von den beiden Wächtern herbeigerufen. Sie wissen Bescheid, also kann es – innerhalb der Fiktionalität des Romans – keine Einbildung K.s sein, was bis dahin erzählt wurde und was weiterhin erzählt wird. Die drei Beamten stehen in der Tür und warten auf K.; ihren Namen nach könnten sie Vertreter der drei Prager Nationalitäten sein, der deutschen, der tschechischen und der jüdischen: Rabensteiner, Kullich und Kaminer. In diesen Namen steckt, bei genauerer Betrachtung, schon eine Todesdrohung: der Rabe auf dem Stein, ein Todesvogel, das tschechische «kulich» hat auch die Bedeutung Kauz, der wiederum ein Todesvogel ist, und Kaminer könnte von tschechisch «kamen» kommen, was der Stein heißt. Das könnte auf den Steinbruch hinweisen, in dem K. sterben wird am Schluss des Romans.

Was K. hier am Anfang des Romans und dann weiterhin von den Vertretern des merkwürdigen Gerichts geschieht, hat mit der üblichen Rechtssprechung nichts zu tun: «K. lebte doch in einem Rechtsstaat, überall herrschte Friede, alle Gesetze bestanden aufrecht, wer wagte, ihn in seiner Wohnung zu überfallen?» fragt der Erzähler mit Recht. (3, 12) K.s Prozess wird im Roman scharf abgesetzt von der staatlichen Gerichtsbarkeit, insofern kann auch die Darstellung seines Prozesses nicht als Kritik an dieser staatlichen Gerichtsbarkeit betrachtet werden. Der Erzähler setzt K. doch wohl mit Absicht an einen Stammtisch in der «Weinstube» mit Juristen, mit Advokaten und Staatsanwälten. Der Staatsanwalt Hasterer ist sogar K.s einziger Freund; er duzt sich mit ihm. Hasterer weiß nichts von K.s Prozess und K. informiert ihn nicht darüber. Bei seiner Verhaftung droht K. noch den Wächtern, er werde seinen Freund, den Staatsanwalt anrufen; das habe eh keinen Sinn, sagen diese, und K. unterlässt es. (3, 21)

Der Prozess, dem K. unterworfen wird, ist einerseits vom herkömmlichen Gerichtsverfahren deutlich unterschieden, setzt aber andererseits dieses als bekannt voraus, denn gerade in der Abweichung besteht die Brisanz des Verfahrens, das Gegenstand des Romans ist. Gerade weil der Leser die übliche Gerichtsbarkeit kennt, stört ihn das Vorgehen des merkwürdigen Gerichts, dem K. unterworfen wird, es beunruhigt ihn, es empört ihn. Er sucht nach Erklärungen.

Das übliche Gerichtsverfahren könnte folgende Handlungsfolge haben: 1. Vergehen, 2. Schuld, 3. Verhaftung, 4. Verhör, 5. Anklage, 6. Verteidigung, 7. Gerichtsverhandlung, 8. Urteilsspruch, 9. Revision, 10. Bestätigung des Urteils, 11. Vollstreckung des Urteils. Die Folge beginnt notwendig mit einem Vergehen, das erst die Untersuchung in Gang setzt, und endet notwendig mit einem Urteil und dessen Vollstreckung, wodurch das Verfahren abgeschlossen ist; auch wenn irrtümlich ein Vergehen angenommen wurde, sollte dieser Irrtum im Urteil aufgedeckt werden: als Freispruch des Angeklagten.

K.s Prozess beginnt erst mit Station 3, der Verhaftung. Ein Vergehen, gar ein todeswürdiges Verbrechen, wird auch im nachhinein nicht erzählt. K. ist der Meinung, er sei unschuldig. Das Gericht dagegen wird von der Schuld des Angeklagten angezogen, sagen die Wächter. Also Vergehen oder nicht, Schuld oder nicht? Auch die

Verhaftung ist im Grunde keine Verhaftung, denn K. bleibt auf freiem Fuß und geht nach wie vor seiner Arbeit als Prokurist in der Bank nach. «Da Sie aber doch frei sind ...», stellt erstaunt Fräulein Bürstner fest. (3, 35) Auch das Verhör ist schließlich kein übliches Verhör. K. trifft im Untersuchungszimmer eine Versammlung von Männern an, die ihn an eine «politische Bezirksversammlung» erinnerte, trügen die Männer nicht «Feiertagsröcke». (3, 48) K. wird vom Untersuchungsrichter nicht verhört; K. hält vielmehr eine Anklagerede gegen dieses korrupte Gericht. So fehlt auch die Anklage; niemand sagt, weshalb K. denn nun angeklagt ist, also ist auch die Verteidigung erschwert, zumal im Gerichtsverfahren Eingaben der Verteidigung nicht berücksichtigt werden. K. hat einen Verteidiger; sein Onkel kam vom Lande, ohne von K. informiert zu sein, um ihm einen zu besorgen; Huld heißt er, tun kann er nichts. Zu einer Gerichtsverhandlung kommt es erst gar nicht, dafür zu einem Disput mit einem Gefängniskaplan, der doch wohl erst für die Gefangenen zuständig ist. Ein Urteilspruch erfolgt auch nicht, jedenfalls erfahren weder K. noch der Leser davon, eine Revision ist deshalb auch nicht möglich. Vielleicht ist ein Urteil gefällt worden, von dem niemand weiß? Oder wurde er ohne Urteil hingerichtet? Denn das ist das einzig Sichere an diesem Prozess: K.s Hinrichtung am Schluss. Alles andere ist unsicher, wird aber gerade wegen dieses entschiedenen und blutigen Schlusses um so mehr zum Problem. Was so schrecklich endet, dem muss doch etwas Schreckliches vorausgegangen sein: ein Verbrechen K.s oder gar – ein Verbrechen dieses merkwürdigen Gerichts.

Beim Vergleich von K.s Prozess mit der üblichen Gerichtsbarkeit erkennen wir nicht nur das erstaunliche Verfahren, dem K. unterworfen wird, wir erkennen auch das erstaunliche Verfahren, dem Kafka seine Leser unterwirft. Und dieses «poetische Verfahren» begründet die Faszination dieses Romans; es besteht aus zwei Mitteln: zum einen realisiert der Erzähler nicht alle Stationen der Handlungsfolge und zum andern realisiert er die, die er realisiert, zweideutig. Wiederum zeigt sich also, dass Kafkas literarische Leistung nicht in dem liegt, was er erzählt, sondern in dem, wie er erzählt.

Die ersten beiden Stationen «Vergehen» und «Schuld» erzählt er gar nicht, so dass sie als Rätsel offen bleiben. Die beiden folgenden Stationen «Verhaftung» und «Verhör» erzählt er zweideutig: K. ist verhaftet und er ist nicht verhaftet, er ist zum Verhör geladen und er wird nicht verhört. Die 5. Station «Anklage» lässt er wieder weg, die 6. Station «Verteidigung» bleibt ambivalent, die 7. «Gerichtsverhandlung» bleibt leer, die 8. «Urteilsspruch» ist wiederum fraglich, die 9. «Revision» und die 10. «Bestätigung des Urteils» entfallen. Es bleibt nur eine Station von elf, die ganz eindeutig ist: «die Hinrichtung». Gerade diese Eindeutigkeit beunruhigt um so mehr, als nun der Leser die Kette der Stationen noch einmal in Gedanken durchgeht und sich fragt: da muss doch etwas gewesen sein. Und allzu gerne setzt er dann, um von der Unruhe sich zu befreien, eine beruhigende Deutung in eine leere oder zweideutige Stelle des Textes; diese Deutung ist aber dann seine und nicht die des Romans. So wird die nicht erzählte Schuld halt nachgetragen: man greift zurück auf Kafkas Leben – der Vater-Konflikt –, man greift zurück auf die Juden in Prag oder auf die k.u.k.-Bürokratie usw.

Heinz Politzer hat den Deutungsdrang der Kafka-Interpreten einmal an einem Beispiel erläutert, an der kleinen Geschichte aus dem Nachlass, die Max Brod «Gibs auf» nannte und die jetzt «Ein Kommentar» heißt. (Politzer, 16) Ein Mann geht in einer ihm fremden Stadt zum Bahnhof, er kennt nicht den Weg, die Zeit drängt, er fragt einen Schutzmann, den er glücklicherweise trifft. Der antwortet: «‹Von mir willst du den Weg erfahren?› ‹Ja›, sagte ich, ‹da ich selbst ihn nicht finden kann.› ‹Gibs auf, gibs auf›, sagte er und wandte sich mit einem großen Schwunge ab, so wie Leute, die mit ihrem Lachen allein sein wollen.» (8, 130)

Kafka erzählt hier wieder eine fast banale Geschichte mit einer eklatanten Abweichung, die sie ungewöhnlich werden lässt. Würde der Schutzmann, wie wohl üblich, sagen «Gehen Sie gerade aus, dann links und dann wieder links und dann sehen Sie schon den Bahnhof» gäbe es keine Irritation und auch kein Deutungsproblem. So aber verhält er sich merkwürdig und der Leser sagt sich, das kann doch kein normaler Schutzmann sein. Und er sucht nach einer symbolischen Bedeutung für den Schutzmann, da der Text ihm eine wörtliche vorenthält. Je nach Interesse findet er sie auch. Der Historiker etwa wird in der Stadt der kleinen Erzählung die Stadt Prag sehen, in der die Juden nicht zu Hause waren und ihren eigenen Weg nicht finden konnten. Der Soziologe könnte im Schutzmann eine Verkörperung der österreichischen Bürokratie sehen, die alle Menschen schikanierte. Der Psychologe könnte im Schutzmann Kafkas Vater sehen, der dem Sohn im Weg stand. Der Theologe könnte im

Schutzmann einen Boten Gottes sehen, der den Mann zum Nachdenken über den rechten Weg bringen will. Der Existenzphilosoph könnte sagen: da sieht man es wieder, jeder muss seinen Weg in sich selber finden.

Wenn wir vom Text nicht nur eine Bestätigung dessen, was wir ohnehin schon wissen, erlangen wollen, sondern eine möglicherweise neue Erkenntnis, dann müssen wir genauer hinsehen. Kafkas Intention wird sich in der Konstruktion seines Textes zeigen, darin hat er sie zum Ausdruck gebracht. Eine Absicht könnte ja sein, dass wir uns unseres eigenen Denkens und Vorstellens beim Lesen bewusst werden, also dessen, was während des Lesens in uns geschieht. Eine andere Absicht könnte sein, uns etwas über seine Lebensauffassung und Weltsicht mitzuteilen, die er auf keine andere Weise als eben auf diese vertrackte uns mitteilen kann. Das heißt also: genauer hinschauen.

Deshalb zur Topographie des Romans. Die Örtlichkeit ist übersichtlich und bedeutungsvoll. K. stammt vom Lande, seine Familie lebt noch dort: Mutter, Onkel, Vetter. Der Vater ist früh gestorben, der Onkel war Vormund. Eine Cousine lebt wie K. in der Stadt. Sie erfuhr in der Bank von K.s Prozess, schrieb dem Onkel, der daraufhin in die Stadt fuhr. Die Kenntnis vom Prozess haben also auch andere Figuren des Romans, die nicht von K. informiert wurden. In der Stadt lebt K. vor allem an drei Orten: in der Pension, in der er ein möbliertes Zimmer bewohnt. In der Bank, wo er als Prokurist arbeitet, in der Weinstube, wo er seinen Stammtisch hat. K. lebt also als angesehener Bürger in der Stadt.

Das merkwürdige Gericht dagegen residiert in der Vorstadt, die von K.s Wohn- und Arbeitsplatz scharf getrennt ist: in deren übervölkerten, verkommenen Mietskasernen. Der Gerichtsmaler Titorelli wohnt dort, der Advokat Huld, die Kanzleien sind dort und das Untersuchungszimmer. K. muss dorthin gehen, um mit dem Gericht in Kontakt zu kommen: einmal wird er vorgeladen, ein anderes Mal geht er freiwillig; zum Advokaten schleppt ihn der Onkel; zum Maler schickt ihn ein Kunde der Bank. Das Gericht sendet aber auch seine Boten zu K.: die Wächter und den Aufseher in seine Wohnung, die Wächter und den Prügler in die Bank, schließlich die Henker in seine Wohnung. Den Kaplan im Dom trifft K., nachdem er von der Bank dorthin geschickt wurde, um einem Geschäftspartner den Dom zu zeigen, der jedoch kommt nicht; zuvor rief Leni an, die

Dienerin des Huld, die von dem bevorstehenden Besuch im Dom gehört hatte, doch von wem? Jedenfalls nicht von K.; sie sagt: «Sie hetzen dich.» Die vom Gericht wissen also Bescheid. Der letzte Ort, den K. betritt, liegt jenseits der Stadt: der Steinbruch vor der Stadt, die Stätte der Hinrichtung.

Die Topographie ist also klar gegliedert: sie unterscheidet das Gericht durch seinen Schauplatz vom normalen Leben K.s. Der Ort seiner Geburt auf dem Lande liegt hinter ihm, der Ort seines Todes, der Steinbruch außerhalb der Stadt, liegt vor ihm. In der Handlung des Romans ist K.s Leben eingespannt zwischen Stadt und Vorstadt, zwischen Alltag und Gericht, ein Doppelleben führt er, das mit seiner Verhaftung einsetzt und mit seiner Hinrichtung endet.

Diese zwei Handlungsbereiche des Romans trennen auch sein Personal. Die Figuren in der Stadt führen ein normales Leben und reagieren normal, die Figuren in der Vorstadt führen ein merkwürdiges Leben und reagieren merkwürdig. In K.s Erstaunen über deren Verhalten und in seinem Zorn markiert der Erzähler deutlich den Unterschied. Es gibt also nicht nur zwei unterschiedliche Bereiche mit unterschiedlichen Figuren, es gibt auch unterschiedliche Regeln, die in den beiden Bereichen herrschen. Die Regeln des obskuren Gerichts lernt K. nie kennen, er durchschaut sie nicht, so dass auch der Leser, der nicht mehr weiß als K., nicht erkennen kann, was sich in und hinter diesem ungewöhnlichen Gericht verbirgt.

Mit zwei unterschiedlichen Handlungsbereichen arbeitete, wie bereits gesagt, schon der Romantiker E.T.A. Hoffmann in seinem Märchen «Der goldene Topf» und in anderen Erzählungen. Hoffmann sprach gern von der Duplizität der Welt; diese Doppelwelt besteht aus der Alltagsrealität mit ihren bekannten Regeln und aus einer phantastischen Realität mit eigenen Regeln, die denen des Alltags überlegen sind. Hier in der phantastischen Realität wurden die Entscheidungen getroffen, die Kämpfe ausgefochten, die den Alltag dann bestimmten. Hoffmann stellte diese andere Realität mit Mitteln der Volksmythologie dar: mit Hexen, Magiern und Elementargeistern.

Kafka entnimmt die Mittel, mit denen er seine phantastische Realität darstellt, wiederum dem Alltag, was die Unterscheidung zwischen den beiden Bereichen dem Leser erschwert; doch gerade diese Irritation ist reizvoll. Dieser andere Alltagsbereich ist vom bürgerlichen Alltag geschieden: es ist die plebejische Vorstadt voll Armut und Schmutz – in der Tat eine andere Welt für den Bürgersohn, eine, die ihn immer wieder anzog und immer wieder abstieß, so wie Josef K. von diesen Mietskasernen und den Frauen, denen er dort begegnet, angezogen und abgestoßen wird.

Die Welt der Vorstädte, mit ihren anrüchigen Kneipen und käuflichen Mädchen hat ein anderer Prager Schriftsteller offen dargestellt: Paul Leppin, ein christlicher Autor, der 1878 in Prag geboren wurde und 1944 dort starb. Vor und nach dem Ersten Weltkrieg war er unter den Prager Deutschen, Juden wie Christen, ein stadtbekannter Literat und Bänkelsänger. Er veröffentlichte 1914, als Kafka an seinem «Proceß»-Roman schrieb, einen «Prager Gespensterroman», so heißt er im Untertitel: «Severins Gang in die Finsternis». Es ist ein schmales eindrucksvolles Werk, das wie Kafkas «Der Proceß» von einem Jahr im Leben eines jungen Mannes handelt, nicht von seinem 30. Jahr wie bei Kafka, sondern von seinem 23. Jahr; der kleine Roman beginnt: «In diesem Herbste war Severin dreiundzwanzig Jahre alt geworden. Wenn er des Nachmittags, von quälender Bureauarbeit zerrüttet, nach Hause kam, warf er sich auf das schwarzlederne Sofa in seiner Kammer und schlief bis zum Abend.» (Severin, 11) Severins Tageslauf sah also aus wie der Kafkas und der Leppins, der als kleiner Beamter bei der Post unter der Brotarbeit litt. Doch nach dem erquickenden Schlaf widmet sich Severin nicht der Literatur wie Kafka, sondern dem Nachtleben, wie sein Autor.

Severin hat ein tschechisches Dienstmädchen zur Freundin, Zdenka, die er schlecht behandelt. Er leidet unter Weltschmerz, ein durchaus virulentes Thema in der Literatur vor dem Krieg, seine Freuden sind die Frauen, exaltierte Frauen, so wie er exaltiert ist und immer das Ausgefallene sucht. Der erste Teil des Romans bringt dieses «normale» Leben des Severin, der zweite seine Erfahrungen mit einer merkwürdigen Weinstube, der «Spinne». Zwei Handlungsbereiche sind angedeutet, aber nicht scharf unterschieden wie bei Hoffmann und Kafka, selbst wenn das der Untertitel «Gespensterroman» suggerieren will.

Die «Spinne» ist eine düstere Weinstube, in der brave Bürger und undurchsichtige Geschäftsleute verkehren. Nathan Meyer ist der Drahtzieher des Ganzen, ein Jude anscheinend, der Sprengstoff und Pistolen sammelt. Die Attraktion der «Spinne» ist eine geheimnisvolle junge Frau, Mylada (tschechischer Vorname, von myla-lieb) genannt, die alle Männer in ihren Bann zieht und ruiniert, eine männermordende Diseuse. Diese Konstellation ist wohl in der damaligen Zeit nichts Besonderes, wird aber von Leppin zu etwas Besonderem stilisiert: «Der kurzgeschorene Kopf Nathans tauchte in dem Rauche seiner Zigarette unter, und Severin sah statt seiner sekundenlang ein Bild vor sich, das ihn beklemmte.» (Severin, 103) Das würde Kafka nicht schreiben: «das ihn beklemmte». Er würde das Bild so schildern, dass es den Leser beklemmen würde, ohne dass er es sagen müsste. Weiter: «Da war die Stadt, riesengroß, mit tiefen Straßen und tausend Fenstern. Und mitten darin das Weinhaus in der schwarzen Gasse. Die Lampe über dem Eingang glotzte wie ein Auge und vor der Türe drängten sich die Leute.» (Severin, 103) Natürlich verfällt auch Severin der Mylada, natürlich verstößt sie ihn nach kurzer Zeit; er geht fast daran zu Grunde.

«Jetzt konnte er auch das Wort verstehen, das Nathan Meyer im Munde führte. Es gab welche, für die der Glanz des Lebens nur ein Trugfeuer war. Höhnische mit unseligen Händen, Parias, die eine hündische Angst durch die Straßen hetzte, Mörder und Gezeichnete. Das war die Gilde, zu der auch Severin gehörte.» (Severin, 127) Doch Severin stirbt nicht, tötet nicht und wird nicht getötet. Er endet da, wo all sein Sehnen schon immer endete: «Er kniete nieder und legte seinen Kopf in ihren Schoß» (Severin, 136). Der Schluss ist ehrlich, sicher aber nicht überzeugend. Mit Severins Tod hätte die Handlung einen wahren Schlusspunkt erreicht.

Severin überlebt sein 23. Jahr, Josef K. überlebt sein 30. Jahr nicht. Kafka ist radikaler, sowohl in der Handlungsführung, als auch in der Zeichnung der Vorstadt, die bei ihm wirklich geheimnisvoll ist; Leppin behauptet es nur. Auch Josef K. ist ein Gehetzter wie Severin, auch er gehört zu dieser «Gilde», denen der Glanz des Lebens nur ein «Trugfeuer», eine Täuschung ist. Die Trennungslinie der beiden Handlungsbereiche zieht Kafka schärfer als Leppin, doch auch in seinem zweiten Handlungsbereich schimmert durch, was Leppin in seinem Roman so offen zeigt: die verrufene Welt der Vorstadt.

Armut und Schmutz in den wenig feinen Gegenden der Stadt Prag werden zu mysteriösen Bildern stilisiert. Daran haben Meyrink und Leppin gearbeitet, aber Kafka auch. Doch bei Kafka wird dieses Elend zur Chiffre, es wird durchsichtig für etwas anderes. Nur was dieses andere ist, das sagt er nicht.

15. Das Gericht.
Rosh Hashanah.

Franz Kafka im Tagebuch unter dem 19. November 1913: «Ich gehe absichtlich durch die Gassen, wo Dirnen sind. Das Vorübergehen an ihnen reizt mich, diese ferne, aber immerhin bestehende Möglichkeit, mit einer zu gehen. Ist das Gemeinheit? Ich weiß aber nichts Besseres, und das Ausführen dessen scheint mir im Grunde unschuldig und macht mir fast keine Reue. Ich will nur die dicken älteren, mit veralteten, aber gewissermaßen durch verschiedene Behänge üppigen Kleidern.» (10, 203–4)

«Im Grunde unschuldig», «fast keine Reue» – das muss betont werden. Auch Leppins Severin empfindet das Sündhafte seines Drangs, freilich nutzt er es auch als Reiz: Mylada im Gewand einer katholischen Nonne ist besonders aufregend, weil dadurch Verbot und Übertretung des Verbotes markiert werden. Das Sündhafte macht das Verlangen erst recht lustvoll. Den Reiz des Verbotenen hat Kafka nicht nur gespürt, wie in der Tagebuch-Eintragung festgehalten, er ist ihm auch nachgegangen wie die anderen Bürgersöhne seiner Zeit. Als er etwa mit Max Brod den Verleger Kurt Wolff in Leipzig besuchte, nutzten sie die Gelegenheit, auch ein Leipziger Bordell zu besichtigen; das gehörte dazu; allerdings gefielen ihnen die Damen nicht und sie gingen unverrichteter Dinge wieder. (12, 82)

Das Schuldgefühl nach solchen Ausschweifungen zeigt die Macht der verinnerlichten offiziellen Moral, die dem allgemein Üblichen begegnet. Und der Schmutz der Gegend, in der solche Frauen zu finden waren, und die Armut der Frauen selbst ließen die Begegnung mit ihnen ebenfalls als armselig und schmutzig erscheinen. Kafka am 23. Juli 1913 im Tagebuch: «Die geplatzte Sexualität der Frauen. Ihre natürliche Unreinheit.» (10, 187) Diese Sicht wird durch die jüdische Vorstellung noch verstärkt, dass in der Zeit der Menstruation die Frau unrein ist. Sie muß sich danach durch ein rituelles Bad wieder reinigen (Mikwe).

Die Frauen im Proceß-Roman sind fast alle niederen Standes, die in bescheidenen Verhältnissen leben, sich unterordnen müssen und zugleich sich zu behaupten versuchen mit einer gewissen, auch erotischen, Aggressivität. Sie werfen sich fast jedem Manne an den

Hals. Dies trifft vor allem auf die Frau des Gerichtsdieners zu und auf Leni, das Dienstmädchen des Advokaten Huld. Doch auch K.s Geliebte Elsa, die er regelmäßig einmal in der Woche aufsucht, scheint eine Kellnerin zu sein, die anderen nicht abhold ist, und ebenso Helene, die Freundin des Staatsanwalts Hasterer; es besteht zudem eine Namensähnlichkeit zwischen Leni und Helene, die gern zu Lene gekürzt wird. Einzige Ausnahme ist das Fräulein Bürstner: sie ist zurückhaltend, sie gehört zum gutbürgerlichen Handlungsbereich. Ihr wiederum fällt K. zudringlich um den Hals. Im Manuskript kürzt Kafka ihren Namen immer F. B. ab, so wie den Namen Felice Bauers.

K., dessen Verhör durch die Wächter im Zimmer von Fräulein Bürstner stattfand (1. Kapitel), wird vom Hauptmann Lanz gestört, als er Fräulein Bürstner (2. Kapitel) umarmt. Bei seinem Besuch des Gerichts im 3. Kapitel fragt er sich in der Mietskaserne durch nach einem Tischler mit Namen Lanz. Das hilft ihm sogar weiter. Er tritt in eine Tür und findet eine Waschfrau, die Frau des Gerichtsdieners, die ihn zur nächsten Tür weist. Dort findet die Untersuchung K.s statt, die keine ist. Der Richter liest, während K. spricht, ungerührt pornographische Hefte. Als K. im 4. Kapitel wiederum das Gericht aufsucht, trifft er nur auf die Waschfrau, die sich ihm anbietet. Doch bevor es zu einer Annäherung kommt, wird sie von einem Studenten, mit dem sie offenbar auch eine Beziehung hat, ergriffen und zum Untersuchungsrichter getragen, der gerade Verlangen nach ihr hat. Verhältnisse wie in einem Bordell. Und das ist ein Gericht?

Erstaunlich ist jedenfalls, dass K., als der Student die Waschfrau auf seinen Armen davon trägt, darin seine «erste zweifellose Niederlage» im Prozess sieht. (3, 70).

Diese Koppelung von Frauen und Gericht setzt sich fort. Leni, das Dienstmädchen des Advokaten, setzt sich K. auf den Schoß im Arbeitszimmer des Advokaten, während dieser, krank im Bett liegend, sich mit K.s Onkel über den Prozess unterhält. «Ich werbe Helferinnen, dachte er fast verwundert, zuerst Fräulein Bürstner, dann die Frau des Gerichtsdieners und endlich diese kleine Pflegerin, die ein unbegreifliches Bedürfnis nach mir zu haben scheint.» (3, 114) K. küsst Leni im Arbeitszimmer, Huld prüft seine Sache im Schlafzimmer, eigentlich müsste man es umdrehen: K. küsst Leni im Schlafzimmer, Huld prüft seine Sache im Arbeitszimmer. Es gibt also nicht nur eine Koppelung von Frauen und Gericht, es gibt auch eine Verschiebung: das Schlafzimmer ist anstelle des Arbeitszimmers der Raum, in dem die Sache entschieden wird. So schien auch das Vorzimmer der Frau des Gerichtsdieners, in dem sie ihr Bett hatte, wichtiger als das Untersuchungszimmer des Richters dahinter.

Jedenfalls bedeutet Kontakt zu Frauen immer auch Kontakt zum Gericht und umgekehrt. Ahndet das Gericht den Kontakt zu den Frauen oder zieht das Gericht mit Hilfe der Frauen K. und andere Angeklagte in seinen Bann? Jedenfalls lässt K. sich auf den Kampf ein. Er müsste doch nicht zum Gerichtstermin kommen. Und schon gar nicht müsste er am Sonntag darauf noch einmal kommen. Warum tut er es? Reizen ihn die Frauen?

Diese Koppelung von Frauen und Gericht wiederholt sich noch einmal beim Maler Titorelli, der K. endlich Auskunft geben soll über das obskure Gericht: halbwüchsige Mädchen mit einer «Mischung von Kindlichkeit und Verworfenheit» versuchen ins Atelier des Malers und in sein Bett vorzudringen, so dass er sie immer wieder verscheuchen muss. (3, 149) Der Maler ist in einen schäbigen Morgenmantel gekleidet. Was macht er mit den Mädchen, wenn kein Besucher da ist?

Titorelli gehört nicht zum Gericht, er malt nur Porträts von Richtern; je prächtiger sie sich malen lassen, um so geringer ist ihr Rang, und Rangfragen sind sehr wichtig. Und doch ist Titorelli von allen Personen, die K. trifft, die einzige, die dem Gericht nahe steht, nicht sehr nahe, aber einige Richter kennt er eben doch. K. lernt nie einen Richter kennen, es sei denn, der Untersuchungsrichter, der pornographische Hefte las, war einer. Er lernt Kanzleibeamte kennen, Prügler, Aufseher, Wächter, Gerichtsdiener und einen Advokaten. Was dieser Advokat Huld ihm über die Möglichkeiten der Verteidigung mitteilt, ist ein Witz. (3, 118 ff.) Die Argumentation Hulds lautet zusammengefasst: 1. Die erste Eingabe ist sehr wichtig. 2. Manchmal wird sie jedoch nicht gelesen. 3. Sie werde dann später gelesen. 4. Doch gewöhnlich werde sie verlegt oder gehe verloren. 5. Gehe sie nicht verloren, werde sie auch nicht gelesen. 6. Die erste Eingabe könne zudem, da die Anklage nie bekannt sei, nur zufällig etwas enthalten, was wichtig sei.

Das könnte eine satirische Glosse sein; man kann es nicht ernst nehmen. Doch K. stirbt am Schluss des Romans, muss der Leser es dann nicht doch ernst nehmen? Jedenfalls besagen alle folgenden Punkte, dass Punkt 1 «Die erste Eingabe ist sehr wichtig» nicht stimmt: Eingaben werden nicht gelesen, also ist die Verteidigung unnötig. Nein, behaupte dann Huld, der Verteidiger kann durch persönliche Beziehungen doch etwas erreichen. Diesmal Hulds Mitteilung in zwei Punkten: 1. Die Beamten nehmen fremde Ansichten gerne an. 2. Sie geben «für den nächsten Tag einen Gerichtsbeschluss, der gerade das Entgegengesetzte enthält» (3, 123). Also gibt es keinen Einfluss. Das Gericht ist nicht zu durchschauen, geschweige denn zu beeindrucken: «die Rangordnung und Steigerung des Gerichts sei unendlich und selbst für den Eingeweihten nicht absehbar.» (3, 124)

Diese Mitteilung vom unendlich sich steigernden Gericht wird vom Maler Titorelli und vom Gefängniskaplan bestätigt. Das Gericht ist demnach ein «Organismus», riesig, undurchschaubar, unbeirrbar, selbstbewegt. Deshalb Huld: «Nur keine Aufmerksamkeit erregen! Sich ruhig verhalten, selbst wenn es einem noch so gegen den Sinn geht! Einzusehen versuchen, dass dieser große Gerichtsorganismus gewissermaßen ewig in der Schwebe bleibt und dass man zwar, wenn man auf seinem Platz selbstständig etwas ändert, den Boden unter den Füßen sich wegnimmt und selbst abstürzen kann, während der große Organismus sich selbst für die kleinen Störungen leicht an einer anderen Stelle – alles ist doch in Verbindung – Ersatz schafft und unverändert bleibt, wenn er nicht etwa, was sogar wahrscheinlich ist, noch geschlossener, noch aufmerksamer, noch strenger, noch böser wird.» (3, 126)

Vielleicht sagt hier der Erzähler mehr als sonst: das Gericht ist ein Organismus, der von dem, was der Einzelne tut, sich nicht beeinflussen lässt, und der noch bösartiger werden kann, der also böse ist. Der Organismus ist böse, geschlossen, aufmerksam und streng, so lässt sich Hulds Sicht zusammenfassen. Wo gibt es etwas, mit dem dieses Gericht Kafkas vergleichbar wäre, wofür dieses Gericht Kafkas als Metapher stehen könnte?

Die Göttin der Gerechtigkeit, die Titorelli malt, ist zugleich die Siegesgöttin. «Das ist keine gute Verbindung», sagt K. (3, 153). Der Sieg dieser Gerechtigkeit über die Angeklagten ist schon von Anfang an ausgemacht, weshalb sie auch noch als Göttin der Jagd erscheint: sie jagt den Angeklagten. «Sie hetzen dich», sagte Leni zu K.. Und der Onkel zitiert das Sprichwort: «Einen solchen Proceß haben, heißt ihn schon verloren haben.» (3, 101) Der Onkel hat recht: K. verliert ihn, ohne ihn je geführt zu haben.

Gibt es denn gar keinen Freispruch? Doch, sagt Titorelli, es gibt drei Arten von Freispruch: die «wirkliche Freisprechung», die «scheinbare Freisprechung», die «Verschleppung» (3, 160). Scheinbarer Freispruch und Verschleppung sind natürlich keine Freisprüche, nur am «wirklichen Freispruch» kann K. gelegen sein. Doch den zu erreichen, gibt es kein Mittel, «wahrscheinlich» reicht die Unschuld des Angeklagten. Das wäre einfach, doch dieser Fall ist dem Maler noch nicht begegnet. Er hat «unzählbare Prozesse» verfolgt, aber keinen «einzigen wirklichen Freispruch erlebt». Nur alte Legenden berichten davon. Bleiben die beiden anderen Möglichkeiten. Beim scheinbaren Freispruch ist der Angeklagte nur «zeitweise frei», also nicht frei, es kann ihn jederzeit wieder treffen. Und die Verschleppung? Sie hat den Nachteil, dass der Angeklagte von Zeit zu Zeit zu Verhören geladen wird, sein Verfahren geht also weiter. Kurzum: es gibt kein Entrinnen.

Titorelli bestätigt Hulds Mitteilung über die «Rangordnung und Steigerung» des Gerichts: nur das «oberste Gericht» sei das entscheidende, sagt er, das aber sei «für Sie, für mich, für uns alle ganz unerreichbar». (3, 160) Außerdem unterscheidet Titorelli zwischen dem Gericht und dem Gesetz, das hier zum ersten Mal herausgestellt wird. Im 9. Kapitel «Im Dom» wird es im Mittelpunkt stehen. Das Gesetz ist Titorelli unbekannt, es ist Huld unbekannt, niemand, den K. trifft, kennt es. Niemand hat Zugang zum Gesetz. Und das Gericht bildet eine Hierarchie, vom Rang der Beamten und Richter war schon öfter die Rede, von Rangordnung und Steigerung sprach Huld, vom obersten Gericht redet jetzt Titorelli. Gibt es ein oberstes, dann gibt es auch ein unteres oder unterstes Gericht und ein mittleres, doch die haben nichts zu entscheiden, wozu sind sie dann da? Erst beim obersten Gericht fallen die Entscheidungen, sagt Titorelli, das aber ist unerreichbar, und über diesem steht das Gesetz, das aber ist unbekannt.

K. kündigt folgerichtig dem Advokaten in Kapitel 8. Dort trifft er den unterwürfigen Angeklagten Block, der ebenfalls von Huld vertreten wird. Huld fährt Block an: «Man kann keinen Satz beginnen, ohne dass Du einen anschaust, als ob jetzt Dein Endurteil käme. ... Sinnlose Angst! Du hast irgendwo gelesen, dass das Endurteil in manchen Fällen unversehens komme aus beliebigem Munde zu beliebiger Zeit.» (3, 207) Wenn er es gelesen hat, dann steht es auch geschrieben: das Endurteil kommt aus beliebigem Munde zu beliebiger Zeit. Wo steht das geschrieben?

In dem jiddisch und hebräisch gedruckten Volksbuch «Kav ha-Jaschar», das seit seiner ersten Auflage in Frankfurt am Main 1705 an die fünfzig Neuauflagen erlebte – Karl Erich Grözinger weist darauf hin – heißt es: «Gott hat viele Gesandte, und zahllose Ankläger stehen Tag für Tag im Gerichtshaus der Höhe über dem Menschen wegen seiner Sünden und Vergehen. Doch der Mensch achtet nicht darauf, denn schon hat er Sünde auf Frevel gehäuft und glaubt, dass er ihretwegen nicht zum Gericht gefordert wird, als ob es im Himmel kein Acht auf die Verderben gäbe. Aber in Wahrheit schweigt der Heilige, Er sei gesegnet, bis das Maß voll ist – und der Prozess wird stärker und stärker und plötzlich wird das Urteil des Zorns über diesen Menschen gefällt, gleich einem Sturmwind. … So kommen die Gerichtsurteile unerwartet über den Menschen, plötzlich erbebt sein ganzer Körper, entflammt und wird heiß, und er fällt aufs Lager. … Drum sei nicht hochfahrend, denn du siehst, nahe ist der Tag des Todes. … und in jener Stunde tagt das himmlische Gericht, die Fürsprecher tragen die Verdienste vor und die Ankläger erheben ihre Einwände.» (Grözinger, 37) Dies ist nur ein Beispiel für andere, in denen diese jüdische Vorstellung vom permanent tagenden himmlischen Gericht festgehalten wird.

Der Gedanke, dass ein ganzes Leben lang die guten und die bösen Taten in einem Buch aufgeschrieben werden, dass also gewissermaßen immerzu ein Prozess im Gange ist, und dass nach dem Tode der Ewige Richter das Urteil spricht, ist Juden wie Christen geläufig. Kafka kannte den Gedanken natürlich auch, im Tagebuch notiert er am 28. September 1917, dem jüdischen Neujahrstag, dass er – wenn er sich auf sein «Endziel» prüfe – eigentlich nicht «danach strebe, ein guter Mensch zu werden und einem höchsten Gericht zu entsprechen» (11, 167); hier ist das «oberste Gericht» genannt. Er will, schreibt er dort, nur einem «Menschengericht» genügen. Zuvor schreibt er: «Rest eines Glaubens. Rückkehr zum Vater. Großer Versöhnungstag.» (11, 167) Hier spielt er auf die Versöhnung mit dem Vater an, auf die Versöhnung mit Gott am «Versöhnungstag», einem hohen jüdischen Feiertag, der dem Neujahrstag folgt.

Kafkas Mutter schreibt am 8. Oktober 1916 an Felice Bauer: «Wir hielten die jüdischen Feiertage wie rechte Juden, Neujahr hatten wir beide das Geschäft gesperrt und gestern am Versöhnungstage haben wir gefastet und fleißig gebetet.» (Felice, 721) Was das jüdische Neujahrsfest und das ihm folgende Versöhnungsfest bedeuten, wusste man also in der Familie Kafka noch genau. Es sind die höchsten jüdischen Feiertage, zu denen auch Familien, die sonst nicht in die Synagoge gingen, sie besuchten, etwa Kafkas Vater, der viermal im Jahr in die Synagoge ging, wie sein Sohn im Brief an den Vater schreibt. Franz wird oft mitgegangen sein, nach Aussage des Tagebuchs ist es etwa für den 1. Oktober 1911 nachgewiesen, nach einer Aufzeichnung Max Brods auch für den 17. September 1909. (Grözinger, 40)

Grözinger ist aufgefallen, dass Kafka am Proceß-Roman um die Zeit des Neujahrsfests gearbeitet hat; er schrieb also einen Roman über Gesetz und Gericht, über Prozess und Urteil in genau der Zeit, in der in jüdischen Familien davon die Rede war: in der Bußzeit, die 30 Tage vor dem Neujahrstag beginnt und nach diesem Neujahrsfest und dem ihm folgenden Versöhnungsfest. Grözinger: «Der Beginn der Bußzeit, die am 1. des Monats Elul anhebt, an dem zum ersten Mal der Schofar in der Judenstadt zu hören ist, war 1914 der 23. August, ein Sonntag. Am 15. August notierte Kafka in sein Tagebuch: «Ich schreibe seit ein paar Tagen, möchte es sich halten. So ganz geschützt und in Arbeit eingekrochen, wie es vor zwei Jahren war, bin ich heute nicht, immerhin habe ich doch einen Sinn bekommen, mein regelmäßiges, leeres, irrsinniges, junggesellenmäßiges Leben hat eine Rechtfertigung.» (Grözinger, 40) Er spürt also den Druck der Rechtfertigung – vor dem Gericht? – und er spürt einen Grund für diesen Druck in seinem leeren Junggesellen-Leben, denn es gehörte zur Pflicht des Juden, zu heiraten und eine Familie zu gründen; insofern war er pflichtvergessen.

Schon zwei Jahre davor schrieb er «Das Urteil» sogleich nach dem Versöhnungstag (Jom Kippur) in der Nacht vom 22. auf den 23. September, Jom Kippur war 1912 vom 20. auf den 21. September; ein Zufall? Auch «In der Strafkolonie» hat er 1914 um Jom Kippur herum geschrieben, der auf den 29. und 30. September fiel. Neujahr war am 20. und 21. September 1914. Die zehn Tage zwischen Neujahr (Rosh Hashanah) und Jom Kippur sind die strengen Tage des Herbstmonats Tischri. Es sind die Tage der Einkehr, in der jeder sich fragt, welche Verfehlungen er begangen hat. Die Vorbereitung dazu sind die 30 Tage vor Neujahr: die Bußzeit. In dieser Zeit wird der Schofar, ein Widderhorn, täglich nach dem Gottesdienst geblasen, er ist vergleichbar der Posaune des Jüngsten Gerichts in christlicher Vorstellung: er kündet das Gericht an. Es soll die Trägen aufrütteln und zur Buße mahnen.

«Am 10. Tischri , dem Versöhnungstag, versammelt sich die Gemeinde nochmals, eingehüllt in weiße Sterbekleider, als Symbol der Vergänglichkeit alles Irdischen, zur ständig an Intensität gesteigerten Bitte um Vergebung. Denn an diesem Tag wird das Urteil endgültig bestätigt und versiegelt. (Das «Endurteil»). Die Grundstimmung ist Demut, noch gefördert durch 24stündiges Fasten, aber auch Zuversicht, dass Gott ein zerbrochenes und zerknirschtes Herz nicht zurückweist. Denn Gott ist wohl der Strafende, wenn es die Gerechtigkeit verlangt, aber noch viel mehr der Liebende und Verzeihende, der Gnade vor Recht ergehen lässt.» So Leo Prijs in seiner Erläuterung der jüdischen Feiertage. (Prijs, 46) Versöhnungstag heißt denn auch «Tag des Zudeckens», der Sünden nämlich, es ist der Tag der Versöhnung Gottes mit den Menschen, die Reue und Buße gezeigt haben. (Prijs, 47)

Einen Tag der Versöhnung gibt es in Kafkas Werken nicht. Einen Tag des Gerichts aber wohl.

16. Schuld und Scham.
Jom Kippur.

«Die Verachtung, die er früher für den Proceß gehabt hatte, galt nicht mehr. Wäre er allein in der Welt gewesen, hätte er den Proceß leicht missachten können, wenn es allerdings auch sicher war, dass dann der Proceß überhaupt nicht entstanden wäre. Jetzt aber hatte ihn der Onkel schon zum Advokaten gezogen, Familienrücksichten sprachen mit; seine Stellung war nicht mehr vollständig unabhängig von dem Verlauf des Processes, er selbst hatte unvorsichtigerweise mit einer gewissen unerklärlichen Genugtuung vor Bekannten den Proceß erwähnt, andere hatten auf unbekannte Weise davon erfahren, das Verhältnis zu Fräulein Bürstner schien entsprechend dem Proceß zu schwanken – kurz , er hatte kaum mehr die Wahl, den Proceß anzunehmen oder abzulehnen, er stand mitten drin und musste sich wehren. War er müde, dann war es schlimm.» (3, 131)

Hier sieht K. seinen Prozess nicht als Beurteilung durch einen hohen, gar himmlischen Richter, sondern als Ausdruck seines Verhältnisses zu den Mitmenschen, vor allem zur Familie. Nur aus Rücksicht auf die anderen muss er ihn führen. Der Onkel brachte ihn zum Advokaten, vor den Direktoren in der Bank muss er sich in acht nehmen und Frau Grubach, seine Wirtin, beobachtet ihn wie Fräulein Bürstner, die ihr «verdächtig» vorkommt wegen ihrer Männerbekanntschaften, wie sie K. mitteilt. Daraufhin dieser: «Die Reinheit ... wenn Sie die Pension rein erhalten wollen, müssen Sie zuerst mir kündigen.» (3, 31) Er fühlt sich unrein.

Die soziale Kontrolle, unter der sich K. gestellt meint, sieht er als einen Grund für seinen Prozess. Die Vorwürfe, die andere ihm machen oder machen könnten, muss er fürchten. Die Selbstvorwürfe äußern sich als Scham, die Vorwürfe der andern als Schuld.

Die Schuld freilich, die K. als Vorwürfe der anderen spürt, ausgesprochen wird sie ja nicht, kann er leicht zurückweisen. Er fühlt sich unschuldig und empört sich mit Recht gegen das ungerechte Gericht. Er kämpft nicht um seine Unschuld, er kämpft darum, aus den Fängen des Gerichts freizukommen. Es gelingt ihm nicht. Gegen die Gerichtspersonen kann K. sich leicht erheben. Sie sind schmutzig und gierig, rücksichtslos und sexbesessen; sie treten ihm als Konkurrenten entgegen: auf derselben Ebene des Schmutzes, auf der er steht, wenn er mit ihnen kämpft, stehen sie, überlegen nur durch ihre Macht, die sie ausspielen, nicht durch «Reinheit».

Diese Figuren sind selbst «schuldig». Sie können K. nicht schuldig sprechen. Deshalb wehrt K. sich gegen sie; dabei geht es ihm nicht um Schuld, es geht ihm um Freiheit. Doch es gibt keine Freiheit für K., so wenig wie für den Affen im «Bericht für eine Akademie»; es gab keine Freiheit für diesen Affen, nur einen Ausweg und der war nicht sehr erfreulich. Für K. gibt es gar keinen Ausweg: er wird getötet.

Bleibt die Scham. Die Scham überlebt nicht nur die Schuld, sie überlebt gewissermaßen auch K.. Der Schluss des Romans lautet: «‹Wie ein Hund›, sagte er, es war, als sollte die Scham ihn überleben.» (3, 241) Das Gerichtsverfahren, das hiermit endet, die Erniedrigung, der Schmutz, die er ertragen musste, rufen Scham bei K. hervor, der nach Reinheit strebte, aber im Schmutz zu leben gezwungen war, ja, den der Schmutz noch anzog.

Die unterste, allerunterste Gerichtsbarkeit, mit der K. konfrontiert wird – es sind ja nur Dienstboten dieser alleruntersten Gerichtsbarkeit – ist die denkbar schäbigste. Über diese kommt er nie hinaus, sie hält ihn gefangen. Dass es ein oberstes Gericht gibt, dass es ein Gesetz gibt, hört er; Zugang zu diesem hat er nicht. Hier unterscheidet sich die Hierarchie der Welten, die Kafka mit der Hierarchie des Gerichts im Roman andeutet, von der traditionellen. Denn die zehn Stufen, wie sie als Sefirot in der Tradition der Kabbala bezeichnet werden, sind Eingießungen, Emanationen des Göttlichen in der Welt. Auf der obersten Stufe ist dieses Göttliche natürlich am stärksten, es entleert sich immer mehr, je weiter es nach unten gleitet, so dass die unterste Stufe, auf der die Menschen stehen, die der materiellen Welt, am weitesten vom Göttlichen entfernt ist, aber doch noch Anteil an diesem hat. Der sehnlichste Wunsch des Theosophen ist es, auf dieser Stufenleiter hinaufzuklettern, um – wenn möglich – zu erreichen, was nur die Engel der höchsten Stufe erleben: Gott selbst auf seinem Thron zu sehen. Das ist auch, so erzählen jedenfalls die Legenden, manchem Frommen gelungen. Voraussetzungen sind natürlich: Gebete, Studium der Thora, Erfüllung der Gebote, ein heiligmäßiges Leben. Der Weg nach oben ist also möglich, es hängt vom Menschen ab, ob er ihn schon in diesem Leben für kurze Augenblicke oder nach seinem Tode endgültig gehen kann. Insofern ist der Mensch Handelnder und Behandelter zugleich (Grözinger, 17). Was er tut, hat Konsequenzen, nicht nur für ihn, auch für die Welt; früher oder später ruft es Reaktionen hervor, auch von oben.

Kafkas Helden irren umher und erreichen nichts, der Weg ist ihnen verstellt, das Ziel unerreichbar. Dies der erste Unterschied zur kabbalistischen Tradition. Der zweite: Kafkas Helden finden keine Helfer und keine Fürsprecher. Was sich ihnen als Hilfe anbietet, ist keine, ist das Gegenteil: Verführung und Täuschung, als würden seine Helden von bösen Geistern in die Irre geführt im Labyrinth der Welt, auf der untersten Stufe. Insofern zeigt Kafka nicht nur die Unfähigkeit seiner Helden, sondern auch die Böswilligkeit der anderen, zumindest auf dieser Stufe. Aber da keine Hilfe von oben kommt, wirft das auch kein gutes Licht auf die oberen Instanzen. Bei Kafka gibt es keinen Weg und keinen Ausweg.

Die Macht Gottes zeigt sich nicht in dieser Hierarchie. Wessen Macht zeigt sich dann? Die guten Kräfte helfen nicht, welche Kräfte sind dann am Werk? «Eines der wirksamsten Verführungsmittel des Bösen ist die Aufforderung zum Kampf. Es ist wie der Kampf mit Frauen, der im Bett endet», schreibt Kafka in den Aphorismen (6, 229) Das Böse verführt; der Kampf gegen das Böse ist ein Verführungsmittel; wer gegen das Böse kämpft, über den hat es schon Gewalt, wie sich an K.s Kampf gegen das unterste Gericht ablesen lässt. Zeigt sich im Proceß-Roman die Macht des Bösen?

Dann wäre die Welt, wie Alfred Kubin in seinem Roman am Ende behauptet, von einem Demiurgen, einem bösen Gott beherrscht? Oder doch von einem Gott, dessen «andere Seite» wir vor allem kennen lernen. Im Tagebuch unter dem 13. August 1913 schreibt Kafka: «Roskoffs Geschichte des Teufels: Bei den jetzigen Karaiben gilt der, ‹welcher in der Nacht arbeitet›, als der Schöpfer der Welt.» (10, 187)

Diese Weltvorstellung der Gnosis, einer frühchristlichen Konkurrenz des Christentums, tritt im Laufe der Geschichte immer wieder hervor, in Christentum und Judentum.

Gershom Scholem hat in seiner Untersuchung «Die jüdische Mystik in ihren Hauptströmungen» im Kapitel «Merkaba-Mystik und jüdische Gnosis» ein Beispiel aus der Merkaba-Mystik gegeben, das zum «Proceß»-Roman hinführt. Merkaba heißt die Schau des göttlichen Thronwagens, also die vom Theosophen erstrebte Anschauung Gottes auf seinem Thron. Das Zitat aus der Münchner Handschrift der Hechaloth-Texte berichtet von den Gefahren des Aufstiegs, mit denen jeder, der bis zu Gottes Thron gelangen will, zu rechnen hat:

«Wer aber nicht würdig war, den König in seiner Schönheit zu sehen, dem verwirrten die Engel an den Toren den Sinn. Und sobald sie zu ihm sagten: ‹Tritt ein›, so trat er wirklich ein. Sofort pressten sie ihn und warfen ihn in den feurigen Lavastrom. Und am Tor des sechsten Palastes schien es, als ob Hunderttausende und Millionen Wasserfluten gegen ihn anstürmten, während doch nicht ein einziger Tropfen Wassers da war, sondern nur strahlender Äther und klare Steine aus lauterem Marmor, mit denen der Palast ausgelegt war. Die Engel aber standen vor ihm. Wenn er nun sagte: ‹Was bedeuten diese Wasser?›, so begannen sie, ihn zu steinigen und riefen: ‹Du Unwürdiger, siehst du es denn nicht mit deinen eigenen Augen? Bist du etwa einer der Kinder derer, die das Goldene Kalb geküsst und nicht würdig, den König in seiner Schönheit zu schauen?› Und er geht nicht von dannen, bis sie sein Haupt mit eisernen Stangen verletzen.» (Scholem 1, 57)

Am 17. Dezember 1913 schrieb Franz Kafka in sein Tagebuch, nachdem er einen Vortrag seines Klassenkameraden Hugo Bergmann gehört hatte: «Vortrag Bergmann: Moses und die Gegenwart. Reiner Eindruck. – Ich habe jedenfalls damit nichts zu tun. Zwischen Freiheit und Sklaverei kreuzen sich die wirklichen schrecklichen Wege ohne Führung für die kommende Strecke und unter sofortigem Verlöschen der schon zurückgelegten. Solcher Wege gibt es unzählige oder nur einen, man kann das nicht feststellen, denn es gibt keine Übersicht. Dort bin ich. Ich kann nicht weg. Ich habe mich nicht zu beklagen. Ich leide nicht übermäßig, denn ich leide nicht zusammenhängend, es häuft sich nicht an, wenigstens fühle ich es vorläufig nicht, und die Größe meines Leidens liegt weit unter jenem Leiden, das mir zukäme.» (10, 220)

Die Reinheit, die ihm im Vortrag Bergmanns über Moses erscheint, kommt ihm nicht zu. Er sieht sich auf einem «wirklich schrecklichen Weg ohne Führung». Ohne Führung, ohne Orientierung, im ursprünglichen Sinne des Wortes, ohne Ausrichtung zum Orient, zum Osten, wo das Heilige Land liegt, ist er – im Gegensatz zu seinem Freund Hugo Bergmann, der die Richtung so mühelos gefunden zu haben scheint, als Zionist und gläubiger Jude. Deshalb die Reinheit in Bergmanns Vortrag, Reinheit in einem größeren als dem landläufigen Sinne, eine ihm, Kafka, unzugängliche Reinheit.

Heißt das, es gibt diesen Weg, nur er findet ihn nicht, nur für ihn ist er nicht bestimmt? Hier scheint es so. An anderer Stelle wiederum verallgemeinert er: allen ist der Weg verstellt, nicht ihm allein. In den Oktavheften schreibt er: «Sündig ist der Stand, in dem wir uns befinden, unabhängig von Schuld.» (6, 194) Also sind wir alle schuldig, sozusagen Träger einer Erbsünde, die wir übernehmen müssen, auch wenn wir nichts dafür können?

«Manche nehmen an, dass neben dem großen Urbetrug noch in jedem Fall eigens für sie ein kleiner besonderer Betrug veranstaltet wird, dass also, wenn ein Liebesspiel auf der Bühne aufgeführt wird, die Schauspieler außer dem verlogenen Lächeln für ihren Geliebten auch noch ein besonderes hinterhältiges Lächeln für den ganz bestimmten Zuschauer auf der letzten Galerie hat. Das heißt zu weit gehen.» (6, 245) Was er hier im Oktavheft aufschreibt, kann seine Haltung, seine Sicht verständlich machen, eine Sicht, die auch in seinen Romanen «Der Proceß» und «Das Schloß» enthalten ist, jedenfalls kann sie diese Sicht besser verständlich machen als alle Äußerungen späterer Interpreten, die in anderen Vorstellungswelten heranwuchsen.

Demnach gibt es also einen Urbetrug, einen Betrug am Anfang oder von Anfang an, so dass jeder seinen Teil von diesem Betrug bekommt, freilich keinen individuellen, wie er glauben mag. Also auch Kafka nicht. Dann ist, was ihm zuteil wird, etwas, was allen zuteil wird, nur er sieht es deutlicher als andere und er schreibt es auf.

«Die Verführungsmittel dieser Welt sowie das Zeichen der Bürgschaft, dass diese Welt nur ein Übergang ist, ist das gleiche. Mit Recht, denn nur so kann uns diese Welt verführen und es entspricht der Wahrheit. Das Schlimmste ist aber, daß wir nach geglückter Verführung die Bürgschaft vergessen und so eigentlich das Gute uns ins Böse, der Blick der Frau in ihr Bett gelockt hat.» (6, 247)

Die Frauen verkörpern wieder die Verführung, wie im Roman so hier, diese Verführung hat aber ihre gute Seite, die wir nur vergessen: diese Welt ist nur ein Übergang, das heißt, es gibt andere Welten, in die wir übergehen, bessere möglicherweise. «Kannst du etwas anderes kennen als Betrug? Wird einmal der Betrug vernichtet, darfst du ja nicht hinsehen oder du wirst zur Salzsäule.» (6, 248)

Die Situation in dieser Welt, in dieser, es gibt noch andere, ist hoffnungslos. Nur Betrug herrscht in ihr, klam a mam. Wir sehnen uns nach Wahrheit, aber wir finden sie nicht. Und wissen nicht, ob wir sie überhaupt ertragen könnten. Wir ertragen den Betrug, doch die Verführung ist der Bürge dafür, dass diese Welt nur ein Übergang ist. Es gibt ein Leben nach dem Tode. Und es gab ein Leben vor dem Tode? Eine Aufzeichnung vom selben Tage spricht davon: «Beweise für ein wirkliches Vorleben: Ich habe dich schon früher gesehen, die Wunder der Vorzeit und am Ende der Tage.» (6, 214)

Die Wunder der Vorzeit, das könnte auf die Zeit der alten Legenden hinweisen, von denen Titorelli spricht. In diesen alten Legenden gab es «Wunder», da endeten die Gerichtsverfahren noch mit Freispruch. Doch das ist lange vorbei, das ist «Vorzeit». Jetzt leben wir in anderer Zeit. Aber eine Hoffnung ist doch: die auf «das Ende der Tage». Am Ende der Tage, nach der Apokalypse, erscheint der Messias.

17. Vor dem Gesetz.
Eine kaiserliche Botschaft.

Die Legende «Vor dem Gesetz» aus dem Kapitel «Im Dom» des Romans «Der Proceß» veröffentlichte Franz Kafka zuerst in der zionistischen Wochenzeitung «Selbstwehr» am 7. September 1915, also etwa ein Jahr nach der Entstehung. Die Legende, Kafka nennt sie selbst so, kann durchaus für sich stehen. Kafka gab sie auch dem Verleger Kurt Wolff für dessen Almanach neuer Dichtung «Vom jüngsten Tag» auf das Jahr 1916 und er nahm sie in seinen 1919 bei Kurt Wolff publizierten Sammelband «Ein Landarzt. Kleine Erzählungen» auf. Der Sammelband beginnt mit einer Erzählung, die ebenfalls von Gesetz und Gericht handelt «Der neue Advokat», 1917 entstanden, und er enthält eine andere Erzählung, die in ihrer Struktur an die Legende erinnert und auch zuerst in der zionistischen Zeitschrift «Selbstwehr» erschien, am 24. September 1919: «Eine kaiserliche Botschaft», ebenfalls 1917 entstanden. Diese «kaiserliche Botschaft» ist einer größeren Arbeit entnommen: «Beim Bau der chinesischen Mauer», die Fragment blieb.

Es wird nützlich sein, die Legende «Vor dem Gesetz» in diesem Zusammenhang mit «Der neue Advokat» und «Eine kaiserliche Botschaft» zu erörtern, die eine thematische oder strukturelle Ähnlichkeit mit ihr haben; ein Text aus dem Nachlass, «Zur Frage der Gesetze» – der aus einem Konvolut stammt, das wohl im Herbst 1920 entstand –, gehört noch dazu, weil dieser Text ausdrücklich nach den Gesetzen fragt.

Zunächst «Der neue Advokat». Der neue Advokat ist niemand anders als das Streitross Alexanders von Mazedonien, das den Namen Bucephalos trug, das heißt Stierkopf. Als Dr. Bucephalus hat es jetzt zwar Menschengestalt angenommen, aber sein Schritt erinnert noch an den des Pferdes. Bucephalus hat eine «Verwandlung» durchgemacht, könnte man sagen, diesmal vom Tier zum Menschen, möglicherweise auch eine «Seelenwanderung» durch verschiedene Leben, darüber wird nichts gesagt. Jedenfalls ist ihm und dem «Bureau» sein Vorleben wohl bekannt; man nahm ihn wegen seiner «weltgeschichtlichen Bedeutung» auf. Der Unterschied zwischen der jetzigen und der «Gesellschaftsordnung» zur Zeit Alexanders des Großen ist erheblich:

«Heute – das kann niemand leugnen – gibt es keinen großen Alexander. Zu morden verstehen zwar manche; auch an der Geschicklichkeit, mit der Lanze über den Bankettisch hinweg den Freund zu treffen, fehlt es nicht; und vielen ist Macedonien zu eng, so dass sie Philipp, den Vater, verfluchen – aber niemand, niemand kann nach Indien führen. Schon damals waren Indiens Tore unerreichbar, aber ihre Richtung war durch das Königsschwert bezeichnet. Heute sind die Tore ganz anderswohin und weiter und höher vertragen; niemand zeigt die Richtung; viele halten Schwerter, aber nur, um mit ihnen zu fuchteln; und der Blick, der ihnen folgen will, verwirrt sich. Vielleicht ist es deshalb wirklich das Beste, sich, wie es Bucephalus getan hat, in die Gesetzbücher zu versenken. Frei, unbedrückt die Seiten von den Lenden des Reiters, bei stiller Lampe, fern dem Getöse der Alexanderschlacht, liest und wendet er die Blätter unserer alten Bücher.» (1, 199)

Heute wird gemordet wie damals, auch heute drängen viele hinaus, aber die Richtung, in die sich zu drängen lohnte, weiß keiner. Der wesentliche Unterschied zwischen Heute und Damals ist die Orientierungslosigkeit. Auch damals waren Indiens Tore unerreichbar, aber die Richtung, in der sie lagen, war doch bekannt. Heute zeigt keiner die Richtung, und die Tore sind auch noch schwerer zu erreichen als damals («sie sind weiter und höher vertragen»), doch auch damals waren sie nicht zu erreichen.

So scheint es dem Dr. Bucephalus «das Beste» , sich in die «Gesetzbücher» zu versenken, «bei stiller Lampe» liest und wendet er «die Blätter unserer alten Bücher». Er ist hier am Schluss der kleinen Erzählung nicht mehr der vor Gericht tätige Anwalt, sondern vielmehr ein Gelehrter, der die alten Bücher studiert und dies in einer Freiheit, die er vorher nicht kannte: «Unbedrückt die Seiten von den Lenden des Reiters».

Kafka hat eine weit zurückliegende Epoche und die heutige Zeit scharf einander entgegen gestellt; das verbindende Glied beider Epochen ist Dr. Bucephalus, früher Streitross und nun Advokat. Das Früher erscheint positiver als das Heute: früher gab es wenigstens Orientierung. Ein Trost sind heute nur die «Alten Bücher», die wohl von dem Früheren handeln. Was wir heute noch als Orientierung haben, steht in den alten Büchern.

Der Bedeutungsraum «Advokat, Gericht, Bureau» wird im Laufe der kleinen Geschichte zu einem anderen Bedeutungsraum hinübergeschoben: dem des Gelehrten, des Schriftgelehrten. Den Übergang von dem einen zu dem anderen Bedeutungsraum erleichtert das Gesetz in seiner doppelten Bedeutung, zunächst ist es das Gesetz des Advokaten vor Gericht, dann ist es das Gesetz, das die Gelehrten in den alten Büchern studieren, in den «Gesetzbüchern». Eine Wortgleichheit, die eine Bedeutungsgleichheit nahe legt, bildet den Übergang. Doch «Gesetz» ist nicht gleich «Gesetz», «Gericht» nicht gleich «Gericht». Im ersten Bedeutungsraum ist es das juristische Gesetz, dem der Advokat verpflichtet ist, im zweiten Bedeutungsraum ist es das Gesetz, das die alten Bücher enthalten – und das den Juristen nicht interessiert, denn er muss sich nach dem aktuellen Gesetz richten. Die alten «Gesetzbücher» werden von den Schriftgelehrten erforscht, von den Rabbinern; diese beschäftigt nicht das juristische Gesetz, sondern das Gesetz, das Moses vom Berg Sinai brachte. Das Bild, das Bucephalus uns im letzten Absatz der kleinen Geschichte bietet, ist das des jüdischen Gelehrten, der sich in die alten Gesetzbücher «versenkt», also in die heiligen Schriften. Er betreibt ein theologisches, nicht ein juristisches Studium. Aus dem gesetzeskundigen Advokaten hat Kafka also kaum merklich einen die Thora und den Talmund studierenden Gelehrten geformt; das Studium der Schrift und ihrer Auslegungen und Lehren ist die vornehmste und wichtigste Aufgabe des Juden.

Kafka spielt hier – wie im Roman «Der Proceß» – mit der zweifachen Bedeutung des Wortes Gesetz, das einmal landläufig als juristisches Gesetz aufgefasst wird und zum anderen weniger landläufig als Thora, als das Gesetz, das Gott den Juden gab. Auch die Bedeutung von Gericht im Roman «Der Proceß» wechselt irritierend zwischen staatlicher Gerichtsbarkeit und göttlichem Gericht. Doch die Gerichtsbarkeit, der K. unterworfen wird, ist keine staatliche Gerichtsbarkeit im üblichen Sinne, sie ist aber auch keine göttliche Gerichtsbarkeit im üblichen Sinne – Kafka hat jüdische Elemente weitgehend unkenntlich gemacht, ausgerechnet ein katholischer Gefängnisgeistlicher erzählt in einem Dom die ganz und gar unkatholische Legende vom Eintritt in «das Gesetz». Der beunruhigte Leser sucht deshalb im Laufe der Lektüre nach einem anderen Sinn von Gericht und Gesetz. Ist es ein Gericht, ein Gesetz im übertragenen Sinn? Handelt es sich um «Gesetze» menschlichen Lebens und Zusammenlebens, die heutzutage psychologisch oder soziologisch erforscht werden, etwa als Schuld und Sühne?

In der Erzählung «Zur Frage der Gesetze» spielt Kafka wiederum mit dieser Irritation. Hier wird die erste Bedeutung der Gesetze als staatliche Gesetze ausgesprochen, es ist schließlich der Adel, der die Gesetze als Instrumente seiner Herrschaft über das Volk benutzt; die jüdische Bedeutung der Gesetze wird lediglich angedeutet, so dass sie nur dem Kenner deutlich wird: die Beschreibung der Gesetze und deren Auslegung ist offensichtlich eine der jüdischen Tradition entsprechende. Aber auch das Wort, das für eine staatliche Institution steht – der Adel – und das deshalb die juristische Bedeutung der Gesetze evoziert, gibt einen Hinweis auf die jüdische Bedeutung. In seiner Geschichte der jiddischen Literatur bezeichnet nämlich Meyer Isses Pines das Verhältnis von orthodoxer Gesetzesauslegung und frommem Chassidismus im Ostjudentum folgendermaßen:

«Der Chassidismus war eine demokratische Bewegung, nicht allein wegen der Elemente, aus denen er sich zusammensetzte (seine Anführer, besonders zu Beginn, rekrutierten sich zur Mehrzahl aus dem einfachen Volk), sondern auch weil eines seiner wichtigsten Ziele, Konsequenz auch seiner Lehre, war, sich gegen die intellektuelle Aristokratie zu erheben, welche die Gelehrten des Gesetzes im Herzen des Judentums bildeten. Der unbelesene und ungebildete Mann aus dem Volke, den die Gelehrten verachteten als einen Am-Harez, lernte durch den Mund der Propagandisten des Chassidismus, dass die Einfachheit des Herzens mehr wert ist in den Augen Gottes und sicherer zur Erkenntnis der Wahrheit führt als die subtilsten Auslegungen.» (Zimmermann 3, 221)

Kafka las diese Geschichte der jiddischen Literatur des Pines im Jahre 1912, bevor er eine Rezitation jiddischer Gedichte des Schauspielers Izchak Löwy auf einer Bar Kochba-Veranstaltung im Festsaal des jüdischen Rathauses in Prag einleitete. Er kannte also die Konstellation von «Adel» und «Volk» im Ostjudentum, zumindest aus der Literaturgeschichte des Pines, und er bildete sie nach in «Zur Frage der Gesetze». An keine andere Konstellation jedenfalls erinnert die dort aufgezeichnete derart eindringlich wie an die von Pines beschriebene. Auch Kafka setzt scharf die zwei Gruppen gegeneinander, wie er zuvor in «Der neue Advokat» zwei Epochen gegeneinander stellte: die Gruppe des Adels, der die Gesetze kennt, sie sind sein Geheimnis, und die Menge des Volkes, das nichts weiß und deshalb dem Adel ausgeliefert ist.

Der Adel ist demnach die herrschende Gruppe der schriftgelehrten Rabbiner, die aufgrund ihrer Gesetzeskenntnis die Macht der Auslegung und der Anwendung der Gesetze besitzen. Es ist eine Art feudaler Ordnung, in der die Macht in der Kenntnis der Gesetze besteht; die kleine Gruppe, die diese Macht in Händen hält, regiert die Mehrheit der Nicht-Wissenden, der Gesetzes-Unkundigen. Da «das Gesetz» oder «die Gesetze» – der erste Terminus ist der alle bestehenden Vorschriften, alle Gesetze zusammenfassende Terminus –, da das Gesetz alle Lebensbereiche umfasst, ist auch die Kenntnis des Gesetzes eine alles umfassende Macht. Der Rabbiner ist ja nicht Priester im Sinne der katholischen Kirche, also kein Mittler zwischen Gott und Mensch in einer kultischen Handlung, sondern Schriftgelehrter, der die alten Bücher auslegt und aufgrund seiner Gesetzeskenntnis Recht spricht und das Leben der Gemeinde ordnet.

Die Beschreibung der Gesetze, die Kafka in «Zur Frage der Gesetze» liefert, zielt auf die jüdische Gesetzesauffassung. Zuerst heißt es, die Auslegung der Gesetze sei schon Gesetz geworden – so wie ja die Auslegung der Thora, im Talmud gesammelt, wiederum Gesetzeskraft erlangt hat, ja schließlich alle schriftliche und mündliche Überlieferung des jüdischen Volkes zum «Gesetz» gehört. Freilich ist es eine Überlieferung, die immer wieder in «gesiebten und geordneten Schlussfolgerungen» – wie es hier heißt – bedacht und expliziert werden muss, das ist ein von alters her andauernder und nicht abschließbarer Prozess. So entspricht es der jüdischen «Tradition», die hier folgendermaßen modifiziert wird:

«Wir sind davon überzeugt; daß diese alten Gesetze genau eingehalten werden, aber es ist doch etwas äußerst Quälendes, nach Gesetzen beherrscht zu werden, die man nicht kennt. Ich denke hierbei nicht an die verschiedenen Auslegungsmöglichkeiten und die Nachteile, die es mit sich bringt, wenn nur einzelne und nicht das ganze Volk an der Auslegung sich beteiligen dürfen. Diese Nachteile sind vielleicht gar nicht sehr groß. Die Gesetze sind ja so alt, Jahrhunderte haben an ihrer Auslegung gearbeitet, auch diese Auslegung ist wohl schon Gesetz geworden, die möglichen Freiheiten bei der Auslegung bestehen zwar immer noch, sind aber sehr eingeschränkt. ... Wenn wir im Volk aber seit ältesten Zeiten die Handlungen des Adels aufmerksam verfolgen, Aufschreibungen unserer Voreltern darüber besitzen, sie gewissenhaft fortgesetzt haben und in den zahllosen

Tatsachen gewisse Richtlinien zu erkennen glauben, die auf diese oder jene geschichtliche Bestimmung schließen lassen, und wenn wir nach diesen sorgfältigst gesiebten und geordneten Schlußfolgerungen uns für die Gegenwart und Zukunft ein wenig einzurichten suchen – so ist das alles unsicher und vielleicht nur ein Spiel des Verstandes, denn vielleicht bestehen diese Gesetze, die wir hier zu erraten suchen, überhaupt nicht.» (7, 106–7)

Kafka übernimmt die alte Konstellation, verdreht sie aber: denn was früher Sicherheit gab – das Gesetz –, ist jetzt höchst unsicher geworden. Es ist der eklatante Unterschied zwischen Damals und Heute: heute macht sich Orientierungslosigkeit breit. Die Gesetze sind nicht mehr, was sie einmal waren, Offenbarungen des Göttlichen in der Welt. Sie werden in Zweifel gezogen, sie sind fragwürdig geworden; gibt es sie überhaupt, fragen sich viele, also sind sie göttlichen Ursprungs oder nicht. Sind sie es nicht, dann sind sie «Scheingesetze». Wenn die Gesetze nichts gelten, dann ist auch die Herrschaft des Adels, der sie auslegt, dahin, denn seine Macht beruht allein auf den Gesetzen. Der Erzähler der Geschichte ist unsicher, wie so oft bei Kafka, denn er hofft immer noch auf einen Schlusspunkt, an dem das Trübe allen klar wird, also doch das Gesetz sich endlich allen zeigt als das, was es ist.

Die alte Kraft des Gesetzes, die Kraft der Tradition, ist immer noch so stark, dass das Volk sich nicht zu befreien vermag: nicht von den Gesetzen und nicht vom Adel. So bleibt es in Unkenntnis und Unmündigkeit, wenn es auch die alte Vertrautheit und Sicherheit verloren hat. Auch hier ist der neue Zustand schlimmer noch als der alte, und der war schon schlimm genug. Gerade weil die Gesetze nun vollends unbekannt sind, wirken sie bedrohlich. Sie bieten keine Sicherheit mehr und machen nur noch Angst, Angst auch deshalb, weil das Volk sich von ihnen abwendet und deshalb Strafe fürchtet.

Es liegt nahe, diese Geschichte als die Geschichte einer nur halb vollzogenen jüdischen Säkularisation, einer auf halbem Wege stehen gebliebenen Emanzipation zu lesen. Auf halbem Wege, denn die alte Gewissheit ging verloren, aber die neue Freiheit wurde nicht gewonnen. Das Alte steht immer noch drohend da und drohender denn je, da es nun unbegriffen ist. Es ist das Problem der Generation, die das Alte noch kennen lernte, aber es nicht mehr akzeptieren konnte, die das Alte ablehnte, aber sich nicht von ihm frei machen konnte, so dass sie weder die alte Glaubensgewissheit noch die neue Glaubensfreiheit fand. Sie fielen zwischen die Stühle – in einen Abgrund, aus denen viele der Zionismus zu retten suchte, der an die Stelle des religiösen Halts einen nationalen setzte.

Hat Kafka in «Zur Frage der Gesetze» die ihm bekannte Konstellation «rabbinische Orthodoxie» gegen «chassidische Volksfrömmigkeit» als Vorlage benutzt, so hat er doch zwei wichtige Veränderungen vorgenommen, die dieser Geschichte erst ihre Brisanz geben. Zunächst tilgte er die Spuren, welche die Herkunft der Konstellation allzu rasch verraten hätten. «Zur Frage der Gesetze» wäre sonst eine jüdische Geschichte für ein jüdisches Publikum geworden, etwa wie «Zwischen zwei berg» von Isak Leib Perez, die Pines referiert; für Nicht-Juden wäre sie lediglich von historischem oder folkloristischem Interesse gewesen; sie hätte sie nicht betroffen. Durch das Verwischen der Spuren hebt Kafka die Geschichte über das Jüdische hinaus ins Allgemeine, das Jude und Christ gleichermaßen bewegt. Auch die Macht des Klerus etwa in der katholischen Kirche beruht auf einer Überlieferung, die vielen fragwürdig geworden ist, so dass auch diese «Aristokratie» in Frage gestellt wird.

«Zur Frage der Gesetze» wird also zu einer Art Parabel, die offen ist für verschiedene Auslegungen. Sie zeigt eine Situation, in der eine durch Wissen privilegierte Minderheit eine Mehrheit beherrscht – aufgrund eines Wissens, das sie der Mehrheit vorenthält. Welche Macht ist größer als die, die alle Regeln des Zusammenlebens bestimmt und sich jeglicher Kontrolle entzieht? Kontrolle wäre hier nur möglich, wenn die Gesetze allen bekannt wären, so dass alle deren Auslegung und Anwendung überprüfen könnten. Da dies nicht der Fall ist, ist das Volk dem Adel ausgeliefert. Wenn die Gesetze aber von der Art sind, wie der Adel behauptet, muss das Volk seine Lage hinnehmen.

Durch die Überspitzung der Szene, die Kafka in seiner Vorlage fand, erreicht er eine schier ausweglose Situation, denn der Konflikt, den er schildert, ist kaum lösbar. Dies ist sicher eine weitere Irritation der Kafkaschen Texte: das Auf-die-Spitze-Treiben eines Konfliktes, der dadurch unlösbar wird. Die andere Irritation ist sein Festhalten am jüdischen Gesetzesbegriff in dieser Erzählung trotz allen Tilgens jüdischer Spuren. Das beunruhigt den nicht-jüdischen Leser, weil er den von Kafka geschilderten Gesetzesbegriff mit keinem ihm bekannten in Übereinstimmung bringen kann. Die Irritation des jüdischen Lesers erreicht Kafka vor allem durch die zweite Veränderung, die er vornimmt. Denn der jüdische Leser konnte noch – trotz der Tilgung der jüdischen Spuren – genug Jüdisches erkennen, aber er findet es in seiner Negation, er findet die jüdische Tradition in der Negation dieser Tradition. Und dies muss er als «unjüdisch» empfinden. Es stößt ihn ab, denn die Glaubensgewissheit fehlt bei Kafka.

Die chassidischen Geschichten und Legenden, die Pines in seiner Geschichte der jiddischen Literatur referiert, sind von naiver Volksfrömmigkeit. Kafkas Geschichten sind weder naiv noch fromm. Sie sind raffinierte Konstruktionen, die mit den alten Motiven spielen, die von einem kritischen Intellekt ins Negative gewendet werden. Die Negation der alten Positionen irritiert den gläubigen Juden, die versteckt jüdischen Motive irritieren den aufgeklärten Intellektuellen.

Der Zweifel dieses Intellektuellen darf nicht mit dem Zweifel des einfachen Mannes vom Lande verwechselt werden, wie sie Pines erläutert. Dieser hatte Zweifel an der Auslegung des Gesetzes durch die orthodoxen Rabbiner, keineswegs aber an der Größe des Gesetzes. Er zweifelte daran, ob der Rabbiner den richtigen Weg zum Gesetz weise, nicht aber daran, dass das Gesetz offen sei für alle. Im Gegenteil: er war sogar der Meinung, dass es leichter zugänglich sei, als die gelehrten Rabbiner behaupteten, zugänglich auch und gerade dem ungebildeten Mann vom Lande. Die Rebellion der Chassidim gegen die Orthodoxie ist die Rebellion von Gläubigen gegen Gläubige; es geht um unterschiedliche Glaubensauffassungen.

Bei Kafka dagegen ist es die Rebellion des Zweiflers, der gegen die Tradition aufsteht, weil er am Gesetz selbst, das ihm nicht mehr vertraut ist, irre geworden ist. Gibt es das Gesetz überhaupt, fragt er sich, oder ist nur der Weg zum Gesetz versperrt. Aber was hilft uns das Gesetz, wenn es nicht erreichbar ist? Bei Kafka, so scheint es, führt weder die Methode des Rabbiners noch die des frommen Zadik zum Ziel. Die Tore Indiens waren früher schon unerreichbar, wenn es damals auch kluge Männer gab, die wenigstens die Richtung wussten, in der sie liegen. Dem Mann vom Lande hilft seine Herzenseinfalt nichts: er bleibt vor dem äußersten Tor des Gesetzes ratlos sitzen.

«Vor dem Gesetz» und «Eine kaiserliche Botschaft» stammen aus unterschiedlichen Kontexten; «Vor dem Gesetz» aus dem Proceß-Roman, der in einer zeitgenössischen europäischen Großstadt spielt, «Eine kaiserliche Botschaft» aus dem Fragment «Beim Bau der Chinesischen Mauer», das in einem weit entfernten China spielt. Zeitlich fern gerückt sind die Handlungen beider Texte: eine Legende spricht gewöhnlich von sagenhafter Vergangenheit und die kaiserliche Botschaft erzählt von einem sagenhaften China. Beide Texte jedoch stehen in dem Sammelband «Ein Landarzt» eng nebeneinander, nur drei Erzählungen trennen sie (Schakale und Araber, Ein Besuch im Bergwerk, Das nächste Dorf). Sie sind sich näher, als es zunächst den Anschein hat.

Die erste Ähnlichkeit ist der legendenhafte Ton, die Einfachheit der Darstellung, kurze Sätze, knappe und klare Zeichnung der Situation, pointenhafte Zuspitzung. In diesen beiden Texten erreicht Franz Kafka seine Meisterschaft als Erzähler. Was er weitläufig in immer neuen Spiralen, die immer wieder ergebnislos enden, im Proceß-Roman und im Schloß-Roman ausbreitet, das bringt er hier in wenigen Absätzen brillant zum Ausdruck. Er bringt es sozusagen auf den Punkt – in zwei kleinen Parabeln.

In beiden Texten wird an einer Stelle der parabelhafte Charakter herausgestellt. In «Vor dem Gesetz» : «dort sitzt er Tage und Jahre». Dieses «Jahre» hebt die konkrete Situation auf: keiner sitzt jahrelang vor einem verschlossenen Tor; hier wird also ein Gleichnis erzählt. In der «kaiserlichen Botschaft» heißt es: «und so weiter durch Jahrtausende». Der Bote, der die Botschaft des sterbenden Kaisers überbringen soll, ist Jahrtausende unterwegs; das kann auch nur gleichnishaft gemeint sein (s. Psalm 90, 4).

Erstaunlich ist die Ähnlichkeit in der Struktur. In beiden Fällen wird das Ziel, das erstrebt wird, nicht erreicht. Der Mann vom Lande gelangt nicht zum Gesetz, er wartet sein Leben lang vergeblich vor dem Tor zum Gesetz, das ihm von einem Türhüter versperrt wird. Die kaiserliche Botschaft, die der sterbende Kaiser dem Boten ins Ohr flüstert, erreicht nicht das auf sie wartende Du, für das sie bestimmt ist; der Bote arbeitet sich mühsam durch den innersten Hof des Palastes, er kommt kaum voran, noch viele Höfe liegen vor ihm und danach die riesige Kaiserstadt, die er unmöglich wird durchschreiten können. In beiden Fällen ist eine unüberwindliche Kette von Hindernissen ausgelegt: die Zahl der vielen Säle, die nicht zu durchdringen sind (schon den Anblick des dritten Türhüters würde der erste Türhüter nicht ertragen, sagt der erste Türhüter), die Zahl der vielen Paläste, die der unermüdliche Bote nicht durch-eilen kann.

In «Vor dem Gesetz» ist ein «Verhinderer» aufgestellt, so ließe sich sagen, eben der Türhüter. In der «kaiserlichen Botschaft» ist ein «Vermittler» unterwegs, der Bote, doch auch der Vermittler kann die Botschaft nicht überbringen. Die unermessliche Kette von Hin-dernissen wird einmal von der einen, einmal von der anderen Seite zu überwinden versucht.

1) Kaiser → (Vermittler) → Palast 1 → Palast 2 → Palast 3
→ ... Palast n .Unerreichbares Du
2) Unerreichbares Gesetz. Saal n ... ← Saal 3 ← Saal 2 ← Saal 1
← (Verhinderer) ← Mann vom Lande

Einmal geht der Weg von Links nach Rechts bzw. von Oben nach Unten, von der Höhe des Kaisertums zum «winzigen», «jämmer-lichen» «Untertanen», der vor der kaiserlichen Sonne in die «fernste Ferne geflüchtet» ist; offensichtlich ist der Glanz der Sonne schwer zu ertragen, weshalb er weit geflohen ist. Das andere Mal geht der Weg von Rechts nach Links bzw. von Unten nach Oben, vom klei-nen Mann vom Lande zum großen Glanz des Gesetzes. In beiden Fällen kann der Weg nicht zurückgelegt werden. Auch dem mächti-gen Kaiser, auch dem starken Boten ist es nicht möglich, die uner-messliche Wegstrecke zu überwinden. Alle Macht der Welt reicht anscheinend nicht dazu aus. Wie kann dann der einfache Mann vom Lande den Weg von Unten nach Oben schaffen? Seine bescheidenen Kräfte reichen schon gar nicht hin.

Dürfen wir die beiden Situationen, die in ihrer Struktur so ähnlich sind, miteinander «verrechnen»? Benutzt Kafka zwei verschiedene Motive, einmal ein chinesisches, einmal ein jüdisches, um dieselbe Situation zu beschreiben, die allerdings keineswegs eine chinesische ist, sondern eine europäische: die des Menschen der modernen Welt, in der Gott gestorben ist (der sterbende Kaiser) und das Gesetz un-erreichbar ist?

Es ist immer wieder darauf hingewiesen worden, dass «Vor dem Gesetz» allein aus jüdischen Motiven besteht. Das Gesetz, also Sin-gular mit bestimmtem Artikel, ist überdeutlich: hier steht die deut-sche Formulierung für Thora. Der «Glanz des Gesetzes» und das

«Tor zum Gesetz» sind Bestandteile der Beschreibung der Thora. Nur ein Beispiel aus dem babylonischen Talmud:

«Lerne mit deinem eigenen Herzen und mit deiner ganzen Seele, meine Wege zu kennen und an die Türen meiner Tora zu klopfen. Bewahre meine Tora in deinem Herzen und meine Furcht vor deinen Augen. Bewahre deinen Mund vor jeder Sünde und reinige und heilige dich vor jeder Schuld und Verfehlung, und ich werde überall mit dir sein.» (Stemberger, 160)

Der Fromme soll also an den Türen der Thora klopfen; Tür oder Tor zum Gesetz, das ist fast eine stehende Wendung. Freilich fällt hier auch wieder der eklatante Unterschied zu Kafka auf: bei ihm ist der Zugang, der im babylonischen Talmud jedem, der sich recht verhält, möglich ist, ganz und gar unmöglich. Weiterhin: auch der Mann vom Lande ist eine Gestalt der jüdischen Tradition, ebenso der Türhüter. Das Gesetz wird nicht selten als Palast mit vielen Sälen oder als Nacheinander von vielen Palästen vorgestellt; die Pforten dieser Säle bzw. Paläste werden oft von Türhütern oder Engeln bewacht. Kafka hat hier selbst Erlebtes – die Prager Adelspaläste wurden zu seiner Zeit noch von Türhütern in prächtigen Pelzmänteln bewacht – mit der traditionellen Figur zusammengeführt. Ein Beispiel aus der Münchener Handschrift der Hechaloth-Texte, das bei Gershom Scholem steht, wurde schon genannt. Ein anderes Beispiel aus der reichen Tradition bringt Karl Erich Grözinger; es stammt von Elijahu de Vidas:

«Wenn einer in das Heilige gelangen will, hat er gleich mehrere Ankläger. Und wenn er nicht würdig ist, gleicht er einem Menschen, der vor das Angesicht des Königs treten will. Bevor er eintritt, den König zu sehen, gibt es da mehrere Tore, eines nach dem andern. Und über jedes Tor sind mehrere Wächter gesetzt, die hüten jenes Gut, damit da keiner hineingeht, der nicht würdig ist einzutreten. Wäre dem nicht so, würden alle Sünder in die Geheimnisse der Tora eintreten. Darum, wenn ein Sünder eintreten will, um die Geheimnisse der Tora kennen zu lernen, verwirren ihn einige Strafengel ..., damit er nicht an einen Ort kommt, der nicht der seine ist. Wer aber gut ist, dem werden alle Ankläger und Strafer zu Verteidigern und sie führen ihn zu dem verwahrten Gut hinein.» (Grözinger, 32)

Die Türhüter halten also Unwürdige vom Zutritt ab. Würdigen ermöglichen sie den Zutritt. Bei Kafka dagegen ist der Türhüter einer, der jeden abhält einzutreten. Würde einer trotzdem eintreten, käme er nicht weit, weil bei Kafka das Gesetz entgegen der jüdischen Tradition unzugänglich ist. Gerade deshalb hat Scholem auf Ähnlichkeiten zwischen Kafkas Texten und einigen Texten der von der üblichen Tradition abweichenden Kabbalisten aufmerksam gemacht; bei diesen wird nämlich die Bedeutung des göttlichen Gesetzes als so umfassend dargestellt, dass sie dem menschlichen Zugriff letztlich verschlossen ist. Die «endlose Suche nach dem Sinn», so Stephane Moses, hat der Kafkasche Held mit diesen Kabbalisten gemeinsam. Beide suchen nach dem Sinn, der sich ihnen entzieht, nicht weil es ihn nicht gibt, sondern weil er zu reich ist, als dass er von Menschen erfasst werden könnte.

Scholem berichtet von einem hebräischen Gelehrten, der die heiligen Schriften mit einem Haus mit vielen, vielen Sälen verglich. Jeder Saal sei verschlossen, vor jeder Tür liege ein Schlüssel, aber nicht der richtige. Die Schlüssel seien vertauscht. Es sei die große und nahezu unlösbare Aufgabe, die richtigen Schlüssel zu finden, um die Türen aufzuschließen. (Moses, 31) Stephane Moses fügt dem hinzu: «Die grenzenlose Plastizität der Wahrheit, die für Scholem in Kafkas Werk zum Ausdruck kommt und die zugleich auch das Wesen des jüdisch-mystischen Offenbarungsbegriffs ausmacht, ist vielleicht der tief liegende Grund jener oft besprochenen Eigenart der Kafkaschen Texte, sich fast endlos deuten zu lassen, und sich dabei jeglicher endgültigen Deutung zu entziehen. Als hätte Kafka den Prozess des endlosen Suchens zum Formprinzip seines eigenen Werkes erhoben; als reflektierten seine Texte selber den unendlichen Prozess ihrer eigenen Interpretation.» (Moses, 31)

Deshalb verbietet sich eine einfache Auflösung der Legende «Vor dem Gesetz», wie sie gelegentlich versucht wird; man kann die Schuld an der verfahrenen Situation weder dem Manne noch dem Türhüter aufladen. Es ist eben nicht so, wie nach der Tradition zu erwarten wäre, dass der Mann vom Lande sich nicht richtig verhält und deshalb als Unwürdiger zurückgewiesen wird. Es ist auch nicht so, dass der Türhüter ihn belügt oder betrügt. Der Türhüter sagt die Wahrheit und der Mann vom Lande tut, was er kann. Beide tun gewissermaßen ihre Pflicht und trotzdem ist die Situation verfahren, weil eben kein Zutritt zum Gesetz möglich ist – bei Kafka.

Der Weg zwischen dem Gesetz, dessen Glanz der sterbende Mann vom Lande erahnt, und dem einfachen Menschen ist derart weit, dass ihn niemand zurücklegen kann. Indiens Tore sind unerreichbar; auch wenn man die Richtung wüsste, in der sie liegen, würde man nicht zu ihnen gelangen. Gerade dies lehrt uns die kaiserliche Botschaft, denn dort wird der Weg vom oberen Ende begonnen, vom Thron des Herrschers aus, und er führt doch nicht zum Ziel. «Eine kaiserliche Botschaft» bringt die Bestätigung der Vermutung, die «Der neue Advokat», «Zur Frage der Gesetze» und «Vor dem Gesetz» nahe legen: der Weg zwischen Gott und Mensch, zwischen Gesetz und Gläubigem ist unendlich – bei Kafka.

In der «kaiserlichen Botschaft» hat Kafka die Erzählperspektive, mit der er sonst arbeitet, durch eine andere ersetzt: er erzählt diesmal nicht aus der beschränkten Sicht eines kleinen Menschen, eines Mannes vom Lande oder eines K., so dass der Erzähler nicht viel mehr weiß als dieser kleine Held; auch wenn er ihn ab und an ironisiert, sagt er doch dem Leser nicht mehr, als der Held weiß. Hier in der kaiserlichen Botschaft benutzt er eine auktoriale Perspektive: der Erzähler überblickt den gesamten Raum der Handlung und der ist sehr umfangreich. Er weiß, was am Thron des Kaisers geschieht und was der Bote anschließend erlebt. Und dies über Jahrtausende hin. Er weiß auch, was der kleine Held tut, den er mit Du anspricht, so dass ein intimes Verhältnis zwischen diesem Ich des Erzählers und dem Du des Helden entsteht. Ist es ein Selbstgespräch? Ist es das Gespräch zwischen einem vertrauten Ich und Du? Aber wer ist dann dieses allwissende Ich?

Jedenfalls gibt uns hier die Perspektive des Erzählers Gewissheit und deshalb ist diese Geschichte so aufschlussreich. Sie zeigt uns, dass der Weg von Oben nach Unten so wenig zu durchschreiten ist wie der Weg von Unten nach Oben. Hier gibt Kafka seine Vorstellung deutlich zu erkennen, das ist die eine Besonderheit dieser Erzählung. Und die Aussage der Erzählung ist tröstlich, das ist die zweite Besonderheit dieser Erzählung innerhalb des Kafkaschen Werkes. Die Botschaft erreicht zwar nicht das Du, aber das Du erträumt sie sich. Da der Erzähler Bescheid weiß, können wir sicher sein: es ist die Botschaft des Kaisers, die er sich erträumt. Doch der Erzähler sagt uns nicht, wie sie lautet.

Hier erreicht Kafka eine erstaunliche Nähe zu einem anderen Denker seiner Generation aus der Habsburger Monarchie, der nicht vom Judentum, sondern vom Katholizismus geprägt wurde. Letztlich aber kommt er zur selben Einsicht: Ludwig Wittgenstein formuliert in seinem «Tractatus logico-philosophicus» auf zweierlei

Weise die Abwesenheit Gottes, bei Kafka die Absenz des Gesetzes, einmal theologisch: «Gott offenbart sich nicht in der Welt», einmal philosophisch: «Der Sinn der Welt muss außerhalb ihrer liegen». Und er schreibt, dass der, dem der Sinn der Welt sich dann doch zeigen sollte (vielleicht weil er ihn sich «erträumte»?), nicht sagen kann, worin er besteht. Insofern hat Kafka eine über den engeren Kreis des Jüdischen hinausgehende moderne Weltsicht dargestellt: die einer heillosen Welt, im wörtlichen, wie im übertragenen Sinne des Wortes Heil. (Tractatus 6.41 und 6.432)

18. Der meschugene Batlen.
Isak Leib Perez.

Stephane Moses hat die Kafka-Deutung Gershom Scholems in vier Punkten zusammengefasst: Kafka erlebt mit seiner Generation die Krise aller traditionellen Werte; er erlebt diese Krise als Infragestellung des Judentums, in dem er groß wurde; er bringt diese Krise auf eine Weise zum Ausdruck, die an extreme Formen der jüdischen Mystik erinnert; diese Formen waren ihm nicht bekannt. (Moses, 30)

Im letzten Punkt irrt Scholem, Kafka kannte die jüdische Tradition besser, als Scholem wusste, der wiederum Kafkas Prager Umwelt nicht so genau kannte. Durch Lektüre und Gespräche mit seinen Freunden Max Brod, Felix Weltsch, Hugo Bergmann, durch die in den gebildeten Kreisen Prags vor dem Ersten Weltkrieg verbreitete Diskussion über Theosophie und Anthroposophie, über Mystik und Spiritismus war er vertraut mit einer Tradition, die innerhalb der jüdischen Überlieferung Kabbala genannt wird. Gustav Meyrink etwa erwähnt das Wort mehrmals in seinem «Golem», ohne recht zu wissen, worum es sich handelt, Brod erwähnt Wort und Sache zutreffend in seinem Roman «Reubeni, Fürst der Juden».

In der Liste der Bücher aus «Kafkas Bibliothek», die Jürgen Born publizierte, fällt eine populärwissenschaftliche Schriftenreihe auf, die ab etwa 1906 bei Mohr in Tübingen erschien: «Religionsgeschichtliche Volksbücher für die deutsche christliche Gegenwart», begründet von dem Theologen Michael Schiele. Kafka besaß daraus

21 Hefte von jeweils 60 bis 80 Seiten Umfang; es sind also Hefte, die man anschafft, um sie zu studieren, nicht Bücher, die man ungelesen ins Regal stellen kann. Die Hefte haben folgende Themen: Saul, David, Salomo; Wie wurden die Juden das Volk des Gesetzes; Daniel und die griechische Gefahr; Der sterbende und auferstehende Gottheiland in den orientalischen Religionen und ihr Verhältnis zum Christentum; Israels Geschichte; Das Judentum von Jesus bis zur Gegenwart; Alttestamentliche Lyrik; Das Märchen im Alten Testament; Der Ausgang der Prophetie; Welche Religion hatten die Juden, als Jesus auftrat; Die antiken Mysterienreligionen und das Christentum; Die Philosophie des Alten Testaments; Hebräische Volkskunde; Der jüdische Kirchenstaat in persischer, griechischer und römischer Zeit; Jeremia; Seelenkämpfe und Glaubensnöte vor 2000 Jahren; Die Bücher Moses und Josua; Amos und Hosea; Die Geschichtsschreibung im Alten Testament; Die Religionen der Erde; Aus Israels Propheten; und schließlich ein Bändchen über «Die Gnosis». (Born)

Kafka hat sich offensichtlich für die Religion des Judentums und die Zeit der Entstehung des Christentums ernsthaft interessiert. Dem Erscheinungsjahr der Hefte nach, die fast alle vor dem Ersten Weltkrieg herauskamen, ist anzunehmen, dass er vor der Entstehung des Romans «Der Proceß» die meisten dieser Hefte besaß und las. Sein Interesse an mystischer Literatur ist spätestens seit dem Brief an Oskar Pollak vom 9. November 1903 belegt, in dem er schreibt: «Ich lese Fechner (Gustav Theodor Fechner, Philosoph mit mystischen Interessen), Eckehart (christlicher Mystiker des 13. Jahrhunderts). Manches Buch wirkt wie ein Schlüssel zu fremden Sälen des eigenen Schlosses!» (Briefe, 20)

Auch die Lektüre der «Versuchung des Hl. Antonius» von Flaubert im Jahre 1908 dürfte hier eine Ursache haben; um französisch zu lernen, hätte er auch mit Max Brod «Madame Bovary» lesen können. Die Versuchung des Hl. Antonius bietet ein Panorama der religiösen Situation im frühen Christentum, auch eine Auseinandersetzung mit der Gnosis. Im Anschluss an die religionsgeschichtlichen Schriften folgen in der Liste von Kafkas Bibliothek die Werke Schopenhauers. Ein Einfluss Schopenhauers ist ebenfalls anzunehmen: einmal in der pessimistischen Weltsicht, die Kafkas Werk kennzeichnet und es durchaus abhebt von der fröhlichen Glaubensgewissheit der chassidischen Texte, zum andern in der Vorstellung der Wiedergeburt, die sich in einigen Äußerungen Kafkas findet; freilich wird diese Vorstellung auch im Chassidismus vertreten. Kafka spricht nur selten von Schopenhauer, aber dann selten geläufig, einmal etwa von Schopenhauers «Höllensturz».

Die jiddische Literatur lernte Kafka durch die Theatertruppe des Jizchak Löwy kennen, die zwei Jahre hintereinander in Prag gastierte; noch lange danach korrespondierte er mit Löwy. Er las die etwa 500 Seiten starke «Histoire de la Littérature Judeo-Allemande» von Meyer Isses Pines, die in Paris 1911 erschienen war. Er las sie «gierig» im Januar 1912, so wie er zuvor Heinrich Graetz' «Geschichte der Juden» verschlungen hatte. Und er trug Exzerpte in sein Tagebuch ein. (10, 23 ff.) Am 18. Februar 1912 hielt er, nachdem er sich durch Pines sachkundig gemacht hatte, im Festsaal des Jüdischen Rathauses in Prag einen kleinen Vortrag über die jiddische Literatur, in dem er die Lyriker Rosenfeld, Frug und Frischmann vorstellte, deren Gedichte anschließend Jizchak Löwy vortrug. (5, 149–153)

Es geht hier nicht darum, ob die Darstellung von Pines richtig ist oder gut, es ist eine der ersten Geschichten der jiddischen Literatur im Westen, es geht hier darum, was Kafka durch sie gelernt hat. Pines gibt einen Abriss der gesamten jiddischen Literaturgeschichte, geht aber vor allem auf die jiddische Moderne vom Ende des 19. Jahrhunderts ein, in der bedeutende Autoren wie Isak Leib Perez, den Kafka einmal Felice Bauer empfiehlt, hervortraten. (Felice, 713) Volkstümliche Erzählungen von Perez erschienen 1913 im Jüdischen Verlag Berlin, es sind Geschichten und Legenden, in denen die traditionelle jüdische Welt noch einmal aufscheint. 1916 gab dieser Verlag ein «Dreibuch» heraus, das drei Bände zusammenfasste, neben dem genannten von Perez noch einen von Gorrelik und einen von Scholem Aleichem. Max Brod schrieb dazu eine Vorwort, Beleg dafür, dass Brod sich mit dieser Literatur befasste und Kafka sie – auch durch das Gespräch mit Brod – kennen lernte.

Pines referiert in dem der jiddischen Moderne gewidmeten Teil seiner Literaturgeschichte einzelne Erzählungen ausführlich und er zitiert größere Passagen; Gedichte druckt er oft in ganzer Länge ab, in französischer Übersetzung, aber auch im jiddischen Original in Antiquaschrift. Es gibt in diesen Texten erstaunliche Ähnlichkeiten zu Texten Kafkas, die man in drei Punkten zusammenfassen kann:

1. Das Identitätsproblem, 2. die pessimistische Weltsicht, 3. Motive des Volksglaubens. Dazu einige Beispiele.

Das Identitätsproblem zeigt sich als individuelles Problem – der Einzelne kann die verschiedenen Rollen, die ihm auferlegt sind, nicht integrieren (siehe etwa der meschugene Batlen von Perez); und es zeigt sich als soziales Problem – die Juden in der feindlichen Umwelt, die sich nicht mit dieser Umwelt, aber auch nicht mehr mit ihrer eigenen Tradition voll identifizieren können; und es zeigt sich nicht zuletzt als Problem des Künstlers, dessen Rolle in der Judenschaft besonders traurig ist. Die strenggläubigen Juden sind kunstfeindlich.

Auch für den jüdischen Gelehrten gab es eine Kafkasche Situation, wenn er Berufung und Familie nicht zusammenbringen konnte – ist doch dem Juden auferlegt, eine Familie zu gründen und die heiligen Schriften zu studieren. Pines: «Und dann beginnt die Tragödie im Leben des Maskil. Sehr oft ist er in dem Augenblick, dem seine Augen sich dem Lichte des Gesetzes öffnen, in einem gewissen Alter, in dem er schon verheiratet ist und Kinder hat.» (Pines, 77) Die Familie hindert ihn also, sich ganz dem Licht des Gesetzes zu öffnen. Bei dem Lyriker Simon-Samuel Frug spricht die Muse der jiddischen Literatur so:

> «Wer bin ich, wos bin ich,
> Ich, alte iessime (Waise)?
> Wohin und von wanen
> Zieht sich mein Weg,
> der schwerer, der langer,
> Wos hot nit kein anfang
> Hot nit kein breg (Ziel)?» (Pines, 269)

Und zum Poeten der jiddischen Literatur «… Schlecht angesehen ist, wen Gott zum Poeten bestimmt hat … bei den Juden! Ein Poet! Das ist nur ein Badchen, ein armer Musikant: ein Reim und ein Witz, eine Melodie und eine Maske, eine Grimasse hier, ein Scherz dort, damit das Publikum seinen Spaß findet. … Ja, unglücklich ist er. Er ist wie die Stimme, die in der Wüste ruft.» (Aus dem Französischen vom Verf.) Erinnert dies nicht an die Künstlerin «Josephine», die beim Volk der Mäuse ohne Anerkennung bleibt?

Die pessimistische Weltsicht in vielen Texten, die Pines referiert, hat ihren Grund in dem ungeheuren Elend, in dem die Ostjuden leben mussten: in Armut und Verfolgung, von Hunger und Angst gequält, ohne Aussicht auf Besserung, in der Furcht vor Pogromen. Frug:

«Der Jude lebt sein armes Leben
und kennt nicht in all seiner Hingabe
die Gesundheit, den freien Zorn,
der brennt in seinem Herzen.
Er bleibt unten, den Rücken gebeugt,
Die Füße, die Hände wie die eines machtlosen Kranken,
Vor jedem Hund, der auf dem Markte bellt,
vor jedem Schwein, das sich im Drecke wälzt.
Der Teufel zieht ihn am Bart,
die Teufelin schlägt ihm ins Gesicht.
Er bleibt auf seinem Platz,
Die Lippen geschlossen, den Kopf gesenkt,
mit erdfarbenem Gesicht,
das Herz von einem einzigen Gedanken zusammengepresst:
Das ist das Schicksal,
das dem Juden bestimmt ist.» (Pines, 277)

Die Juden leben im Elend des Exils seit der Zerstörung des Tempels, das empfanden die Ostjuden besonders deutlich. Die Hoffnung auf den Messias ist bei den aufgeklärten Intellektuellen – und das sind diese modernen jiddischen Autoren – fragwürdig geworden. Pines in Explikation von Frug: «Die magischen Worte wie Auferstehung von den Toten und Messias sind ihm noch vertraut seit den Tagen der Kindheit, aber seine Seele ist unruhig und er fragt sich voll Angst, ob sein Volk die Kraft haben wird, bis zum Ende durchzuhalten». (Pines, 290) Dazu ein Beispiel: Ein Vogel singt auf dem Friedhof über den Gräbern von der baldigen Ankunft des Messias:

«‹Der Messias ist auf dem Weg, er wird kommen, der Erretter der Gerechtigkeit, ja ich hoffe, dass er uns erwecken wird, aus dem langen Todesschlaf.› Kleiner verrückter Vogel! Dein Lied kenne ich schon lange: der Messias ist auf dem Weg, er wird kommen. Aber wie ist er immer noch weit, so weit. Die Toden können in Frieden warten, aber es gibt auch Halbtode, ein Volk, das ist nur Haut und Knochen …» (Pines, 291)

In Kafkas nachgelassener Erzählung «Der Jäger Gracchus» irrt dieser Jäger Gracchus (das lateinische Wort für Krähe, das tschechische Wort für Krähe ist kavka) auf den Weltmeeren umher, unerlöst, er ist tot und nicht tot, einer, der keine Ruhe finden kann, ein Halbtoter. Liest sich diese Geschichte nicht wie eine Ausführung des Gedankens von Frug?

Wendet sich nun ein Dichter an die alten Blätter des Talmud, an die Haggadah, die alten Legenden und Geschichten, wie es zu Beginn eines langen Gedichtes von Frug heißt, so bringt ihm auch das keine Freude mehr. Der Schluss des Gedichtes lautet:

«Nun wohl und trotzdem! Das ist also der Friedhof, in dem alles begraben ist, was wir für immer verloren haben. ... Und ich, eine alte und kranke Waise, das Herz bedrückt von Schmerz und Todesangst, ich stehe, den grauen Kopf gesenkt, ich stehe und weine über dem Grab meiner Eltern.» (Pines, 294)

Das Elend des Exils schildert der bedeutende Lyriker Moritz Rosenfeld in einem Gedicht so:

> Unser Thore is a raub.
> Unser nomen – a gefahr,
> Unser jichus (Adel) nor a zaar,
> Unser geones (Genie) nor a chet,
> Unser feinkeit a gespet.
> Immer knecht, knecht, knecht,
> Immer such, such, such,
> Segen in dem sseines (Feindes) fluch!' (Pines, 367)

Der Erzähler Mendele Mocher Sforim spricht in einer autobiographischen Notiz von dem Schicksal des Poeten unter den Juden: «Es scheint, dass ich seit meiner Geburt dazu bestimmt bin, die Rolle eines Schriftstellers bei meinem Volke auszufüllen, einem armen und unglücklichen Volke. Damit ich dieses Volk in seiner Gänze kennen lerne, sagte Gott in einer guten Stunde zu mir: Auf, mein Vogel, flieg in die Welt hinaus und sei der unglücklichste der Unglücklichen, der jüdischste der Juden.» (Pines, 172)

Der jüdischste der Juden. Sagte Kafka nicht einmal, er sei der westjüdischste der Westjuden? Fühlt er sich also in derselben Rolle wie Sforim? Er ist ein jüdischer Poet, der unter den Juden nicht angesehen ist, und doch ein jüdischer Poet, der das ganze Elend des

Judentums erfassen und darstellen muss, auf seine ihm eigene Weise.

Pines referiert Sforims Erzählung «Die Kliatsche oder zaar baale hachaim. A maasse wos hot sich verwalgert zwischen die ksowim vun Isrolik dem meschugenem.» Dort sieht dieser Isrolik die alte Mähre, von welcher der Titel spricht. Sie hat menschliche Augen und kann reden: ihr Elend dauert so lange wie das Exil Israels. Sie wird geprügelt und gequält seit 2000 Jahren. Die Schindmähre ist also eine Allegorie des jüdischen Volkes. Isrolik wird in einem Traumgesicht von dem Herrn der Dämonen, von Asmodai, in die Lüfte gehoben und über die Erde geführt. Stolz zeigt ihm der oberste Teufel, dass er überall der Herr der Welt ist. Der Teufel ist der Herr der Welt und so sieht diese Welt denn auch aus.

Am Schluss zum dritten Punkt der Ähnlichkeiten zwischen Texten der jiddischen Moderne und Texten Kafkas: es geht um Motive des jüdischen Volksglaubens, die auch Kafka benutzt, die aber Interpreten selten erkennen, weil sie diesen Volksglauben nicht kennen. Dazu eine Erzählung von Isak Leib Perez, dem wohl bedeutendsten jiddischen Prosaisten, er ist ein moderner Autor, der die zeitgenössische Literatur kennt, vor allem die russische, vor allem Dostojewski, den auch Kafka schätzte. Pines skizziert zunächst die Geschichte von dem meschugenen Batlen, der nicht genau weiß, wer er ist, und referiert dann ausführlich die Erzählung «Zwischen zwei berg» mit langen Zitaten.

Hier finden wir ähnliche Motive wie in Kafkas Erzählungen «Vor dem Gesetz» und «Zur Frage der Gesetze». «Zwischen zwei berg» ist die Geschichte eines Disputs zwischen dem Rabbi von Brisk und dem Zadik von Bialy, also zwischen einem orthodoxen Rabbiner und einem chassidischen Frommen. Pines erläutert zuvor, worum es geht: der Chassidismus sei eine demokratische Volksbewegung, die sich gegen die intellektuelle Aristokratie der Schriftgelehrten wendete. Hier die in das Studium des Gesetzes vertieften Rabbiner, dort die unbelesenen, aber frommen einfachen Menschen, die als Am-Haarez, als Trottel oder Tölpel verspottet werden; im deutschen Wort Tölpel steckt ja auch Dörpel, Mann vom Dorfe, also Mann vom Lande, wie Kafka dann Am-Haarez in «Vor dem Gesetz» übersetzt.

Dieser Mann vom Lande sucht Zugang zum Gesetz. Der gelehrte Rabbiner sollte ihm diesen Zugang ermöglichen, mit seinen intellektuellen Kommentaren verstellt er ihm aber den Weg. Eine paradoxe Situation: die Kommentare sollen den Eingang zum Gesetz erleichtern, erschweren ihn aber. Sie sind wie Türhüter, die das Tor nicht öffnen, sondern versperren – wie jener Türhüter Kafkas, der vor dem Gesetz steht.

«Der Rabbiner ist der Mann des Gesetzes. In seinem Blick, in seinem Wort äußert sich die stolze Kälte des Gelehrten, eines Sohnes von zahlreichen Generationen von Gelehrten wie er, die in sich selbst den Glanz des Gesetzes respektieren.» (Pines, 475) Der jüdische Adel ist ja keiner des Grundbesitzes oder der Staatsmacht wie bei den Christen, sondern einer des Geistes: die Dynastien der Rabbiner stellen den Adel dar. Und sie verkörpern den Glanz des Gesetzes, so wörtlich bei Pines: «la gloire de la Loi.»

In der Geschichte von Perez hat nun der Zadik einen Traum, in dem der Rabbi ihn in einen Palast ohne Türen und Fenster führt und doch ist dort ein Glanz, als seien die Wände aus Kristall. Der Rabbi sagt: «Halte dich an mich, hier gibt es Säle ohne Zahl und ohne mich bist du verloren für immer». Die Säle sind alle prächtig, aber nie treffen sie jemanden, so dass der Zadik schließlich fragt, warum sie keinen Juden träfen. Darauf der Rabbi: «Dieser Palast ist nur für dich und für mich. Eines Tages wirst du Rabbi von Brisk sein!» (Pines, 476) Daraufhin der Zadik: «Lass mich hinausgehen. Ich will nicht hier allein sein mit dir, ich will mit ganze Israel sein.» In dem Augenblick verschwindet der Rabbi und der Zadik ist allein. Er bittet den Herrn der Welt, ihn hinauszuführen. Ein alter Mann kommt daraufhin und bringt ihn hinaus. Nach dem Traum geht der Disput zwischen den beiden weiter. Unnötig zu sagen, wie sehr diese Konstellation an die in Kafkas «Vor dem Gesetz» erinnert; nur kommt natürlich bei Kafka der Mann vom Lande nicht in die Säle hinein. Und käme er hinein, fände er nicht wieder hinaus wie der brave Zadik bei Perez.

Der Zadik wirft danach dem Rabbi vor: «Dein Gesetz, Meister, kennt nur die Gerechtigkeit. Es kennt kein Mitleid. Nicht eine Winzigkeit Erbarmen ist in deinem Gesetz. Und es fehlt ihm Freude und Frische. Es ist aus Eisen und Kupfer geschmiedet, die Erlasse sind aus Eisen, die Kommentare aus Kupfer. Es steht hoch oben, auf einer Gipfelspitze, erreichbar nur den Gelehrten, einer kleinen Elite.»

Pines fasst die Weltsicht, wie sie in den Texten von Perez zum Ausdruck kommt, folgendermaßen zusammen: «Seine Meinung ist durchweg pessimistisch. Das Leben ist ein großer ‹Sumpf›, in dem die Menschen wohnen … Die Traditionen, die geschriebenen und mündlichen Gesetze von Generationen lasten auf dem Ghetto und ersticken in den Herzen der Menschen jede Hoffnung auf Freiheit, auf neue und bessere Formen des Lebens. Der Tod ergreift die Lebenden: ‹Die Stadt, in der ich wohne›, so erzählt der Jude bei Perez, ‹heißt die Tote Stadt. Die, die noch leben, unterscheiden sich wenig von denen, die schon tot sind. Der Tod ist bei uns eine Komödie, man kann nicht gut sterben, wenn man niemals gelebt hat!›» (Pines, 485)

Prag war eine Schnittstelle zwischen Ost- und Westjudentum, also zwischen den an die christliche Umwelt weitgehend assimilierten Westjuden und den noch in ihrer Tradition lebenden Ostjuden in Polen, Rumänien und Russland, die jiddisch sprachen. Kafka bildet nun merkwürdigerweise auch einen Schnittpunkt, könnte man sagen: er hat Anteil am Westjudentum wie am Ostjudentum. Am Westjudentum natürlich als Sohn einer gut bürgerlichen deutschen Familie Prags. So gibt es ja auch in den Themen und Motiven gewisse Ähnlichkeiten zu Prager deutschen Schriftstellern, merkwürdigerweise eher zu den christlichen als den jüdischen, zunächst zu dem barocken Comenius, dann zu den Zeitgenossen Alfred Kubin und Paul Leppin. Auch zu Meyrinks «Golem» gibt es eine gewisse Nähe, nämlich in der Erzählweise: Meyrink verunsichert ebenfalls seine Leser, löst aber diese Unsicherheit immer wieder auf, um sie immer wieder zu erneuern; Kafka löst sie nicht auf.

Doch mehr Ähnlichkeit als mit diesen Prager deutschen Autoren hat Kafka mit denen des Ostjudentums, einmal mit den alten chassidischen Erzählern, fehlt ihm auch deren Naivität und Frömmigkeit, Ähnlichkeit der Themen und Motive gibt es schon, dann aber vor allem mit den Autoren der jiddischen Moderne. Er ist diesen näher als den Prager deutschen Schriftstellern: näher mit seinem Identitätskonflikt, mit seiner pessimistischen Weltsicht, mit Teilen seiner Motivik und letztlich mit seiner Verzweiflung, die der von Simon-Samuel Frug und von Isak Leib Perez so verwandt ist. Wieweit dies Kafka selbst bewusst war, steht dahin. Die Ähnlichkeit kommt sicherlich aus der Schärfe der Beobachtung und aus der Radikalität der Darstellung, die alle bürgerliche Gepflegtheit hinter sich lässt. Das eint sie. Kafkas Figuren leben im selben Elend wie die Ostjuden, die Frug und Perez schildern.

Und die Präsenz der Tradition bei gleichzeitiger Absenz des Gesetzes, das dieser Generation verloren ging, gibt ihren Texten diese Spannung, die nicht vorhanden wäre, gäbe es nur die Tradition oder gäbe es nur die Absenz. Wer die Tradition nicht mehr spürt, vermisst das Gesetz nicht. Wer ganz in der Tradition lebt, dem fehlt das Gesetz nicht.

Im Jahre 1915 war Kafka häufig mit Georg Mordechai Langer zusammen. Langer war ein Prager Jude, ein Bruder des später berühmten tschechischen Schriftstellers František Langer, ein Vetter zweiten Grades von Max Brod. Georg Langer schrieb deutsch, tschechisch und hebräisch, auch ein Buch über die Kabbala unter dem Titel «Neun Tore». Max Brod über ihn: «Mein guter, unvergesslicher Freund Georg Mordechai Langer, der Autor des unsterblichen Buches ‹Neun Tore›, unterrichtete ihn (Kafka) wie auch mich in der hebräischen Sprache, in den Sitten der chassidischen Welt …» (Kreis, 114) Georg Langer hatte eine Weile das Leben eines Chassid im Osten gelebt und war in der traditionellen Kleidung des frommen Ostjuden, mit einem Kaftan und Schläfenlocken, nach Prag zurückgekehrt, ein Gespött der Prager Juden. Kafka und Brod schlossen sich ihm an, um von ihm zu lernen. Er besuchte mit ihnen auch diesen Wunderrabbi, den die Kriegsereignisse nach Prag verschlagen hatten. Nach dem Besuch äußerte sich Franz Kafka zu Max Brod kritisch über das, was er gesehen hatte. Es faszinierte ihn, aber es war ihm auch fremd: zu den Frommen gehörte er nicht. (Brod, Kafka, 137)

Jizchak Löwy, die Person, in der das Ostjudentum Kafka zunächst begegnete, war ja kein typischer Vertreter desselben. Er hatte sich versündigt, weil er zum Theater ging. War es auch ein jiddisches Theater, so galt er doch in den Augen der kunstfeindlichen orthodoxen Juden als verlorener Sohn. Gerade das rückte ihn in die Nähe Kafkas, der auch ein verlorener Sohn war. Und doch gab es eine tiefe Beziehung Kafkas zu diesem Ostjudentum, auf die Dora Diamant aufmerksam gemacht hat: er dachte in kosmischen Zusammenhängen. Auch Dora Diamant, die aus einer frommen ostjüdischen Familie stammte, war nach dem Westen entlaufen wie Jizchak Löwy. Sie lebte die letzten Monate mit Kafka zusammen und begleitete sein Sterben. In ihren knappen Erinnerungen an Kafka schreibt sie kurz vor ihrem Tode (sie starb 1952 in London):

«Er wollte nicht nur den Dingen auf den Grund gehen – er war selbst auf dem Grund. Doch wo es um die Lösung der menschlichen Wirrungen ging, mochte er sich nicht mit Halbheiten begnügen. Er hatte das Leben als Labyrinth erfahren, aus dem er keinen Ausweg erblicken konnte. Immer gelangte er nur bis zur Verzweiflung. Für ihn war alles mit kosmischen Ursachen verknüpft, selbst die alltäglichsten Dinge. Man findet diese Einstellung auch im Osten, dieses Verlangen nach Ganzheit des Lebens. Es gibt im Osten geistige Voraussetzungen, die bedingungslos erfüllt werden müssen, wenn man nicht lebensunfähig werden will. Kafka fühlte das. Der Westen hat es vergessen, und darum hat Gott ihn verlassen. Deshalb konnte all das geschehen, was wir erlebt haben. Das scheint mir einer der Gründe zu sein, weshalb man sich heute so für Kafka interessiert: das Bewusstsein, daß Gott uns verlassen hat.» (Koch, 179–180)

19. Das Schloß.
Goldrausch.

«Es war spät Abend als K. ankam. Das Dorf lag in tiefem Schnee. Vom Schloßberg war nichts zu sehen, Nebel und Finsternis umgaben ihn, auch nicht der schwächste Lichtschein deutete das große Schloß an. Lange stand K. auf der Holzbrücke die von der Landstraße zum Dorf führt und blickte in die scheinbare Leere empor.» (4, 9) So beginnt der Roman «Das Schloß», der nicht nur vom Schloß handelt, sondern auch vom dazugehörigen Dorf und von K.s vergeblichem Versuch, dort heimisch zu werden.

Mit den ersten Sätzen wird die Perspektive des Erzählens festgesetzt. Der Erzähler weiß, dass es ein Schloss gibt, wenn K. es auch nicht sieht. Die Leere ist nur scheinbar, in Wirklichkeit ist das Schloss da. Am nächsten Tag wird K. es sehen und der Erzähler wird dem Leser genau beschreiben, was K. sieht. Weiß der Erzähler also mehr als K.? Oder weiß K. mehr als der Erzähler dem Leser zu erkennen gibt?

Als K. im Gasthof behauptet, er sei der von der gräflichen Verwaltung erwartete Landvermesser, erhält der junge Schwarzer am Telefon vom Schloss zunächst die Auskunft, das sei unwahr, dann aber erfolgt ein erneuter Anruf und es heißt, K. sei der neue Landvermesser. Also ein kleiner Irrtum um Mitternacht und nun ist alles in Ordnung? Keineswegs. Die Reaktion K.s ist höchst ungewöhnlich:

«K. horchte auf. Das Schloß hatte ihn also zum Landvermesser ernannt.» (4, 13) Das heißt doch, er war es nicht, er wurde jetzt erst ernannt. «Das war einerseits ungünstig für ihn, denn es zeigte, dass man im Schloß alles Nötige über ihn wusste, die Kräfteverhältnisse abgewogen hatte und den Kampf lächelnd aufnahm.» Merkwürdig diese Abweichung von einer als normal zu betrachtenden Reaktion, die heißen könnte: wie schön, nun hatte er den Job. Nein: das Schloss weiß alles Nötige über ihn – wieso eigentlich und wie kann er das aus dieser Ernennung schließen? Noch erstaunlicher: das Schloss nimmt den Kampf auf. Welchen Kampf? Es geht doch um ein schlichtes Arbeitsverhältnis. «Es war aber andererseits auch günstig, denn es bewies seiner Meinung nach, daß man ihn unterschätzte und daß er mehr Freiheit haben würde als er hätte von vorneherein hoffen dürfen. Und wenn man glaubte durch diese geistig gewiß überlegene Anerkennung seiner Landvermesserschaft ihn dauernd in Schrecken halten zu können, so täuschte man sich, es überschauerte ihn leicht, das war aber alles.» (4, 13)

K. muss offensichtlich nicht erst lernen, was das Schloss ist, er weiß es schon. Er wusste es, bevor er kam, er wusste, dass es zum Kampf kommen würde und er kam, um sich auf diesen Kampf einzulassen; er will sich nicht in Schrecken halten lassen, er weiß aber, dass dies die Absicht des Schlosses ist.

Der K. des «Schloß»-Romans unterscheidet sich vom K. des «Proceß»-Romans nicht nur dadurch, dass er nicht den schönen Vornamen Josef trägt und nie beim Vornamen genannt wird, so dass der Leser nicht erfährt, ob er überhaupt einen hat. Er unterscheidet sich vor allem dadurch, dass er zu wissen scheint, worauf er sich einlässt, während Josef K. im «Proceß» in eine ihm unbekannte Sache hineingezogen wird, mit der er sich erst allmählich vertraut machen muss.

Das verändert auch die Haltung des Erzählers: der Erzähler im «Proceß» gibt vor, nicht mehr zu wissen, als sein unwissender Held K.; nur selten lässt er durchblicken, dass er klüger ist, etwa wenn er die Sicht K.s durch die Sicht anderer Figuren des Romans korrigiert. So bleibt auch der Leser des Romans so im Ungewissen wie dessen Held. Der Erzähler des «Schloß»-Romans weiß auch so viel wie sein Held K., wenn nicht mehr, gibt dies aber nicht an die Leser weiter. Er sagt dem Leser nicht, mit welchem Vorwissen K. ins Dorf kam. Der Leser weiß also weniger als K. und kann nur rätseln, warum sich K. auf den weiten Weg gemacht hat.

Nach der Beschreibung des unscheinbaren Schlosses, das K. nur von weitem sieht – nie gelingt es ihm, bis zum Schloss vorzudringen –, teilt der Erzähler mit: «Flüchtig erinnerte sich K. an sein Heimatstädtchen, es stand diesem angeblichen Schlosse kaum nach, wäre es K. nur auf die Besichtigung angekommen, dann wäre es schade um die lange Wanderschaft gewesen und er hätte vernünftig gehandelt, wieder einmal die alte Heimat zu besuchen, wo er schon so lange nicht gewesen war.» (4, 17) K. hat also eine alte Heimat, aus der er stammt, in der er aber schon lange nicht mehr war. Und er hat eine lange Wanderschaft auf sich genommen, um zu diesem Schloss zu kommen, offensichtlich nicht, um es zu besichtigen, das hätte sich nicht gelohnt. Warum dann? Um eine Stelle als Landvermesser anzutreten? Ist er denn überhaupt einer?

Die beiden Gehilfen, die ihm am nächsten Tag mit den Apparaten folgen sollten, wie er im Gasthaus ankündigte, kommen nie. Die beiden Gehilfen, die ihm vom Schloss zugeteilt werden – sie werden ihm nie helfen, sondern ihn immer nur behindern – akzeptiert er rasch, obwohl er weiß, dass sie nicht seine alten Gehilfen sind. Sie behaupten es, er sah sie aber vom Schloss herabkommen und trifft sie nun zum ersten Mal. Die Apparate haben sie nicht, von Landvermesserei verstehen sie nichts. K. sieht also, dass sie die alten Gehilfen nicht sind und nichts taugen. Er nimmt sie trotzdem auf. Warum?

Die Taktik des Erzählers könnte man infam nennen. Aber verhält sich der Erzähler der Detektivgeschichte nicht genauso? Er weiß natürlich von Anfang an, wer den Mord begangen hat, lässt aber den Leser bis zum Schluss im Unklaren. Und der Leser ist ihm dankbar für die prickelnde Spannung. So auch hier. Die Spannung wird durch die bekannte Taktik Kafkas erzeugt: durch die Abweichung vom üblichen Verhalten, die ein Teil seiner Figuren zeigen und die Regeln, nach denen sie leben, und die Topographie, in der sie leben. Die Abweichungen werden genussvoll vorgeführt, aber nicht erklärt: das Rätsel entsteht durch unzureichende Information des Lesers. Es ist also Erzähler-Absicht. Im «Schloß»-Roman wird der Leser auch über K. nur unzureichend unterrichtet; er merkt nur, dass

dieser offensichtlich mehr weiß, als der Erzähler ihm mitteilt. Zumindest hat er ein Vorwissen über das Schloß, das er ins Dorf mit-
bringt und das ihn wohl überhaupt erst bewogen hat, den langen
Weg in dieses Dorf auf sich zu nehmen. Ist er dann im Dorf, hilft
ihm das nicht viel, er wird herumgestoßen und kommt nicht weiter.
Da ist der Leser wieder auf demselben Niveau wie K. .

Und der Interpret sucht nach einem Schlüssel der Deutung wie
jener Rabbi, von dem Scholem erzählt: er irrt umher und sucht den
richtigen Schlüssel für die richtige Tür. Türen gibt es genug, Schlüssel auch, doch kein Schlüssel passt zu einer Tür. Also: wofür steht
das Schloss, da es doch offensichtlich nicht ein normales Schloss mit
Dorf ist, in dem ein arbeitsloser Landvermesser eine Anstellung findet?

Natürlich werden die Hinweise dankbar aufgenommen, die
Kafka im Buch verstreut, möglicherweise, um den Interpreten in die
Irre zu führen, so wie es ihm Freude macht, seinen K. in die Irre zu
führen. Es sind Hinweise auf eine «höhere Bedeutung» des Schlos-
ses, die schon am Anfang bei dessen Beschreibung auftauchen: «ein
irdisches Gebäude – was können wir anderes bauen?» (4, 17) Kein
Leser wäre auf die Idee gekommen, an ein überirdisches zu denken,
wenn ihm der Erzähler es hier nicht auf die Nase gebunden hätte.
Und dies noch mit einem «wir»: also wir Menschen? Es geht hier um
den Turm des Schlosses, der ein «höheres Ziel» hat als «das niedrige
Häusergemenge» und «mit klarerem Ausdruck als ihn der trübe
Werktag hat». Da drängt also etwas über das Niedrige hinaus und
über das Trübe. Und bald darauf heißt es, als die kleinen Fenster, die
jetzt in der Sonne aufstrahlen, gezeigt werden: «etwas Irrsinniges
hatte das». Auch auf diesen Gedanken, kleine Fenster, in denen die
Sonne aufstrahlt, für irrsinnig zu halten, wäre kein Leser gekommen, hätte der Erzähler ihn nicht darauf gebracht. Was ist denn irrsinniges an kleinen Fenstern? Kafka erzeugt hier eine unheimliche
Atmosphäre, natürlich auch durch den Schnee, der bis zum Dach
der niedrigen Häuser reicht – immer liegt Schnee – und durch die
dumpfen Bauern, durch die ängstlichen Wirtsleute, die verschüch-
terten Dorfbewohner.

Es ist eine armselige, dumpfe Welt, in der sich die kleinen Beamten wichtig tun, die doch nur Teil dieser Dürftigkeit sind, der auch
das Schloss angehört, das nur eine Ansammlung schäbiger Gebäude
ist, von denen der Putz bröckelt. Warum will K. denn hier kämpfen,

warum will er hier leben? Die alte Heimat, aus der er stammt, war nicht viel schlechter; er hätte sie nicht verlassen müssen. Als Frieda ihm vorschlägt, mit ihr auszuwandern, weil sie das Leben hier nicht ertragen könne, nach Südfrankreich oder Spanien, antwortet er: «Auswandern kann ich nicht ... ich bin hierher gekommen, um hier zu bleiben. Ich werde hier bleiben.» (4, 168) Er gibt keine Erklärung, sondern fährt fort «in einem Widerspruch, den er gar nicht zu erklären sich Mühe gab», wie der Erzähler schreibt: «Was hätte mich denn in dieses öde Land locken können, als das Verlangen hier zu bleiben.» Das ist völlig unverständlich und das liegt nicht an K., sondern an seinem Erzähler, der den Leser mit Absicht in diesen törichten Widerspruch führt. Oder ist die Antwort Friedas eine Erklärung? Ihr fehle Klamm, meint K.; darauf Frieda: «... von Klamm ist hier ja eine Überfülle, zu viel Klamm; um ihm zu entgehn, will ich fort. Nicht Klamm sondern du fehlst mir.» (4, 169) Frieda scheint an K. zu hängen, nicht an Klamm, K. aber scheint mehr an Klamm interessiert als an Frieda; er sucht die Täuschung, er täuscht sich selbst und sie. Er ist gekommen, um zu kämpfen. Insofern wird er gut bedient.

Der Leser sucht nicht nur nach Bedeutungen, er genießt auch das wunderbare Deutsch Kafkas. Die klaren Sätze, die genau beschriebenen Situationen. Die Lust des Erzählers beim Erzählen spürt er und das macht ihm auch Lust beim Lesen. Es spürt die Freude des Erzählers, eine verzwickte Situation zu konstruieren und sie bis ins Detail auszumalen. Welch kleine Meisterwerke entstehen so Szene für Szene. Etwa die Idylle im schmutzigen Klassenzimmer, in die der kleine Lehrer wütend einbricht, weil man seinen Holzschuppen, hier Schupfen genannt, aufgebrochen hat. Frieda mit dem Putzlappen am Boden, K. ertappt, die Gehilfen wie immer bestrebt, allen zu schaden. Frieda nimmt alles auf sich, die Gehilfen bezichtigen jedoch K., der Lehrer züchtigt die Gehilfen, Frieda lenkt ihn ab, er wendet sich ihr zu, K. lenkt ihn auf sich. Eine herrliche Szene wie aus einem frühen Stummfilm: Gezeter und Gerenne, Verfolgungsjagd und Prügelei. Alles purzelt durcheinander. (4, 160–162)

Wie überhaupt viele Szenen von großer Komik sind, betrachtet man sie für sich. Sie erinnern an frühe Filme von Charlie Chaplin wie «Moderne Zeiten» oder «Goldrausch». Bricht der arme Tramp nicht auch in ein Land auf, in dem immer Eis und Schnee herrschen, eine unwirtliche Gegend, die von räuberischen Menschen bewohnt wird, und hat er nicht die Hoffnung, dort sein Glück zu machen? Geht es in diesen beiden Filmen Chaplins nicht auch um arme, hungernde, am Rande des Ruins stehende, eingeschüchterte Menschen, die einen Zipfel des Glücks zu erhaschen suchen, aber nie etwas erreichen? Am Schluss zieht der Tramp mit leeren Taschen in einen leeren Horizont.

Die Szene beim Gemeindevorsteher könnte aus einem solchen Film sein: eine hochwichtige Akte lässt er von seiner Mizzi suchen, der natürlich die beiden Gehilfen K.s, die nun tatsächlich dem Stummfilm entsprungen sind, so lange helfen, bis alle Akten kunterbunt durcheinander liegen, so dass man nichts mehr findet. Dann müssen sie die Akten wieder in den Schrank bringen. Was tun sie? Sie legen den Schrank auf den Boden, stopfen die Akten hinein, viele ragen noch heraus, sie klappen die Tür zu und setzen sich oben auf: Mizzi und die Gehilfen, während K. in vollem Ernst mit dem Vorsteher um seine Stellung in der Gemeinde ringt. Der aber erklärt ihm weitläufig das wohl geordnete Chaos der Schloss-Bürokratie, das nur komisch ist.

Und doch ist der Roman im Ganzen nicht komisch trotz der vielen komischen Szenen. Wäre K. nicht so humorlos, ginge es ihm nicht immer um Alles oder Nichts, hätte er ein bisschen Gelassenheit oder auch Humor, die ganze Geschichte sähe anders aus. Aber K. ist nicht für sein Verhalten verantwortlich, sondern sein Erzähler. Kafka hat eine Vorliebe für komische Szenen, ja, er ist ein Meister im Konstruieren solcher Szenen, aber er hat keinen Humor: er kann nicht über sich selber lachen, nicht über die unvollkommene Welt, in der wir leben. Wie er in seinen Briefen alles, was ihm Missliches begegnet, zum Unglück hinaufstilisiert, wie er das, was ein anderer achselzuckend hinnehmen würde, als eine Katastrophe auffasst, so auch hier in seinem Roman. Die Komik wird mit einer Tragik konfrontiert, die sie nur noch als Groteske gelten lässt. Um so schlimmer, möchte der Leser nach mancher komischen Szene denken: da K. so erfolglos agiert, machen die komischen Szenen ihn traurig. Das endlose Elend des irdischen Daseins wird in dieser Geschichte exemplarisch vorgeführt, so scheint es. Da vergeht einem das Lachen.

Nicht zuletzt angesichts der brutalen Gewalt, die sich in der Willkür der Schloss-Bürokratie kaum verbirgt, siehe die Sordini-Affaire Amalias, siehe die Prostitution Olgas mit den Knechten zum Besten ihrer verfemten Familie, siehe die Art, wie mit den Bauern im Dorf und mit den Dienstboten in den beiden Gasthäusern umgesprungen wird, das ist alles ziemlich ekelhaft und soll es auch sein. Kafka legt hier Mechanismen der Macht bloß. Er übertreibt in manchem, aber er treibt die Mechanismen gerade dadurch hervor, damit sie sichtbar werden.

So zeigt er etwa das armselige Leben der Pepi, eines tschechischen Dienstmädchens, könnte man sagen (sie trägt denselben Namen wie die Heldin in Brods kleinem Roman): er gönnt ihr eine lange indirekte Rede, mit der er sich auf dieses geknechtete Wesen einlässt. (4, 348 ff.) K. muss ihr zuhören, sie erläutert ihm ihren Aufstieg aus der engen Mädchenkammer, die nur aus drei übereinander gestapelten Betten besteht, in denen drei Mädchen schlafen. Jederzeit können sie herausgerufen werden, auch in der Nacht, um die Beamten zu bedienen. Immer sind sie auf Trab. Wann soll sie sich schmücken und für wen? Und nun hat sie sich für K. geschmückt und der findet den Schmuck ziemlich scheußlich.

Nachdem K. Frieda entführte, konnte Pepi in den Ausschank nachrücken; wie glücklich war sie über diesen Aufstieg. Doch worin bestand er? Sie bediente die dumpfen Bauern, brachte ihnen das Bier, schrubbte abends den Boden, schlief nachts auf dem Strohsack hinter der Theke. Das war ein wunderbares Leben für sie. Kehrt Frieda zurück, verliert sie diese Stelle und muss wieder in die enge Mädchenkammer. Der Erzähler, der sie so ausführlich zu Wort kommen lässt, gibt keine weiteren Informationen über sie, so wenig wie über Frieda oder die anderen Figuren. Der Leser erfährt nichts über ihre Herkunft – wer waren ihre Eltern, hatte sie Geschwister, wie kam sie hierher, ist sie hier geboren – und vor allem nichts über ihre Zukunftsaussichten, hat sie überhaupt welche: will sie heiraten, eine Familie haben? Die Figuren leben nur in der Jetztzeit, sie haben anscheinend keine Vergangenheit, auch die K.s wird ja nicht erzählt, sie haben anscheinend auch keine Zukunft. Alles wird immer so weitergehen wie jetzt.

Was will K. denn schließlich erreichen: will er in diesem düsteren Dorf leben wie die anderen elenden Figuren? Nichts wird sich ändern, wenn er dazu gehört als ein weiterer Dorfbewohner, der eingeschüchtert und herumgejagt wird. Immer im Kreise herum. Es ist, als ob die Zeit stehen geblieben wäre. Immerfort werden Akten verfasst und gestapelt, ohne dass dies irgendeinen Einfluss auf irgendetwas hätte. Nichts bewegt sich. Es schneit immerzu. Der Sommer ist kurz, sagt Pepi. Denkt man im langen Winter an Frühling und Sommer zurück, so meint man, es waren zwei Tage.

Am 5. Juli 1922 schreibt Franz Kafka an Max Brod einen langen Brief, in dem er sein Selbstverständnis als Schriftsteller artikuliert; darin heißt es: «Aber wie ist es mit dem Schriftstellersein selbst? Das Schreiben ist ein süßer wunderbarer Lohn, aber wofür? In der Nacht war es mir mit der Deutlichkeit kindlichen Anschauungsunterrichts klar, dass es der Lohn für Teufelsdienst ist. Dieses Hinabgehen zu den dunklen Mächten, diese Entfesslung von Natur aus gebundener Geister, fragwürdige Umarmungen und was alles noch unten vor sich gehen mag, von dem man oben nichts mehr weiß, wenn man im Sonnenlicht Geschichten schreibt. Vielleicht gibt es auch anderes Schreiben, ich kenne nur dieses; in der Nacht, wenn mich die Angst nicht schlafen lässt, kenne ich nur dieses. Und das Teuflische daran scheint mir sehr klar. Es ist die Eitelkeit und Genusssucht, die immerfort um die eigene oder auch um eine fremde Gestalt – die Bewegung vervielfältigt sich dann, es wird ein Sonnensystem der Eitelkeit – schwirrt und sie genießt. Was der naive Mensch sich manchmal wünscht: ‹Ich wollte sterben und sehn, wie man mich beweint›, das verwirklicht ein solcher Schriftsteller fortwährend, er stirbt (oder er lebt nicht) und beweint sich fortwährend.» (Briefe, 384–5)

So blickt der Leser mit wohligem Schaudern hinab in diese Welt der dunklen Mächte, die ihm Kafka wie kaum ein anderer Schriftsteller zeigt, weil er die von Natur aus gebundenen Geister entfesselte.

20. Herr Klamm.
Jakob von Gunten.

Erich Heller lehnt in seinem Aufsatz «Die Welt Franz Kafkas» die Deutung des «Schloß»-Romans als einzige große Allegorie ab; er wendet sich gegen Interpretationen, wie sie im Anschluss an Max Brod einige Zeit vertreten wurden: das Schloss als Ort der Gnade, K. auf dem Weg zur Gnade. (Heller) «Das Schloß» ist keineswegs ein Werk wie «Pilgrims Progress» von Bunyan; wäre es das, wäre seine weltweite Faszination kaum zu erklären. Es hätte dann Bedeutung nur für den Gläubigen, der in ihm eine Illustration seiner Weltanschauung fände – so wie der Christ sie in «Pilgrims Progress» finden mag. Die Allegorie ist ein Zeichen, das leicht in ein Abstraktum zu übersetzen ist, das Symbol ist es nicht; seine Bedeutung ist komplex.

Das Symbol verhüllt und enthüllt zugleich, sagt Goethe. So ist auch die Bedeutung des Schlosses verhüllt, wenn auch Kafka Andeutungen gemacht hat, die eine Enthüllung nahe legen. Erich Heller nennt die allegorisierenden Namen, übrigens nicht die der zwei Figuren, die am meisten Allegorien ähneln: Graf Westwest und Beamter Klamm. Also nicht das Werk als Ganzes ist Allegorie, es ist Symbol, aber einzelne Figuren nähern sich der Allegorie, freilich fragt sich, ob Kafka sie so hätte stehen lassen, wenn er den Roman veröffentlicht hätte. Er hätte sie wahrscheinlich «durchgestrichen», weil sie zu deutlich sind.

Goethe konnte noch im zweiten Teil des «Faust» von dem Reichtum der antiken und der christlichen Mythologie Gebrauch machen – er tat es nicht ohne Zögern –, um das Schicksal des Menschen vor einen größeren, vor einen «metaphysischen» Horizont zu stellen. Die Formeln der Philosophen taugen nicht dazu, der Poet braucht Bilder. Die Bilder der Mythologien sind allerdings den Poeten des 20. Jahrhunderts vollends fragwürdig geworden, sie sind verbraucht durch häufigen Gebrauch; auch insofern steht Kafka, wie Scholem sagt, «am Nullpunkt der Tradition».

Was kann der Autor tun, der trotzdem das Schicksal des Menschen vor einem «metaphysischen» Horizont zeigen will? Der schweizerdeutsche Schriftsteller Robert Walser, den Kafka las und schätzte, hat es in seinem Roman «Jakob von Gunten» 1909 vorgeführt: er nimmt dort eine alltägliche Situation – eine Dienerschule, wie es sie damals noch gab – und verfremdet sie derart, dass sie zum Symbol für etwas anderes wird; dieses andere wird jedoch nicht ausgesprochen; es wird durch die Darstellung selbst ausgedrückt; gerade darin besteht die Faszination des Textes: in dieser «wörtlichen» Bedeutung, die eine «sinnbildliche» andeutet, aber nicht ausspricht. Doch Walser gibt Hinweise zur Enträtselung: Namen aus dem «Alten Testament» etwa wie Jakob, Abraham, Joseph, Benjamin, aber auch Bilder wie «Wüste» und «Lichttraum», die freilich nur der versteht, der die Tradition kennt, die hier evoziert wird: in der Mystik sind «Wüste» und «Lichttraum» geläufige Bilder. Der Interpret, der alle Anspielungen des Textes verstehen will, muss also versuchen, sich die Kenntnisse anzueignen, von denen der Autor ausgegangen ist. Bei Autoren wie Goethe oder Hölderlin ist das die selbstverständliche Voraussetzung einer gründlichen Deutung: die Kenntnis der antiken und christlichen Mythologie; bei Walser und Kafka sollte das auch die Voraussetzung der Deutung sein: die Kenntnis dessen, worauf sie anspielen.

Kafka verfährt ähnlich wie Walser in «Jakob von Gunten» in seinen Romanen: «Der Proceß» verfremdet eine alltägliche Gerichtssache außerordentlich, «Das Schloß» verfremdet eine alltägliche Ansiedlung in einem Dorf außerordentlich; in beiden Situationen wird durch die Verfremdung die «wörtliche» Bedeutung zu einer «sinnbildlichen» erweitert, die freilich nicht ausgesprochen wird. Sie ist verhüllt. Aber gibt nicht auch Kafka Hinweise zur Enträtselung, nicht zuletzt in den Namen? Die beiden Figuren, die am meisten Allegorien ähneln, sind – wie gesagt – der Graf Westwest und der Beamte Klamm. Zunächst zum Grafen.

«West» ist die Himmelsrichtung «Westen»; Heinz Politzer erinnert an das Hotel «Occidental» im «Verschollenen». Die Verdopplung ist beim Kompass nicht unüblich. Man nennt das dort die «Himmelsgegenden», die auf der «Windrose» kreisförmig geordnet sind, also: Süd, Südsüdwest, Südwest, Westsüdwest, West usw. Dass der angebliche Beruf K.s «Landvermesser» in den Kontext dieser Begriffe des Kompass gehört, liegt auf der Hand; er ist einer, der das Land, die Welt vermessen will, was «vermessen» ist. Warum aber West bzw. Westen? Wegen des Untergangs der Sonne, der für Untergang überhaupt steht, wie Politzer meint? West steht im Zusammenhang mit den anderen Himmelsgegenden. West könnte demnach eine doppelte Bedeutung haben, die aber nur auf den ersten Blick als doppelt erscheint, auf den zweiten zeigt sich, dass erste und zweite Bedeutung zusammengehen. Zunächst die erste.

Es ist die Andeutung der Problematik des Westjuden, also des Juden, der sich im Westen an den «Westen» assimiliert; diese Assimilation ist jedoch nicht möglich, er wird nie wirklich dazu gehören; es ist eine Selbsttäuschung. Die Familie des Barnabas, mit der K. noch am ehesten sich verständigen kann, assimiliert sich nicht, d. h. Amalia assimiliert sich nicht, während Olga sich sogar den niedrigsten

Knechten unterwirft. Olga erreicht nichts außer ihrer Erniedrigung, Amalia erreicht auch nichts, bewahrt aber ihren Stolz. Die Familie wird daraufhin boykottiert; die Art des Boykotts erinnert an den Boykott jüdischer Kaufleute oder Handwerker in antisemitischen Pogromen; ich sage «erinnert», also nicht «ist identisch».

Das Gegenteil von «West» ist «Ost». Die Ostjuden assimilierten sich nicht. Wie Hans-Peter Bayerdörfer in seinem Aufsatz «Das Bild des Ostjuden in der deutschen Literatur» dargelegt hat, nahmen die assimilierten deutschen Juden die Ostjuden zunächst mit Abneigung wahr; nach dem Zusammenbruch 1918 sahen aber viele auf der Suche nach ihrer jüdischen Identität in den Ostjuden die «wahren» Juden, nämlich die der Tradition und der Religion verpflichteten. (Bayerdörfer) Kafka ist hier keine Ausnahme, nur dass er den anderen vorausging: schon 1911 in der Begegnung mit dem jiddischen Theater entdeckte er das Ostjudentum als das «wahre» Judentum.

So gehört die zweite Bedeutung von «Westwest» zur ersten: der Täuschung der Assimilation entspricht die Abwendung von der Religion der Väter. K. ist aus seiner angestammten Umgebung aufgebrochen, um im Dorf am Fuße des Schlosses des Grafen Westwest sich anzusiedeln. Westen ist das Gegenteil von Osten, Osten ist die heilige Himmelsrichtung. Im kleinen «Dictionary of the Jewish Religion» heißt es: «MIZRACH. (Hebrew for east) The Jews pray toward the east, toward Jerusalem. The eastern wall of the synagogue, where the holy ark is placed, is therefore an honored place for worshipers. Thus mizrach refers to the eastern wall of the synagogue. In addition, there are wall plaques hung in the home with the word ‹mizrach› prominently adorned.»

Also der Osten in der Synagoge und im Haus als die Himmelsgegend, nach der man sich richtet, der «Orient», nach dem man sich «orientiert»; nach dem Heiligen Land. Westen ist dann das Abwenden von der göttlichen Himmelsrichtung zu deren Gegenteil, dem Teuflischen, oder: vom Guten zum Bösen. Von «Ex oriente lux», aus dem Osten das Licht, zu «Ex occidente tenebrae», aus dem Westen die Finsternis? Momus, der Sekretär von Klamm, ist in der griechischen Mythologie der Sohn der Nacht; Heller weist darauf hin.

Kafka beschreibt anscheinend im «Schloß»-Roman eine Situation, die zunächst eine geschichtliche ist, die Situation von West- und Ostjudentum, er beschreibt aber auch eine Situation, die gewissermaßen eine heilsgeschichtliche ist. Der Einzelne hat keine Wahl: er kann sich keine andere Welt wählen als die vorhandene; in dieser zurechtzukommen ohne Lug und Trug, ist aber unmöglich. Amalias Verweigerung ist vielleicht noch die beste Möglichkeit, sich der Täuschung und Selbsttäuschung zu entziehen; es ist der Weg der Einsamkeit, der Isolation, also ein Sich-der-Welt-Entziehen. K. dagegen kämpft um seinen Platz und gerade das bringt ihn in engen und schwer entwirrbaren Kontakt mit der Täuschung.

Dazu zwei Aphorismen Kafkas aus den von Brod so genannten «Betrachtungen über Sünde, Leid, Hoffnung und den wahren Weg». Der erste: «Es gibt nichts anderes als eine geistige Welt; was wir sinnliche Welt nennen, ist das Böse in der geistigen, und was wir böse nennen, ist nur eine Notwendigkeit eines Augenblicks unserer ewigen Entwicklung.» (6, 236) Die sinnliche Welt, die unterste in jener Hierarchie der Welten, wie sie in der Tradition der Kabbala angenommen wird, ist eine Welt des Scheins. Wer zur Wahrheit gelangen will, muss sie durchbrechen. Kafkas Helden sind in ihr gefangen, darüber hinaus gelangen sie nicht. Und es darf bezweifelt werden, ob bei ihm ein Darüber-hinaus-Gelangen überhaupt möglich ist.

Der zweite Aphorismus wurde schon zitiert: «Eine der wirksamsten Verführungsmittel des Bösen ist die Aufforderung zum Kampf.» (6, 229) K. kämpft, d. h. auch er betrügt und lügt, Pepi macht ihn mit gutem Grund darauf aufmerksam, wie er auch Frieda betrogen, sie nur als Mittel zum Zweck benutzt hat. Erich Heller formuliert die Situation des Kafkaschen Menschen einfach und eindrucksvoll mit zwei Worten, die uns geläufig sind, und nicht die Kenntnis älterer Texte voraussetzen; Heller: Wahrheit und Existenz schließen einander bei Kafka aus. Wer lebt, lebt also in der Lüge, notgedrungen; Wahrheit und Leben in dieser Welt, also in der «sinnlichen Welt», schließen einander aus. Wem das zu fremd klingt, der mag an die Worte eines anderen jüdischen Autors denken, dessen Position bekannter ist, wiewohl die Nähe seiner negativen Dialektik zur negativen Theologie schon aufgefallen ist: der Philosoph Theodor W. Adorno sagte, es könne kein wahres Leben im falschen geben, und er spricht vom «Verblendungszusammenhang», in dem wir leben. Weil er das Böse Kapitalismus nennt, neigen viele dazu, ihn für «rational» zu halten.

Einige Belege für diesen «Verblendungszusammenhang» im

«Schloß»-Roman. Da ist das Auftreten des Barnabas: «Barnabas heiße ich, sagte er, ein Bote bin ich.» (Schloß, 32) Endlich die ersehnte Erscheinung: « ... sein Gesicht war hell und offen, die Augen übergroß», er trug ein weißes Seidenkleid, so schien es, und «männlich und doch sanft» sprach er – kurzum wie ein Engel, von lateinisch angelus – der Bote. Es ist eine Selbsttäuschung K.s nicht nur, sondern auch eine Täuschung K.s, denn das glitzernde Gewand verführt ihn. Barnabas zieht es bald aus, und das geflickte Hemd kommt darunter zum Vorschein. K. begleitet ihn in die trostlose Behausung seiner Familie; Bote zu sein, wünscht er sich mehr, als dass er es ist. Dass Barnabas an das «Neue Testament» erinnert, sagt Heller; könnte das bedeuten, dass die Vermittlung zwischen Gott und Mensch die von den himmlischen Boten, den Engeln hergestellt wird, eine Täuschung, ja eine Selbsttäuschung ist?

Der Dorfsekretär Klamms, also ein anderer Bote, Bote aber auch wie Barnabas, trägt – wie gesagt – einen Namen aus der antiken Mythologie; daran ist wohl kaum zu zweifeln bei diesem seltenen, ganz eindeutigen Namen: Momus. Kafka hat Momos latinisiert. Momos ist der Sohn der Nacht, dazu vorgesehen, bei allem und jedem Fehler zu finden und zu verwirren; er ist «der Tadler». Ein dritter Bote trägt einen Namen aus dem «Alten Testament»: einer der Gehilfen, die K. belästigen statt ihm zu helfen, heißt Jeremias, wie der große Prophet, auch er ein Bote Gottes unter den Menschen. Jeremias bleibt noch bei K., als Artur, der andere Gehilfe, ihn schon verlassen hat; eine Hilfe ist er ihm auch nicht. Ist aber nicht im Namen des Propheten eine Botschaft verborgen? Warnt der Prophet doch immer wieder die Juden vor dem Abfall und der Abgötterei. Er warnt sie auch vor dem Auszug nach Ägypten. (Jeremia, 42) Vergeblich. Jerusalem wird zerstört. Jeremias stimmt seine bewegenden Klagelieder an. Ist also im Namen des Dieners die Botschaft des Romans offen gelegt?

Heller geht auf Jeremias nicht ein, er konzentriert sich auf Erlanger und Bürgel, zwei Schloßbeamte, die – meint er – sprechende Namen hätten: durch Erlanger will K. Zugang zum Schloss erlangen, Bürgel sei gewissermaßen Bürge dafür, dass doch Hilfe möglich ist; tatsächlich spricht Bürgel selbst einmal von «bürgen»: «Aber eines Nachts – wer kann für alles bürgen – kommt es doch vor.» (4, 323) Freilich schläft K. während Bürgels Rede ein. Noch ein dritter sprechender Name kommt hinzu – Heller nennt ihn nicht –: Vallabene heißt der zweite Beamte, dem Momus neben Klamm dient; das erinnert an italienisch «va bene», also ein «Es-wird-schon-gut-Gehen». Wieweit solche Vermutungen berechtigt sind, ist schwer zu entscheiden; dass Kafka bei seiner Sorgfalt im Schreiben auch die Namen sorgfältig gewählt haben dürfte, dessen können wir sicher sein.

Die Namen aus der Mythologie geben festeren Anhalt als die sprechenden Namen, eben weil man durch ihre Herkunft Hinweise erhält. Zu Jeremias, Barnabas und Momus kommt noch ein weiterer hinzu: Galater. Das ist ein anderer Schlossbeamter. Der Apostel Paulus schreibt im «Neuen Testament» einen seiner wichtigsten Briefe an die Galater, eine Gemeinde in Anatolien. Er hält den Galatern vor, dass sie noch am alten jüdischen Gesetz festhalten; entscheidend sei aber nunmehr nicht das Gesetz, sondern der Glaube an Jesus Christus. Mit diesem Brief wird das Christentum als selbständige, also vom Judentum unabhängige Religionsgemeinschaft begründet; auch Nicht-Juden, die das Gesetz nicht haben, können hinfort Christen werden; deshalb die außerordentliche Bedeutung dieses Briefes. Wie nun der Name des Beamten Galater im «Schloß» gemeint ist, ist nicht leicht zu beantworten. Es zeigt im übrigen, dass mit der Entschlüsselung der Herkunft solcher Namen die Deutungsarbeit nicht beendet ist, sondern eigentlich erst beginnt.

Die beiden Gehilfen, sagt K. zu Frieda, seien gar nicht von Klamm, sondern von Galater geschickt worden: «... wenn sie dich auch mit Hilfe dieser Täuschung so bezaubern konnten ...» Sind die Gehilfen also von den gesetzestreuen Galatern gesandt, Vertreter also des Judentums, wofür der Name Jeremias steht?

Auch eine weitergehende Deutung Olgas und Amalias ließe sich hier denken; der Name ihres Bruders Barnabas wird übrigens von Paulus im Brief an die Galater als Name eines mit ihm verbündeten Apostels mehrmals genannt. Olga und Amalia könnten Reminiszenzen an die Allegorien von Synagoga und Ecclesia sein, wie sie im Mittelalter nicht unüblich waren, siehe etwa die Darstellungen am Straßburger Münster: die Synagoge als Frauengestalt mit verbundenen Augen und zerbrochenem Speer, die Ecclesia als triumphierende Frau mit siegreichem Speer. Hier wäre das Bild aber – wie so oft bei Kafka – umgedreht: Olga als unterwürfige Ecclesia, die mit den niedrigsten Knechten sich gemein macht, Amalia als stolze Synagoge, die sich nicht jedem Hergelaufenen hingibt; freilich:

machtlos sind beide. Übrigens wird das Zeichen der «verbundenen Augen» im Roman zitiert, allerdings für Barnabas: «Du kannst jemanden, der die Augen verbunden hat, noch so sehr aufmuntern, durch das Tuch zu starren, er wird doch niemals etwas sehn; erst wenn man ihm das Tuch abnimmt, kann er sehn. Hilfe braucht Barnabas, nicht Aufmunterung. Bedenke doch nur». (4, 226)

Barnabas, Olga, Amalia: K. sind sie letztlich ebenso wenig eine Hilfe, wie die Gehilfen; alle gehören zum «Verblendungszusammenhang», sie bezaubern und täuschen – sich selbst und ihn. Die Bezauberung führt zur Täuschung, das Böse hat viele Formen, der Teufel selbst wird – sehe ich richtig – nur einmal im Roman erwähnt: «‹Sei in Teufels Namen Klamms Geliebte›, dachten sie». (463) Die übliche Bezeichnung wäre doch: in Gottes Namen. Einmal ist auch vom Strafgericht Gottes die Rede, der Schwefel vom Himmel fallen ließ, um die Sünder zu bestrafen. Nachdem K. das Verhör abgelehnt hat, offensichtlich eine ungewöhnliche und mutige Tat, heißt es: «‹Nein›, sagte der Wirt, ‹das hätten Sie nicht tun sollen.› Da K. schwieg, fügte er hinzu, sei es um K. zu trösten, sei es um schneller fortzukommen: ‹Nun, nun es muss aber deshalb nicht gleich Schwefel vom Himmel regnen.› ‹Nein›, sagte K., ‹danach sieht das Wetter nicht aus.› Und sie gingen lachend auseinander.» (4, 145)

Nun zu Klamm, ebenfalls ein sprechender Name, jedenfalls für den, der wie Kafka Tschechisch versteht: klam heißt Täuschung, Selbsttäuschung; die entsprechenden deutschen Worte «Täuschung» und «täuschen» finden sich erstaunlich oft im Text. Wie wird Klamm als Figur gekennzeichnet? Hier die wichtigste Beschreibung: «‹Aber über Klamm sprechen wir manchmal, ich habe Klamm noch nicht gesehn, Du weißt, Frieda liebt mich wenig und hätte mir den Anblick nie gegönnt, aber natürlich ist sein Aussehn im Dorf gut bekannt, einzelne haben ihn gesehn, alle von ihm gehört und es hat sich aus dem Augenschein, aus Gerüchten und auch manchen fälschenden Nebenabsichten ein Bild Klamms ausgebildet, das wohl in den Grundzügen stimmt. Aber nur in den Grundzügen. Sonst ist es veränderlich und vielleicht nicht einmal so veränderlich wie Klamms wirkliches Aussehn. Er soll ganz anders aussehn, wenn er ins Dorf kommt und anders wenn er es verlässt, anders ehe er Bier getrunken hat, anders nachher, anders im Wachen, anders im Schlafen, anders allein, anders im Gespräch und, was hienach verständlich ist, fast grundverschieden oben im Schloss. Und es sind schon selbst innerhalb des Dorfes ziemlich große Unterschiede, die berichtet werden, Unterschiede der Größe, der Haltung, der Dicke, des Bartes, nur hinsichtlich des Kleides sind die Berichte glücklicherweise einheitlich, er trägt immer das gleiche Kleid, ein schwarzes Jackettkleid mit langen Schößen. Nun gehn natürlich alle diese Unterschiede auf keine Zauberei zurück, sondern sind sehr begreiflich, entstehen durch die augenblickliche Stimmung, den Grad der Aufregung, die unzähligen Abstufungen der Hoffnung oder Verzweiflung, in welcher sich der Zuschauer, der überdies meist nur augenblicksweise Klamm sehen darf, befindet. Ich erzähle Dir das alles wieder, so wie es mir Barnabas oft erklärt hat und man kann sich im allgemeinen, wenn man nicht persönlich unmittelbar an der Sache beteiligt ist, damit beruhigen. Wir können es nicht, für Barnabas ist es eine Lebensfrage, ob er wirklich mit Klamm spricht oder nicht.› ‹Für mich nicht minder›, sagte K. und sie rückten noch näher zusammen auf der Ofenbank.» (4, 215–216)

Ist das überhaupt das Bild eines Menschen, wenn es sich dermaßen verändert? Und lässt sich das allein mit den unterschiedlichen Stimmungen der Betrachter erklären? Klamms Bild schwankt: je nach Stimmung, je nach Situation, je nach Betrachter verändert es sich. Es ist ein Bild, das vom Betrachter abhängig ist: als dessen Wunschbild oder Angstbild? Gibt es Klamm überhaupt, ist er nicht Projektion K.s und der anderen? Nur wenn wir das Psychologisieren meiden und auf Kafkas Gedanken eingehen, können wir der Bedeutung Klamms im Text näher kommen. Im Jahre 1921, also ein Jahr vor der Niederschrift des Romans «Das Schloß», schreibt er: «Alles ist Phantasie, die Familie, fernere oder nähere, die Frau; die nächste Wahrheit aber ist nur, daß du den Kopf gegen die Wand einer fenster- und türlosen Zelle drückst.» Die Welt, in der wir leben, ist also Schein: Täuschung und Selbsttäuschung.

Klamm als Verkörperung der Täuschung, als Allegorie der Täuschung, wird an einer Stelle des Romans unübersehbar. An dieser Stelle benutzt der Erzähler den Namen wie ein Substantiv, das – analog zu «Traurigkeit», mit der «Klamm» hier einmal abwechselt – eine seelische Haltung meinen könnte und nicht eine Person. Das Tschechische kennt im übrigen keine Artikel wie das Deutsche; im Deutschen kann freilich beim Namen auch der Artikel wegbleiben; im letzten Satz wäre dies aber vollends ungewöhnlich: «genug Klamm», also «genug Täuschung». Die Stelle lautet, K. spricht zur

Wirtin: «Ohne Klamm wären Sie nicht unglücklich gewesen, nicht untätig im Vorgärtchen gesessen, ohne Klamm hätten Sie Hans dort nicht gesehen, ohne ihre Traurigkeit hätte der schüchterne Hans Sie nie anzusprechen gewagt, ohne Klamm hätten Sie sich nie mit Hans in Tränen gefunden, ohne Klamm hätte der alte gute Onkel-Gastwirt niemals Hans und Sie dort friedlich beisammen sitzen gesehen, ohne Klamm wären Sie nicht gleichgültig gegen das Leben gewesen, hätten also Hans nicht geheiratet. Nun, in dem allen ist doch schon genug Klamm, sollte ich meinen.» (4, 105)

Sind wir, dieser Vorstellung Kafkas gemäß, in dieser Welt auch in Lüge und Täuschung verstrickt, so können wir doch eine Ahnung der Wahrheit erhaschen: wir antizipieren sie als Gegenteil dessen, was wir vor Augen haben. Das Negative ist uns gewissermaßen Bürge dafür, dass es das Positive gibt, notwendig geben muss, wenn wir auch keinen Anteil daran haben. Deshalb dieser merkwürdige Satz Kafkas: «Wahrheit ist unteilbar, kann sich also selbst nicht erkennen». (6, 241) Die Wahrheit ist also eine Einheit, sie ruht ganz in sich; nur der kann sie erkennen, der Anteil an ihr hat. Wenn sie ganz in sich ruht, hat niemand Anteil an ihr: wir können sie also nicht erkennen. Kafka fährt fort: «Wer sie erkennen will, muss Lüge sein». Die Lüge also – paradox genug – gibt uns die Hoffnung auf Wahrheit, ja die Gewissheit der Wahrheit, so sagt jedenfalls dieser Satz. Demnach sieht unsere paradoxe Situation folgendermaßen aus: sind wir auch in die Lüge verbannt, können wir auch nicht zur Wahrheit gelangen, so ist doch gerade die Lüge unser einziger Anhaltspunkt der Wahrheit: wenn es Lüge gibt, muss es als deren Gegenteil auch Wahrheit geben! Die messianische Erwartung steht auch in diesem Satz, zumindest ist sie mit ihm vereinbar: je größer die Finsternis, um so größer die Hoffnung, je stärker das Böse, um so näher der Messias.

Aber täuschen wir uns nicht: wir sind nicht eingeweiht und was wir für Offenbarung halten, ist in der Regel Täuschung: «Täuschungen sind häufiger als Wendungen» (4, 279). K. zu Amalia: «‹Aber nun, Amalia, beirrst Du mich wieder, dadurch, daß Du, wenn schon nicht den Dienst Deines Bruders, so doch die Bedeutung, die er für mich hat, herabsetzest. Vielleicht bist Du in die Angelegenheiten des Barnabas nicht eingeweiht, dann ist es gut und ich will die Sache auf sich beruhn lassen, vielleicht aber bist Du eingeweiht – und ich habe eher diesen Eindruck – dann ist es schlimm, denn das würde bedeuten, daß mich Dein Bruder täuscht.› ‹Sei ruhig›, sagte Amalia, ‹ich bin nicht eingeweiht, nichts könnte mich dazu bewegen, mich einweihen zu lassen, nichts könnte mich dazu bewegen, nicht einmal die Rücksicht auf Dich, für den ich doch manches täte, denn wie Du sagtest, gutmütig sind wir. Aber die Angelegenheiten meines Bruders gehören ihm an, ich weiß nichts von ihnen, als das was ich gegen meinen Willen zufällig hie und da davon höre.›» (4, 209)

21. Der Turmbau zu Babel.
Das Schweigen der Sirenen.

Im ersten Buch Mose wird die Geschichte vom Turmbau zu Babel erzählt, die jahrtausendelang die Gemüter bewegte. Demnach hatten ursprünglich alle Menschen eine Sprache und verständigten sich ohne Mühe. Sie beschlossen, eine schöne Stadt und einen großen Turm zu bauen, «dessen Spitze bis an den Himmel reiche». Es gefiel Gott nicht, dass der Turm bis zu seinem Sitz reichen sollte. Deshalb strafte er den Hochmut der Menschen und verwirrte ihre Sprache. So kam es zur babylonischen Sprachverwirrung. Die Menschen verstanden sich nicht mehr, sie sprachen verschiedene Sprachen und zerstreuten sich in alle Länder.

Die Handlungsfolge dieser kurzen Erzählung von einem Ereignis mit weit reichenden Folgen ließe sich in acht Stationen zusammenfassen: 1. Vertrag Gottes mit den Menschen, 2. Bruch des Vertrags durch die Menschen, 3. Planung des Turmbaus, 4. Durchführung des Baus, 5. Eingreifen Gottes, 6. Sprachverwirrung, 7. Abbruch des Baus, 8. Neuer Vertrag Gottes mit den Menschen. Die Beziehung Gottes zu den Menschen wird hier exemplarisch vorgeführt: der Gehorsam der Menschen gegen Gott bringt ihnen dessen Schutz; ihr Aufbegehren gegen Gott trägt ihnen schwere Strafe ein; das Aufbegehren ist besonders sträflich, wenn die Menschen wie Gott sein wollen; der Turm sollte bis zum Himmel reichen, also den Ort Gottes besetzen.

In der Erzählung «Das Stadtwappen» hat Kafka diese alte Geschichte im Kreise herumgedreht, könnte man sagen: er blieb in der Struktur der Geschichte, realisierte sie aber auf seine eigene Weise:

die meisten Stationen der Handlung ließ er weg, nur zwei erzählte er, indem er sie ins Gegenteil verkehrte. Dabei setzte er natürlich voraus, dass der Leser die alte Geschichte kennt und sein Spiel erkennt, zu Anfang zitierte er deshalb auch die alte Geschichte: «Anfangs war beim babylonischen Turmbau alles in leidlicher Ordnung ...» (7, 143) Kafka erzählt nur Station 3 «Plan des Turmbaus» und Station 6 «Sprachverwirrung». Der Plan des Turmbaus wird also gar nicht erst in die Tat umgesetzt. Vor allem aber fehlen Anfang und Ende der Handlung, nämlich der Vertrag Gottes mit den Menschen, der überhaupt erst einen Rahmen für die Handlung herstellt und sie verständlich macht. Der Handlungszusammenhang der acht Stationen liefert zugleich den Begründungszusammenhang. Entfällt der Handlungszusammenhang, entfällt auch dieser: die Geschichte wird «sinnlos».

Auch die Stationen, die Kafka erzählt, verändert er; er realisiert in allen Fällen die Negation oder die Antithese der von der alten Formulierung erzählten Position oder These. Gab es in der alten Version am Anfang eine einzige Sprache, so steht bei Kafka am Anfang schon die Sprachverwirrung. Hatte das früher zur Folge, dass die Menschen sich nicht mehr verstanden, so gibt es nun bei Kafka genug Dolmetscher. Entstand früher der Streit nach der Verwirrung, so ist jetzt der Streit von Anfang an da, gab es früher ein entschiedenes Vorantreiben des Turmbaus, so wird er jetzt völlig vernachlässigt. War der Bau früher sinnvoll, so ist er jetzt «sinnlos»; dies Wort steht bei Kafka ausdrücklich da. Griff früher Gott ein, so ist Gott jetzt abwesend; es ist nicht die Rede von ihm; seine Abwesenheit wird nur aus der Kenntnis der alten Version fassbar.

Die Antithese bei Kafka entsteht zum Teil dadurch, dass er die Reihenfolge des Handlungsablaufs verändert. Ist in der alten Version die Sprachverwirrung das Ergebnis des Turmbaus als Strafe Gottes, so ist sie jetzt von Anfang an da und ohne Begründung, denn es geht ihr keine Handlungseinheit voraus, die sie begründete. Andererseits ist die Sprachverwirrung, die in der alten Version der Grund für den Abbruch des Baus war, in der neuen Version ohne Folgen, denn sie wird durch Dolmetscher behoben. Doch: obwohl Verständigung möglich ist und allseits Ordnung herrscht, gibt es Streit. Der Streit entsteht jedoch nicht als Folge der Sprachverwirrung nach dem Turmbau, sondern als Folge von Eifersüchteleien vor dem Turmbau, nämlich beim Bau der Arbeiterstadt. Die Menschen streiten sich, wer die schönsten Unterkünfte erhält. Dadurch kommen sie gar nicht zum Turmbau.

Der innerhalb der Handlungsfolge der alten Version «sinnvolle» Turmbau wird deshalb bei Kafka zum «sinnlosen» Bau. Wegen des Streits beim Bau der Unterkünfte kommen die Menschen nicht zum Bau des Turms. Schließlich erkennt «die zweite oder dritte Generation die Sinnlosigkeit des Himmelsturmbaus», heißt es ausdrücklich. (7, 147) Der Erzähler hat ihnen durch die Art seines Erzählens den «Sinn» weggenommen und konstatiert dies befriedigt. Wieder ist die Eigenart Kafkas nicht an der Thematik seines Textes zu erkennen, die ist ja nun seit Jahrtausenden bekannt, sondern an der Art seines Erzählens dieser Thematik und die ist höchst ungewöhnlich.

Das Ziel, das durch den Bau der Unterkünfte erreicht werden sollte, ist also «sinnlos». Da die Unterkünfte aber gebaut werden, damit der Turm gebaut werden kann, ist auch deren Bau sinnlos. Folglich sind die Streitigkeiten um die schönsten Unterkünfte ebenfalls sinnlos. Also ist in dieser Stadt alles «sinnlos». Da das Ziel sinnlos ist, ist auch der Weg, der dorthin führt, sinnlos. Das Ziel ist der Turmbau, der Weg sind die Unterkünfte. Bereits den Weg zu bauen, macht unüberwindliche Schwierigkeiten, überwände man sie, wäre auch damit nichts gewonnen. Auch mit dem Turmbau, wenn er denn gelingen sollte, doch nie, nie wird es dazu kommen, wäre nichts gewonnen. Das ist die bekannte Grundstruktur der Erzählungen Kafkas. Aus der alten Geschichte vom Turmbau zu Babel hat er also eine neue Geschichte gemacht.

Einen Ausweg gibt es freilich schon: den Weltuntergang. In der Tat: am Schluss heißt es: «Alles was in dieser Stadt an Sagen und Liedern entstanden ist, ist erfüllt von der Sehnsucht nach einem prophezeiten Tag, an welchem die Stadt von einer Riesenfaust in fünf kurzen aufeinanderfolgenden Schlägen zerschmettert wir. Deshalb hat auch die Stadt die Faust im Wappen.» (7,147) Der Untergang als einzige Hoffnung: wenn alles sinnlos ist, dann kann nur dies die einzige Hoffnung sein, eine verzweifelte Hoffnung. Im «Stadtwappen», so heißt ja die Geschichte, zitiert Kafka das Wappen seiner Vaterstadt Prag, allerdings wiederum ins Gegenteil verkehrt. Das Prager Wappen zeigt eine mit einem Schwert bewaffnete Hand, die sich aus einem Stadttor reckt, ist also ein Zeichen der Wehrhaftigkeit und des Schutzes. Bei Kafka wird aus dem Schutz die Zerstörung.

Dasselbe Ende wie das «Stadtwappen» hat die Kafkasche Version des «Poseidon». Hier wird die alte Fassung nicht nur im Namen des Helden zitiert, des griechischen Gottes der Meere, sondern auch mit einem Satz: «Am meisten ärgerte er sich ..., wenn er von den Vorstellungen hörte, die man sich von ihm machte, wie er etwa immerfort mit dem Dreizack durch die Fluten kutschiere». (7, 130) Das ist die alte Geschichte: Poseidon durchfährt mit seinem Dreizack die Weltmeere. Bei Kafka ist wieder das Gegenteil der Fall: Poseidon sitzt als Verwaltungsbeamter Tag und Nacht in seinem Büro in der Tiefe des Meeres und ist mit der Berechnung der Gezeiten beschäftigt, die ihm keine Pause gönnen. War er also früher der Herr der Meere, so ist er jetzt der Sklave der Meere, schweifte er früher frei herum, so sitzt er jetzt fest. Das wird mit einem gewissen Sarkasmus erzählt und der Leser kann sich eines Lächelns nicht erwehren.

Auch der arme Poseidon hat nur eine Hoffnung: der Weltuntergang und das ist ja eigentlich keine Hoffnung. Er wird erst dann wahrhaft leben können, wenn er dem Ende entgegen geht. So sollte ja auch, wie Max Brod berichtet, K. im «Schloß»-Roman in dem Augenblick das Lebensrecht im gräflichen Dorfe erhalten, als er auf dem Sterbebett in den letzten Zügen lag. Poseidon wird knapp vor dem Ende nach Durchsicht der letzten Rechnungen noch schnell «eine kleine Rundfahrt» (7, 131) machen können. Erst wenn die Welt endet, wird er sie sehen können. Solange es die Welt gibt, könnte man sagen, sind wir in ihr, so dass wir sie nicht von Außen betrachten können. Erst wenn wir aus ihr heraustreten, können wir sie sehen, aber dann leben wir nicht mehr. Erst wenn sie untergeht, können wir sie kurz erkennen. So ließe sich das verallgemeinern, aber vielleicht ist das schon eine unzureichende Verallgemeinerung.

Immerhin gemahnt auch «die Sehnsucht nach dem prophezeiten Tag» an eine alte Geschichte, auch sie wird hier zitiert und diesmal ohne Verkehrung. Begreift man diese Sehnsucht nach dem Untergang der Welt im «Stadtwappen» und im «Poseidon» als mythologisches Zitat, dann ist sie kein grausamer Witz, wie es zunächst erscheinen kann. Es ist der von den Propheten vorausgesagte Tag, an dem der Messias erscheinen wird. Der messianische Gedanke tritt «stets in engster Verbindung mit Apokalyptik» auf, wie Gershom Scholem feststellt. Apokalypsen sind Offenbarungen des «bei Gott verborgenen Wissens über das Ende der Welt». Die alten Propheten haben dieses Ende der Welt offen angekündigt (der «prophezeite Tag»), in den Apokalypsen wird es zum Geheimnis. (Scholem 2, 18)

Die messianische Erwartung des Judentums hat zwei Seiten: einmal eine utopische, die ja auch weitgehend außerhalb des Judentums, nicht zuletzt durch jüdische Denker, bekannt geworden ist, also die Erwartung einer neuen und besseren Welt; zum andern aber auch die katastrophale Erwartung vom Untergang der bestehenden Welt, was außerhalb des Judentums weniger bekannt zu sein scheint. Doch ist es selbstverständlich, dass zuerst die alte Welt untergehen muss, damit sodann die neue Welt erstehen kann. Scholem:

«Der jüdische Messianismus ist in seinem Ursprung und Wesen, und das kann gar nicht stark genug betont werden, eine Katastrophentheorie ... der Tag des Herrn, von dem Jesaja spricht (etwa in Kapitel 2 und 4), ist ein Tag der Katastrophe und wird in Visionen beschrieben, die diese Katastrophalität aufs schärfste unterstreichen. Wie jener Tag des Herrn, an dem die bisherige Geschichte zu Ende geht, an dem die Welt bis in ihre Fundamente erschüttert wird, sich zu jenem (am Anfang des Kapitels Jesajas) verheißenen Ende der Tage verhält, an dem das Haus des Herrn aufgerichtet sein wird auf dem Gipfel der Berge und die Völker zu ihm strömen, darüber erfahren wir nichts.» (Scholem 2, 20)

Gerade die positive Seite der Apokalyptik, der Aufbau der neuen Welt, wird in den alten Schriften nicht ausgeführt, wie sollte er auch, wird diese Welt doch jenseits dessen sein, was wir uns vorstellen können. Die negative Seite, die Destruktion der jetzigen Welt dagegen wird benannt. Hier stellt sich Kafka nicht gegen die Überlieferung, hier formuliert er keine Antithese, hier steht er in der jüdischen Tradition, wenn er von der Hoffnung auf den Weltuntergang spricht. Demnach wäre dies nicht, wie christliche Leser meinen könnten, eine paradoxe Formulierung allein, sondern in ihr steckte – in der Paradoxie – die messianische Hoffnung. Denn dies muss der christliche oder doch in christlichen Gedanken groß gewordene Leser bedenken: die Welt ist noch nicht erlöst.

Der Begriff der Erlösung ist im Judentum ein anderer als im Christentum. Im Judentum ist es ein öffentlicher, der die gesamte Umgestaltung der Welt meint, im Christentum ist es ein individueller, ein seelischer Vorgang im Einzelnen. Für den Christen ist die Welt bereits erlöst und er muss in sich diese Erlösung nachvollziehen, so dass er eine innere Wandlung durchmacht. Für den Juden ist die Welt nicht erlöst und der Einzelne kann tun und lassen, was er will, es ändert nichts daran. Der Messias muss kommen und er wird kommen, aber wann er kommt, weiß niemand, doch wird er erscheinen, wird dies ein Einbruch von außerhalb der Geschichte in die Geschichte sein, die alte Welt wird untergehen und eine neue Welt wird entstehen. Die Ankunft des Messias kann durch nichts herbeigezwungen werden, er muss geduldig erwartet werden. Freilich gibt es Gelehrte, die meinen, dass er gerade dann kommt, wenn die Welt in besonderer Finsternis liegt.

Scholem zitiert dazu aus dem Mischna-Traktat Sota: «An den Fußspuren des Messias (das heißt in der Periode seiner Ankunft) wird Frechheit wachsen und Achtung schwinden. Das Versammlungshaus wird zum Hurenhaus werden, Galiläa wird verwüstet und die Bewohner der Grenzen werden von Stadt zu Stadt wandern, ohne Mitleid zu finden. Die Weisheit der Gelehrten wird stinkend werden, und die Sünde scheuen, werden verachtet sein. Die Wahrheit wird keine Stätte haben. ... Das Gesicht des Zeitalters wird dem Gesicht eines Hundes gleichen (das heißt Schamlosigkeit wird herrschen).» (Scholem 2, 29) Das lässt an Kafkasche Szenen denken: an die Untersuchung in einem Versammlungshaus, das zum Hurenhaus wird, im «Proceß»-Roman. Oder an die Schamlosigkeit von K. und Frieda, die sich in den Bierlachen der Kneipe wälzen im «Schloß»-Roman, um nur zwei Beispiele zu nennen. Hat Kafka gerade dadurch, dass er eine besonders finstere Welt malte, eine besonders dringliche Hoffnung auf den Messias zum Ausdruck gebracht?

In der kleinen Erzählung aus dem Nachlass «Das Schweigen der Sirenen» nimmt Kafka wieder eine griechische Geschichte auf, eine Episode aus der Odyssee. Um dem verführerischen Gesang der Sirenen zu entgehen und damit seinem Untergang, stopft Odysseus seinen Gefährten Wachs in die Ohren; er selbst lässt sich an den Schiffsmast binden, damit er zwar die Sirenen hören, aber ihnen nicht folgen kann. Seine List rettet ihm und den Gefährten das Leben. So berichtet es Homer.

Diese alte Formulierung wird von Kafka im zweiten Satz seiner neuen Formulierung zitiert: «Um sich vor den Sirenen zu bewahren, stopfte sich Odysseus Wachs in die Ohren und ließ sich am Mast festschmieden.» (6, 168) Kafka verändert im Zitat bereits die alte Fassung. Er zieht die beiden Schutzmittel gegen Sirenen – fesseln und Ohrenverstopfen – zusammen und lässt Odysseus beide Mittel an sich selbst erproben. In der alten Fassung mussten die Gefährten das Schiff führen, weshalb sie nicht gefesselt werden konnten, und Odysseus wollte den Gesang hören, weshalb er sich kein Wachs in die Ohren stopfte.

Wichtig ist bei Kafka die Frage: gibt es einen Schutz vor den Sirenen? Angeblich existieren die zwei genannten Mittel, die nun ausprobiert werden. Der demonstrative Charakter der Erzählung wird durch den Einleitungssatz, der dem zitierten Satz vorausgeht, betont: «Beweis dessen, dass auch unzulängliche, ja kindische Mittel zur Rettung dienen können.» Der Doppelpunkt weist auf das folgende. Die Erzählung soll also die Beweisführung bringen. Es folgen zwei neue Versionen der alten Geschichte.

Sowohl die erste als auch die zweite Version lassen den alten Handlungsablauf vollständig bestehen: jedes Mal muss Odysseus mit seinem Schiff der Bedrohung durch die Sirenen zu entgehen suchen, jedes Mal mit den gleichen genannten Mitteln, jedes Mal gelingt es ihm. Bleibt die Handlungsfolge vollständig, so werden doch die einzelnen Stationen wieder mit Antithesen gebildet: die von Homer genannten Mittel, dann Mittelchen geheißen, helfen überhaupt nicht. Der Gesang der Sirenen führt bei Homer in den Untergang, ihr Schweigen ist es bei Kafka. Natürlich schweigen sie diesmal. Odysseus ist bei Homer der Listenreiche, bei Kafka der Tölpel.

Doch trotz aller Umkehr kann Odysseus sich retten, auch bei Kafka. Genauer: gerade deswegen. Odysseus bemerkt ihr Schweigen nicht. Er glaubt, sie sängen und er höre sie nicht wegen des Wachses in seinen Ohren. So glaubt er der Gefahr entronnen zu sein und so entgeht er ihr tatsächlich. Die Sirenen bewundern ihn dafür; er wird nun für sie verführerisch, die sonst die Verführerischen sind. Sie hätten sich vernichtet, heißt es bei Kafka, wenn sie Bewusstsein gehabt hätten. Also wieder eine Umkehr. Was rettete nun Odysseus, da es doch kein Mittel der Rettung gibt? Seine Dummheit: ein glücklicher Zufall.

Die zweite Version ist wieder eine Revision der ersten: jetzt ist Odysseus doch der listenreiche Fuchs, er hat seine Naivität nur vorgespielt. Aber solche Klugheit ist «mit Menschenverstand nicht mehr zu begreifen», geht also über diesen hinaus, ist also übermenschlich. Nur übermenschliche Kraft kann retten, also eine

Kraft, über die Menschen nicht verfügen. So ist für uns Menschen nur Hoffnung in der ersten Version: mit Glück kann vielleicht einmal der Dumme Erfolg haben. Das entspricht auch der «Beweisführung» in den drei Romanen Kafkas: ob sich die Helden nun bemühen oder ob sie sich nicht bemühen, es hilft ihnen alles nichts, sie kommen nicht zum Ziel.

In Umkehr eines Wortes aus der Bergpredigt Jesu – «Wer sucht, der findet» – schreibt Kafka einmal: «Wer sucht, der findet nicht. Wer nicht sucht, der wird gefunden.» (6, 187) Alles Suchen hilft also nicht. Wer nicht sucht, der wird gefunden, also von anderen, und ob dies sein Glück ist, bleibt dahingestellt. Die christliche Sentenz, könnte man sagen, wird in eine jüdische verkehrt: vom Wort des Erlösers zum Wort der nichterlösten Welt. Es bringt nichts, zu suchen, man muss warten, bis er kommt. Doch bleibt hier offen, ob der oder das, was dann kommt, die Rettung ist oder der Untergang oder – das wäre im Sinne Kafkas – beides. Auch Josef K. wurde gefunden: von seinen Henkern. Aber sie richten ihn nicht, sie opfern ihn auf einem Stein, sie töten ihn mit einem Messer wie ein Opferlamm – so wie einst Abraham seinen Sohn Isaak opfern sollte auf Befehl Gottes. Doch ein Engel erschien und zeigte ihm einen Widder, den er an der Stelle des einzigen Sohnes schlachtete. Gott hatte ihn nur versucht. K. wird geopfert, kein Engel erscheint.

«Von Prometheus berichten vier Sagen» behauptet Kafka in seiner kleinen Abhandlung, Erzählung kann man es nicht nennen, die «Prometheus» heißt. (6, 192) Er reiht dann die vier Versionen in jeweils einem Satz aneinander. Die erste Version ist die aus der Antike überlieferte, die drei folgenden sind Erfindungen Kafkas. Nach der alten Fassung wurde Prometheus, der den Menschen das Feuer brachte, dafür von den Göttern hart bestraft. Auch die griechischen Götter wollten nicht zulassen, dass die Menschen ihnen zu ähnlich werden, so wie der jüdische Gott in Babel es nicht wollte. Prometheus muss daraufhin, am Kaukasus festgeschmiedet, erleiden, dass ein Adler seine immer wieder wachsende Leber frisst. Kafka verschweigt die letzte Handlungseinheit des Mythos: eines Tages wird Prometheus von seiner Qual erlöst durch Herakles und Cheiron. Bei Kafka gibt es keine Erlösung.

Auch nicht in den drei Versionen, die er erfunden hat. In ihnen verändert er den Handlungsablauf nicht, er fügt ihm nur jeweils einen anderen Schluss hinzu, der an die Stelle der Erlösung der alten

Sage tritt. Kafkas erste Version: Prometheus wird mit dem Felsen eins. Die zweite: der Adler, die Götter, er selbst, alle vergessen. Die dritte: die Götter, der Adler werden müde, die Wunde schließt sich müde. Alle drei Versionen beenden also die Strafe, wenn auch nicht mit einer Erlösung. In allen dreien kommt der Mythos an sein Ende. Kafkas Schluss: «Die Sage versucht das Unerklärliche zu erklären. Da sie aus einem Wahrheitsgrund kommt, muss sie wieder im Unerklärlichen enden.» (6, 192)

Kafka nimmt die mythischen Erzählungen ernst, seien sie nun solche der Bibel oder solche der Antike. Er parodiert sie nicht, er erklärt sie nicht. Er sieht sie in der Nähe des Wahrheitsgrundes, in den er sie wieder zurückführen will. Dazu muß er ihren Erklärungsversuch rückgängig machen. Die wissenschaftlichen oder ideologischen Erklärungsversuche der Mythen sind diesen nur scheinbar überlegen. In Wirklichkeit tun sie nichts anderes als diese: sie bilden Erklärungsversuche. Und sagen: so ist es. Kafka führt sie ins Unerklärliche zurück und fragt: wie ist es? Eine Frage, die er an den Leser weitergibt.

22. Ein Hungerkünstler.
Josefine und das Volk der Mäuse.

Ein Text aus dem Nachlass Franz Kafkas handelt «von den Gleichnissen», wie Max Brod ihn überschrieb. In der Tat nennt Kafka hier die literarische Gattung beim Namen, die er in anderen Texten benutzt, ohne sie zu nennen, und er nennt sie nicht Parabel, sondern mit dem biblischen Ausdruck «Gleichnis». Vom religiösem Gebrauch der Gattung ist auch die Rede:

«Viele beklagen sich, daß die Worte der Weisen immer wieder nur Gleichnisse seien, aber unverwendbar im täglichen Leben, und nur dieses allein haben wir. Wenn der Weise sagt: ‹Gehe hinüber›, so meint er nicht, daß man auf die andere Seite hinübergehen solle, was man immerhin noch leisten könnte, wenn das Ergebnis des Weges wert wäre, sondern er meint irgendein sagenhaftes Drüben, etwas, das wir nicht kennen, das auch von ihm nicht näher zu bezeichnen ist und das uns also hier gar nichts helfen kann. Doch diese Gleichnisse wollen eigentlich nur sagen, daß das Unfaßbare unfaßbar ist, und das haben wir gewußt. Aber das, womit wir uns jeden Tag abmühen, sind andere Dinge.

Darauf sagt einer: ‹Warum wehrt ihr euch? Würdet ihr den Gleichnissen folgen, dann wäret ihr selbst Gleichnisse geworden und damit schon der täglichen Mühe frei.›

Ein anderer sagt: ‹Ich wette, daß auch das ein Gleichnis ist.›

Der erste sagte: ‹Du hast gewonnen.›

Der zweite sagte: ‹Aber leider nur im Gleichnis.›

Der erste sagte: ‹Nein, in Wirklichkeit; im Gleichnis hast du verloren.›» (8, 131)

Der Aufbau des Textes erinnert an die Vorgehensweise im Talmud: zunächst wird eine Problemlage dargestellt, dann wird sie unter gegensätzlichen Gesichtspunkten erörtert. Die Feststellung am Ende des ersten Absatzes ist schlicht: Gleichnisse wollen eigentlich nur sagen, dass das Unfassbare unfassbar ist, «und das haben wir gewußt». Das ist eine Zusammenfassung all der vielen Bemühungen, das Unfassbare zu erfassen, die nur darauf hinauslaufen, es eben als unfassbar darzustellen. Sodann die zweite wichtige Aussage: «Aber das, womit wir uns jeden Tag abmühen, sind andere Dinge.» Also: die spitzfindigen Argumentationen der Theologen, der Philosophen haben mit unseren täglichen Problemen wenig zu tun, sie sind uns wenig hilfreich. Der erste Redner formuliert sodann eine andere Haltung zu den gelehrten Gleichnissen: es kommt nicht darauf an, sie zu erörtern, sondern darauf, ihnen zu folgen. Er führt also von der Ebene des Argumentierens, des Sprechens, auf die Ebene des Verhaltens, des Handelns. Das kann der zweite Redner ebenfalls nur als Gleichnis begreifen, also als gleichnishafte Redeweise. Darin stimmt der erste ihm zu: er habe gewonnen. Der zweite sieht auch dieses Gewinnen im Bereich des Gleichnisses angesiedelt. Doch der erste: «Nein in Wirklichkeit; im Gleichnis hast du verloren.» In Wirklichkeit hat der erste also recht, im Bereich des alltäglichen Lebens: auch dem Gleichnis zu folgen, kann dort nur als Gleichnis verstanden werden. Im Gebiet des Gleichnisses dagegen hat er verloren; dort gilt: nicht reden, sondern handeln.

Kafka zitiert hier sehr scharfsinnig zwei verschiedene Verhaltensweisen, die man gegenüber dem, wovon die Religion spricht, einnehmen kann. Man kann darüber diskutieren, die Vernünftigkeit der Aussagen in Frage stellen, und wird dann zu dem genannten Ergebnis kommen; es ist die aufklärerische Haltung, die das Überlieferte analysiert und damit zersetzt, zerstört. Die andere Haltung ist die traditionelle, die das Überlieferte nicht erörtert, sondern ihm folgt; also: nicht diskutieren, sondern meditieren, ließe sich sagen.

Kafka hat beide Positionen gleichzeitig nebeneinander gestellt, wie auch sein Werk Ausdruck beider Positionen zugleich ist: einerseits die Zerstörung des Überlieferten bis auf den Grund, andererseits der Versuch, den Gleichnissen zu folgen. Er versuchte ihnen zu folgen, aber nicht als Frommer, sondern als Künstler. Und darin hat er Ähnlichkeit mit einigen anderen Schriftstellern der Literatur dieses Jahrhunderts.

Zunächst zur «aufbauenden Zerstörung der Welt», wie Kafka es in einem Aphorismus nennt. Hier meint er offensichtlich auf seine Weise den Vorgang, den Hans-Georg Gadamer bei Martin Heidegger als Destruktion bezeichnet: nämlich als Destruktion der philosophischen Überlieferung seit Aristoteles, nicht um die Philosophie beiseite zu legen, sondern um sie zu den Wurzeln zurückzuführen, zu den Anfängen, an denen die Grundfragen sich unverstellt stellen. (Gadamer) Diese Anfänge suchte er bei den Vorsokratikern, also bei den nur bruchstückhaft überlieferten griechischen Philosophen vor Platon. Also auch hier nicht nur Zerstörung, sondern auch Aufbau; um ein neues Haus bauen zu können, muss das alte, in Trümmern liegende Haus abgerissen werden, ließe sich das in einem Bilde sagen.

Gerade an Kafkas Nacherzählungen überlieferter Stoffe, sei es solcher der Bibel, sei es solcher der Antike, ist dieser Vorgang der aufbauenden Zerstörung offensichtlich. Kafka zerstört die tradierte Fassung, nicht um sich über den Mythos zu erheben, sondern um ihn, der das Unerklärliche erklärt, wieder ins Unerklärliche zurückzuführen, wie er ausdrücklich in seiner Prometheus-Version sagt; deshalb ist ihm die Negation so wichtig. Kafkas Haltung ließe sich in dem Paradoxon festhalten: Erneuerung der Tradition durch Negation, allerdings durch eine radikale, die weit über das hinausgeht, was vorher geleistet wurde. Etwa über Sören Kierkegaard, den Kafka kannte und schätzte.

Der Unterschied zwischen Kierkegaards «dialektischer Theologie» und Kafkas «religiöser Dialektik» lässt sich am besten in einem Bild Kierkegaards aufzeigen. Heutzutage, meint Kierkegaard, werde der Mensch so sehr mit positivem Wissen angefüllt, dass es notwendig sei, ihm etwas davon wegzunehmen, daher seine Dialektik, «die verwirrende Form des Gegensatzes». Dann das Bild: «Wenn ein Mann den Mund so voll Essen hat, dass er aus dem Grunde nicht zum Essen kommen kann und es damit enden muss, dass er Hungers stirbt, besteht dann das Ihm-Speise-Mitteilen darin, dass man ihm den Mund noch voller stopft, oder nicht vielmehr darin, dass man dafür sorgt, etwas davon zu entfernen, damit er dazu kommen kann zu essen?» (Walser, 187) «Damit er dazu kommen kann zu essen»: Kierkegaards Dialektik ist eine Art Diät, die das Alte erhalten will, und zwar bei besserer Gesundheit: weniger, aber richtig essen.

Kafkas Dialektik ist die des «Hungerkünstlers», der nichts isst, bis er stirbt: «der Glaube wie ein Fallbeil», wie es in den Aphorismen heißt. Die reine Negation also, die unbedingte Verneinung. Bei Kafka bleibt nichts übrig, woran eine Schule der «dialektischen Theologie» sich halten könnte wie bei Kierkegaard. Kafka hat nicht Schule gemacht. Wer könnte ihm auch folgen? Er müsste ein «Hungerkünstler» sein, der auf jedes Essen verzichtet. Der Hungerkünstler hat keinen Feierabend.

Kafkas Erzählung «Ein Hungerkünstler», 1924 im gleichnamigen Erzählungsband erschienen, dessen Korrekturen Kafka auf dem Sterbebett noch las, handelt von einem Künstler und nicht von einem Frommen (Zaddik). Früher gab es in Varietés tatsächlich solche Hungerkünstler, die längere Zeit nichts aßen und immer neue Rekorde aufstellten. Bei Kafka ist das Hungern des Künstlers auf genau vierzig Tage begrenzt, danach bricht der Impresario das Hungern ab – aus wohlerwogenen Gründen: das Publikumsinteresse lässt nach vierzig Tagen nach, meint er. Die vierzig Tage erinnern natürlich an biblische Zeitmaße des Fastens. Genau an der Stelle, an welcher der Impresario nach vierzig Tagen den Hungerkünstler aus dem Käfig führt, werden dann auch religiöse Zusammenhänge genannt: «Der Impresario kam, hob stumm – die Musik machte das Reden unmöglich – die Arme über den Hungerkünstler, so als lade er den Himmel ein, sich sein Werk hier auf dem Stroh einmal anzusehen, diesen bedauernswerten Märtyrer, welcher der Hungerkünstler allerdings war, nur in ganz anderem Sinn.» (1, 266) Nur in ganz anderem Sinn! Die Verbindung zwischen dem Hungernden und dem Himmel wird zwar hergestellt, der Hungernde ist «sein (also des Himmels) Werk», ein Märtyrer ist er auch, aber nicht im alten Sinne. Hier fastet nicht ein Eremit, hier hungert ein Künstler. Hungern ist nicht dasselbe wie Fasten; Fasten ist eine vorgeschriebene Handlung, die innerhalb eines religiösen Kultus ihre Funktion hat: die der Reinigung, die der Abwendung vom Irdischen, der Hinwendung zum Himmlischen. Bei Kafka wird gehungert, d. h. es wird lediglich nicht gegessen, und der Zusammenhang, in dem es geschieht, ist ein künstlerischer: der Künstler braucht ein Publikum. Seine Tat ist sinnlos, wenn das Publikum sie ignoriert. Er braucht die Zuschauer. Der Fastende hat Gott zum Zuschauer und braucht sonst niemanden.

Insofern ist das Wort «Hungerkünstler» hier auch in dem Sinne gemeint, den man nicht selten zur Bezeichnung des Künstlers in der bürgerlichen Gesellschaft benutzt: der Künstler muss sich durchhungern, weil er von seiner Kunst nicht leben kann. Der «freie Künstler» ist zwar frei von staatlicher und kirchlicher Bevormundung, er ist oft aber auch einsam und arm. Will er von seiner Kunst leben, braucht er Erfolg beim Publikum; er ist also abhängig vom Publikum. Unterwirft er sich jedoch den Wünschen des Publikums allzu sehr, verliert er seine künstlerische Reputation. Hält er sich konsequent an seinen künstlerischen Auftrag, droht ihm das Publikum verloren zu gehen.

«Ein Hungerkünstler» ist eine scharfsichtige Parabel des Künstlers in der Moderne, wie sie sich vor mehr als 200 Jahren herausgebildet hat. Dieser Künstler übernahm aus der religiösen Tradition eine gewisse Aura, die ihm Bewunderung einbrachte, von ihm aber auch Unbedingtheit und Reinheit verlangte. Dabei hatte dieser Künstler den Halt in der Religion verloren, die Einbindung in die Gemeinschaft aber selten dagegen eingetauscht.

«Josefine und das Volk der Mäuse» heißt die Erzählung, die Kafka nach «Ein Hungerkünstler» schrieb. Dort wird das Verhältnis von Künstler und Gesellschaft noch schärfer formuliert: Josefine hält sich für eine große Sängerin, das Volk der Mäuse aber findet, dass sie nicht anders piepse als alle anderen Mäuse auch. Der Erzähler der Geschichte lässt den Leser im Zweifel, wer von beiden Recht hat: die Sängerin oder das Volk. Immer wieder dreht er die Argumentation um: einmal scheint Josefine zu pfeifen wie alle Mäuse immer schon pfeifen, von Kunst kann also keine Rede sein. Am Ende desselben Absatzes aber sagt der Erzähler, eine Maus oder ein Mäuserich ohne Zweifel: «… wenn man vor ihr sitzt, weiß man: was sie hier pfeift, ist kein Pfeifen». (1, 277) Es ist also mehr als ein Pfeifen, eine künstlerische Tätigkeit. Kafka hat hier scharfsinnig das Verhältnis von Künstler und Publikum abgehandelt, fast im soziologischen Sinne: nur das ist Kunst, was in der Gesellschaft als Kunst anerkannt wird. Was der Künstler macht, der singt, schreibt oder malt, ist eigentlich nichts Besonderes, jeder kann es irgendwie und macht es auch ab und an. Was die Äußerung des Künstlers zur Kunst macht, ist nicht so sehr dessen Kunstfertigkeit, als vielmehr die allgemeine Anerkennung, die gesellschaftliche Kanonisierung, die sagt: dies betrachten wir als Kunst.

Kafkas «Hungerkünstler» fehlt nicht nur die Verbindung zum Himmel, ihm fehlt auch die Verbindung zum Publikum. Damit ist auch seine Kunst in Frage gestellt: mag er noch so kunstvoll hungern, nimmt es niemand wahr, dann ist es keine Kunst, dann ist er kein Künstler. Die Einbindung in die Gemeinschaft ist freilich im Judentum besonders wichtig, sie ist die Grundlage der Religion: Das jüdische Volk als Ganzes, nicht der isolierte Einzelne, ist Subjekt im Heilsgeschehen. Der von der Gemeinschaft Abgespaltene ist hier völlig vereinsamt. Kafkas Hungerkünstler steht allein in seiner Zeit, ohne religiöse, ohne kulturelle Gemeinschaft. Er lebt in einer Zeit, in der auch das Hungern, sozusagen als Nachfolgehandeln des Fastens, lächerlich geworden ist. In Europa, heißt es in der Geschichte, ist inzwischen «ein Umschwung» geschehen:

«Denn inzwischen war jener erwähnte Umschwung eingetreten; fast plötzlich war das geschehen; es mochte tiefere Gründe haben, aber wem lag daran, sie aufzufinden; jedenfalls sah sich eines Tages der verwöhnte Hungerkünstler von der vergnügungssüchtigen Menge verlassen, die lieber zu anderen Schaustellungen strömte. Noch einmal jagte der Impresario mit ihm durch halb Europa, um zu sehn, ob sich nicht noch hie und da das alte Interesse wieder fände; alles vergeblich; wie in einem geheimen Einverständnis hatte sich überall geradezu eine Abneigung gegen das Schauhungern ausgebildet. Natürlich hatte das in Wirklichkeit nicht plötzlich so kommen können, und man erinnerte sich jetzt nachträglich an manche zu ihrer Zeit im Rausch der Erfolge nicht genügend beachtete, nicht genügend unterdrückte Vorboten, aber jetzt etwas dagegen zu unternehmen, war zu spät. Zwar war es sicher, dass einmal auch für das Hungern wieder die Zeit kommen werde, aber für die Lebenden war das kein Trost. Was sollte nun der Hungerkünstler tun? Der, welchen Tausende umjubelt hatten, konnte sich nicht in Schaubuden auf kleinen Jahrmärkten zeigen, und um einen andern Beruf zu ergreifen, war der Hungerkünstler nicht nur zu alt, sondern vor allem dem Hungern allzu fanatisch ergeben.» (1, 268–269)

Der Hungerkünstler verhungert schließlich unbeachtet in seinem Käfig; kurz vor seinem Tode gibt er noch eine Begründung seines Hungerns: «‹Immerfort wollte ich, daß ihr mein Hungern bewundert›, sagte der Hungerkünstler: ‹Wir bewundern es auch›, sagte der Aufseher entgegenkommend. ‹Ihr sollt es aber nicht bewundern›, sagte der Hungerkünstler. ‹Nun, dann bewundern wir es also nicht›, sagte der Aufseher, ‹warum sollen wir es denn nicht bewundern?› ‹Weil ich hungern muss, ich kann nicht anders›, sagte der Hungerkünstler. ‹Da sieh mal einer›, sagte der Aufseher, ‹warum kannst du denn nicht anders?› ‹Weil ich›, sagte der Hungerkünstler, hob das Köpfchen ein wenig und sprach mit wie zum Kuss gespitzten Lippen gerade in das Ohr des Aufsehers hinein, damit nichts verloren ging, ‹weil ich nicht die Speise finden konnte, die mir schmeckt. Hätte ich sie gefunden, glaube mir, ich hätte kein Aufsehen gemacht und mich voll gegessen wie du und alle.›» (1, 272–273)

Er fand also nicht die richtige Speise. Hätte er sie gefunden, hätte er nicht hungern müssen, vielleicht hätte er dann fasten können? Kierkegaard empfiehlt eine Diät, Heidegger legt den Grund frei; Kafka kennt nur einen Abgrund. Der Hungerkünstler hat keinen Feierabend. Kafka hat in seinem Werk und in seinem Leben eine Antwort auf die Frage nach dem rechten Leben gesucht. Sehen wir uns Kafkas Texte an, finden wir keine Texte der Art, wie wir sie bei Kierkegaard oder Heidegger finden: also Briefe etwa, in denen die Autoren ihre Philosophie verständlich zu machen versuchen, außerhalb der Redeweise ihrer Philosophie. Kafkas Briefe sind von derselben Art wie seine übrigen Texte, ironisch im Sinne Kierkegaards: radikal, bodenlos. Auch Kafkas Leben – und das ist ein wichtiger Punkt – auch Kafkas Leben kannte keine Ruhepausen, wie Milena Jesenska, die ihn wie wenige verstand, in einem Brief an Max Brod es ausdrückte: «Er hatte keinen Ausweg, nicht im Schlaf, nicht im Rausch.» Kierkegaard hatte gemütliche Stunden im Kaffeehaus, Heidegger bei der Familie. Die Philosophie war ihre Profession, nicht ihr Leben.

Kafka versuchte, beiden Rednern in seinem Gleichnis von den Gleichnissen zu folgen. Einerseits stellte er die Überlieferung in Frage als aufgeklärter Rationalist, andererseits versuchte er ihr zu folgen. Als frommer Jude konnte er das nicht tun, sondern nur als Künstler, und zwar als ein Künstler, der außerhalb der Gemeinschaft, der jüdischen nicht nur, also auch ohne nennenswerten Erfolg lebte. Er hatte gewissermaßen die alte Rolle des fastenden Frommen, der die Gesetze hält, übertragen auf die Rolle des Künstlers, der nicht nur durch Reden, also in seinem Werk, sondern auch durch Handeln, also in seinem Leben radikal sein will: der religiöse Vorgang wird zum ästhetischen, die religiöse Haltung zur künstlerischen, gerade dadurch aber wird sie hoffnungslos. Auch der Erfolg befriedigte diesen Künstler nicht. Gerade die, die ihn bewundern, machen den Hungerkünstler wütend.

Kafka kann sich nicht mit der Rede im Werk zufrieden geben, er kann sich nicht zum gemütlichen Feierabend zurückziehen wie wir anderen, die wir vom «Unsagbaren» sprechen und dann bei gutem Essen und Trinken es uns wohl ergehen lassen wie Kafkas Affe Rotpeter nach Feierabend im «Bericht für eine Akademie». Kafka ist konsequent wie ein Mönch im Kloster oder ein Frommer vor dem Gesetz. Diese konsequente Haltung findet sich auch bei einigen anderen Autoren, also die Radikalität, die sich mit dem ganzen Leben der literarischen Aufgabe unterwirft. Etwa bei dem Philosophen Ludwig Wittgenstein, dessen Leben von strenger Askese bestimmt wurde: Er verschenkte sein großes Vermögen wie Franziskus von Assisi, er ging in die norwegische Einsamkeit wie ein Eremit, er wurde Volksschullehrer im hintersten Winkel Österreichs. Es kostete seine Freunde viel Überredung, ihn für einige Zeit als Philosophen nach Cambridge zu holen.

Auch bei dem Prager Dichter Rainer Maria Rilke findet sich diese Konsequenz: in seinem Eremitendasein, in seinem Aufenthalt in leeren Schlössern wie dem von Duino, in der Abgeschlossenheit von Muzot. In jenem Winter in Duino ist ihm der Geist eines Verstorbenen erschienen, der ihm Gedichte diktierte, sagte Rilke. Die Rilke-Forscher wissen das natürlich besser und weisen Rilke zurecht. Rilke führte auf seine Weise die genannte «Destruktion» durch: die des christlichen und die des antiken Mythos in den «Duineser Elegien» und in den «Sonetten an Orpheus», bis er in den letzten Jahren fast frei wurde von der Überlieferung und unverstellt sprechen konnte.

Man findet sie auch bei dem von Franz Kafka geschätzten Robert Walser, der als verlachter Trottel in Bern umherirrte, nachts Stimmen hörte und schließlich im Irrenhaus landete, dem letzten Kloster unserer Zeit, wie Elias Canetti sagte. Man findet sie auch bei dem Dadaisten Hugo Ball, der sich ins Tessin zurückzog, der fromm wurde mit einer Intensität, die jedem beamteten Pfarrer unangenehm sein muss, weil sie auf eine Weise mit dem Glauben ernst macht, der die Hierarchie der Kirche ins Wanken bringt. Ball starb dort an Magenkrebs, weil er die rechte Speise nicht finden konnte, könnte man sagen. Mager wie ein Hungerkünstler sieht er auf dem letzten Foto aus. Im Tessin schrieb er mit den byzantinischen Legenden die Geschichte dreier Kirchenväter, also auch hier ein Zurück zu den Quellen, nachdem er als Dadaist 1916 die Destruktion der europäischen Kultur clownesk vorführte – in einer Zeit, in der diese Destruktion ernsthaft und blutig auf den Schlachtfeldern von Verdun durchexerziert wurde.

Im Oktavheft G, in das Franz Kafka während des Krieges im Winter 1917 auf 1918 Aufzeichnungen eintrug, als er bei seiner Schwester Ottla in Zürau sich zu erholen suchte, schreibt er: «Es ist nicht Trägheit, böser Wille, Ungeschicklichkeit – wenn auch von alledem etwas dabei ist, weil das ‹Ungeziefer aus dem Nichts geboren wird› – welche mir alles misslingen oder nicht einmal misslingen lassen: Familienleben, Freundschaft, Ehe, Beruf, Litteratur, sondern es ist der Mangel des Bodens, der Luft, des Gebotes. Diesen zu schaffen ist meine Aufgabe, nicht damit ich dann das Versäumte etwa nachholen kann, sondern damit ich nichts versäumt habe, denn die Aufgabe ist so gut wie eine andere. Es ist sogar die ursprünglichste Aufgabe oder zumindest ihr Abglanz, so wie man beim Ersteigen einer luftdünnen Höhe plötzlich in den Schein der fernen Sonne treten kann. Es ist dies auch keine ausnahmsweise Aufgabe, sie ist schon gewiß oft gestellt worden, ob allerdings in solchem Ausmaß weiß ich nicht. Ich habe von den Erfordernissen des Lebens gar nichts mitgebracht, so viel ich weiß, sondern nur die allgemeine menschliche Schwäche, mit dieser – in dieser Hinsicht ist es eine riesenhafte Kraft – habe ich das Negative meiner Zeit, die mir ja sehr nahe ist, die ich nie zu bekämpfen, sondern gewissermaßen zu vertreten das Recht habe, kräftig aufgenommen, an dem geringen Positiven sowie an den äußersten, zum Positiven umkippenden Negativen hatte ich keinen ererbten Anteil.» (6, 215)

Und er endet: «Ich bin nicht von der allerdings schon schwer sinkenden Hand des Christentums ins Leben geführt worden wie Kierkegaard und habe nicht den letzten Zipfel des davonfliegenden jüdischen Gebetmantels noch gefangen wie die Zionisten. Ich bin Ende oder Anfang.»

23. Der Baum der Erkenntnis.
Leben mit dem Stern.

«Und Gott sah an alles, was er gemacht hatte; und siehe da, es war sehr gut. Da ward aus Abend und Morgen der sechste Tag», so heißt es im 1. Buch Mose. Gott hatte in sechs Tagen die Welt erschaffen, am sechsten Tag den Menschen, und sah zufrieden sein Werk an: es war sehr gut. Die Welt war noch so, wie er sie geschaffen hatte, sie war noch unversehrt. Der Mensch erst sollte sie beschädigen.

Gott schuf dem Menschen einen angenehmen Platz: das Paradies mit allerlei Bäumen und «mitten im Garten» setzte er «den Baum des Lebens» und «den Baum der Erkenntnis des Guten und des Bösen». (1. Mose, 2, 9) Und er erließ ein Gebot: «… vom Baum der Erkenntnis des Guten und des Bösen sollst du nicht essen; denn welches Tages du davon isst, wirst du des Todes sterben.»

Die listige Schlange überredet nun die Menschen – Gott hat dem Manne eine Frau geschaffen – doch von diesem Baum zu essen: «Ihr werdet mitnichten des Todes sterben, sondern Gott weiß, dass welches Tages ihr davon esset, so werden eure Augen aufgetan, und ihr werdet sein wie Gott und wissen, was gut und böse ist.» Die Frau isst daraufhin vom Baum der Erkenntnis und der Mann auch. Die Folgen sind bekannt. Sie werden aus dem Paradies vertrieben, müssen schwer arbeiten, um ihr Leben zu fristen, und die Frau muss unter Schmerzen gebären. Und sterben müssen sie auch, «denn du bist Erde und sollst zu Erde werden», sagt Gott. Kurz darauf geschieht der erste Mord, Kain erschlägt Abel, ein Brudermord, wie im Grunde jeder Mord ein Brudermord ist, sind doch alle Menschen Brüder und Schwestern.

Heinrich von Kleist hat sich in seinem bekannten Dialog «Über das Marionettentheater» mit diesem ersten Kapitel in der Geschichte der Menschheit, wie er es nennt, befasst. Er begreift den Mythos, er ergreift ihn; kurz gesagt: solange die Menschen nicht vom Baum der Erkenntnis gegessen hatten, lebten sie in Einheit mit sich selbst und der Natur. Sie waren Teil der Natur und unschuldig wie diese. Der Löwe, der die Gazelle reißt, ist unschuldig, denn er ist sich seiner Tat nicht bewusst. Erst mit dem Bewusstsein und dem Selbstbewusstsein kam ein Riss in die Welt: der Mensch trennte sich von der Natur, er stand ihr gegenüber und gewissermaßen auch sich selbst; er wurde aus dem Paradies vertrieben. Er wurde sich seiner selbst bewusst und dessen, was er tat. Er konnte und musste hinfort unterscheiden zwischen Gut und Böse. Er konnte nun Gutes tun und Böses tun. Und er tat viel Böses.

Für Franz Kafka war die Frage nach Gut und Böse, nach der Ursache des Bösen in der Welt, eine grundlegende Frage, die ihn gerade in der Zeit beschäftigte, als das ärztliche Urteil «Lungentuberkulose» im September 1917 ihn mit dem Tod konfrontierte. Bei seiner Schwester Ottla suchte er in dem Dorf Zürau, wo sie mühsam einen Bauernhof betrieb, Erholung. Er las Kierkegaard und er las offensichtlich auch die Bibel. Im Oktavheft G, in das er in diesem Winter 1917 auf 1918 seine Gedanken aufzeichnete, setzt er sich mit dem «Sündenfall» immer wieder auseinander: «Nach Gott sollte die augenblickliche Folge des Essens vom Baum der Erkenntnis der Tod sein, nach der Schlange (wenigstens konnte man sie dahin verstehn) die göttliche Gleichwerdung. Beides war in ähnlicher Weise unrichtig. Die Menschen starben nicht, sondern wurden sterblich, sie wurden nicht Gott gleich, aber erhielten eine unentbehrliche Fähigkeit, um es zu werden. Beides war auch in ähnlicher Weise richtig. Nicht der Mensch starb, aber der paradiesische Mensch, sie wurden nicht Gott, aber das göttliche Erkennen.» (6, 195)

Wer Kafka ernst nehmen will, wer sich ernsthaft für ihn interessiert, muss sich auf seine Gedanken einlassen. Demnach geht er hier von der biblischen Erzählung aus und dreht sie dialektisch wieder um: einerseits hatten beide unrecht, Gott und die Schlange, andererseits hatten beide auch wieder recht. Wie das? Der Mensch starb nicht sofort, nachdem er vom Baum der Erkenntnis gegessen hatte, aber er wurde sterblich. Doch, sagt Kafka: der Mensch starb sofort, nämlich der paradiesische Mensch. Und: der Mensch wurde nicht Gott gleich, sondern erhielt eine Fähigkeit, es zu werden, also sich Gott anzunähern bzw., wie er dann schreibt, ihn zu erkennen im «göttlichen Erkennen». Hat er aber nicht doch in einem Punkt Ähnlichkeit mit Gott, insofern er jetzt wie dieser Gut und Böse unterscheiden kann?

«Wir sind von Gott beiderseitig getrennt: Der Sündenfall trennt uns von ihm, der Baum des Lebens trennt ihn von uns.» (6, 194) Das ist leicht zu verstehen: durch den Sündenfall erfolgte die Trennung, das Ergebnis war also nicht eine Gottähnlichkeit, wie die Schlange behauptete, sondern eine Gottferne. Der Baum des Lebens trennt

Gott von uns, denn mit diesem Baum hätten die Menschen Unsterblichkeit erreicht. Es heißt im 1. Buch Mose: «Siehe, Adam ist geworden wie unsereiner und weiß, was gut und böse ist. Nun aber, dass er nicht ausstrecke seine Hand und breche auch vom Baum des Lebens und esse und lebe ewiglich» (1. Mose, 3, 22). Deshalb vertreibt Gott Adam und Eva, damit sie nicht durch die Frucht des Baums des Lebens ewiges Leben erlangen. Dann wären sie ihm tatsächlich nahegerückt.

Kafka: «Wir wurden aus dem Paradies vertrieben, aber zerstört wurde es nicht. Die Vertreibung aus dem Paradies war in einem Sinne ein Glück, denn wären wir nicht vertrieben worden, hätte das Paradies zerstört werden müssen». (6, 194) Dann wären wir, kann man ergänzen, auch aus dem Paradies vertrieben worden, denn da, wo wir geblieben wären, wäre kein Paradies mehr gewesen. Da wir vertrieben wurden und das Paradies noch besteht, ist dies eine Hoffnung, dass wir doch eines Tages wieder werden zurückkehren können. Es ist eine Hoffnung, die übrigens auch Heinrich von Kleist in seinem Dialog «Über das Marionettentheater» äußert: Zurück können wir nicht, der Cherub versperrt uns den Weg, also müssen wir den Gang um die Welt machen, um zu sehen, ob wir nicht von hinten wieder ins Paradies eintreten können. Das ist freilich ein langer Weg, der durch die ganze Geschichte der Menschheit führt, eine durchweg trostlose Geschichte.

Kafka: «Der trostlose Gesichtskreis des Bösen, schon im Erkennen des Guten und Bösen glaubt er die Gottgleichheit zu sehn. Die Verfluchung scheint an seinem Wesen nichts zu verschlimmern: mit dem Bauche wird er die Länge des Weges ausmessen.» (6, 195) Das Böse kennt nichts als das Böse, das es vom Guten unterscheiden kann. Die ganze Länge des Wegs der menschlichen Geschichte wird es ausmessen, es wird die Geschichte des Bösen sein.

Was Kafka immerzu beschäftigte und in dieser Zeit in Zürau zumal, war die Frage, warum die Welt ist, wie sie ist, warum das Böse so viel Macht hat unter den Menschen. Deshalb geht er an diesen Anfang zurück, als mit den Menschen das Böse in die Welt kam, durch sie, durch ihre Gier und ihre Ungeduld, durch ihre Komplizenschaft mit dem Bösen, wobei zu dieser Komplizenschaft nicht nur die Hingabe an das Böse gehört, sondern auch der Kampf mit ihm: «Eines der wirksamsten Verführungsmittel des Bösen ist die Aufforderung zum Kampf. Er ist wie der Kampf mit Frauen, der im

Bett endet.» (6, 229) Aber was sollen wir dann tun? «Laß dich vom Bösen nicht glauben machen, Du könntest vor ihm Geheimnisse haben.» (6, 231) «Die Hintergedanken, mit denen Du das Böse in Dir aufnimmst, sind nicht die Deinen, sondern die des Bösen.» (6, 232) «Es bedurfte der Vermittlung der Schlange: das Böse kann den Menschen verführen, aber nicht Mensch werden.» (6, 236)

Viele dieser knappen Überlegungen, in mehreren Sätzen ausgeführt oder in einem Satz zugespitzt, schrieb Kafka noch einmal ins Reine und nummerierte sie durch; nach seiner Zählung sind es 109; einige strich er wieder. Er hatte offensichtlich vor, sie zu veröffentlichen; so wichtig waren sie ihm immerhin. Max Brod nannte sie «Betrachtungen über Sünde, Leid, Hoffnung und den wahren Weg», zumindest die letzte Bezeichnung ist unzutreffend, denn den wahren Weg suchte Kafka, fand ihn aber nicht, deshalb heißen sie jetzt in der neuen Kafka-Ausgabe von Hans-Gerd Koch: «Aphorismen». (6, 228–248). Der erste Aphorismus heißt: «Der wahre Weg geht über ein Seil, das nicht in der Höhe gespannt ist, sondern knapp über dem Boden. Es scheint mehr bestimmt stolpern zu machen, als begangen zu werden.» (6, 228)

Dies die Sicht der Welt mit Kafkas Augen: Behinderungen, Verwirrungen, Täuschungen und keine Antwort auf die Frage: was tun? «Alles ist Betrug: das Mindestmaß der Täuschungen suchen, im üblichen bleiben, das Höchstmaß suchen. Im ersten Fall betrügt man das Gute, indem man sich dessen Erwerbung zu leicht machen will, das Böse, indem man ihm allzu ungünstige Kampfbedingungen setzt. Im zweiten Fall betrügt man das Gute, indem man also nicht einmal im Irdischen nach ihm strebt. Im dritten Fall betrügt man das Gute, indem man sich möglichst weit von ihm entfernt, das Böse, indem man hofft, durch seine Höchststeigerung es machtlos zu machen. Vorzuziehen wäre also hienach der zweite Fall, denn das Gute betrügt man immer, das Böse in diesem Fall, wenigstens dem Anschein nach nicht.» (6, 237) Wenigstens dem Anschein nach, also nicht in Wirklichkeit? Und warum soll man das Böse nicht betrügen? Weil man es nicht betrügen kann. Die Situation ist wieder ausweglos.

Kafka ist ein religiöser Denker und ein ungläubiger Mensch. Dem gläubigen Juden sagt das Gesetz, also alle schriftliche und mündliche Überlieferung, überaus deutlich, was er zu tun und was er zu lassen hat. Alles ist bis ins Detail geregelt; hält er sich daran, führt er ein gottgefälliges Leben und kann mit Gottes Huld rechnen. Kafka ist ein religiöser Denker, weil er die Überlieferung ernst nimmt, beim Wort nimmt wie wenige, offensichtlich sind Paradies und Sündenfall für ihn Gewissheiten. Doch er lässt sie nicht stehen, er wendet sie hin und her mit seiner vertrackten Dialektik, er nimmt sie auseinander, bis ihre Aussage zweideutig, zum Verzweifeln zweideutig wird und das, was doch Rat geben sollte, Ratlosigkeit erzeugt. Er ist wie ein Kind, das wissen will, wie ein Spielzeug funktioniert. Es zerlegt das Spielzeug und zerstört es, vielleicht weiß das Kind dann, wie es funktionierte, aber es funktioniert nun nicht mehr. So auch Kafka. Sein Drang, den Einfall immer im Kreise herumzujagen, wie er einmal sagt, bringt ihn um den Ertrag seiner Gedanken, die am Ende nichts anderes sagen, als dass das Böse trostlos ist, und das haben wir gewusst. Bei Kafka ist natürlich auch das Gute trostlos.

Felix Weltsch schrieb eine kleine eindrucksvolle Studie über seinen lange verstorbenen Freund Franz Kafka nach dem Zweiten Weltkrieg. Sie erschien 1957 in Berlin unter dem Titel «Religion und Humor im Leben und Werk Franz Kafkas». Er untersuchte nicht zuletzt diese Aphorismen, die den Philosophen faszinierten. Er sah, dass diese Aphorismen keine in sich schlüssige Weltsicht ergeben, jeder Gedanke steht für sich, einige ergänzen sich, andere erhellen sich. Weltsch: «Es ist nicht zu leugnen, dass sich bei solcher systematischen Registrierung Widersprüche ergeben. Können alle diese Wege samt der Ausweglosigkeit nebeneinander bestehen? Oder lassen sie sich so lange interpretieren, bis sie schließlich einen eindeutigen Erlösungsweg ergeben? Das wäre wohl nicht das Richtige. Richtig ist vielmehr, dass eben diese Unklarheiten zur religiösen Position Kafkas gehören. Nie wird die Transzendenz selber angezweifelt.» (Weltsch, 72)

Kafka: «Ein erstes Zeichen beginnender Erkenntnis ist der Wunsch zu sterben. Dieses Leben scheint unerträglich, ein anderes unerreichbar. Man schämt sich nicht mehr, sterben zu wollen; man bittet, aus der alten Zelle, die man haßt, in eine neue gebracht zu werden, die man erst hassen lernen wird. Ein Rest von Glauben wirkt dabei mit, während des Transports werde zufällig der Herr durch den Gang kommen, den Gefangenen ansehen und sagen: Diesen sollt ihr nicht wieder einsperren. Er kommt zu mir.» (6, 230) Das irdische Leben als Gefängnis, ein Weiterleben nach dem Tode ebenfalls als Gefängnis, aber ein Rest, ein letzter Rest von Glauben ist noch: vom «Herrn» zufällig gesehen zu werden und Gnade zu erfahren und zu ihm, also in eine andere Welt als die der Gefängnisse, zu kommen.

Dies ist offensichtlich: für Kafka gibt es neben der irdischen Welt eine andere – oder gar mehrere andere –, das wird immer wieder angedeutet, wenn nicht offen ausgesprochen: «Es gibt nichts anderes als eine geistige Welt, was wir sinnliche Welt nennen ist das Böse in der geistigen und was wir böse nennen ist nur eine Notwendigkeit eines Augenblicks unserer ewigen Entwicklung.» (6, 236). Und: «Die Tatsache, dass es nichts anderes gibt als eine geistige Welt, nimmt uns die Hoffnung und gibt uns die Gewissheit.» (6, 238) Welche Hoffnung nimmt es uns, gibt es uns nicht vielmehr eine Hoffnung, dass es noch etwas anderes gibt als die irdische Welt, die Schein ist, Lug und Trug? «Das Böse ist eine Ausstrahlung des menschlichen Bewusstseins in bestimmten Übergangsstellungen. Nicht eigentlich die sinnliche Welt ist Schein, sondern ihr Böses, das allerdings für unsere Augen die sinnliche Welt ist.» (6, 242) Also die unseren Sinnen zugängliche, die irdische Welt ist Schein, der wiederum nichts anderes ist als der Ausdruck des Bösen.

Noch einmal Felix Weltsch: «Kafka war es um die Gestaltung der Situation zu tun, nicht um einen Ausweg aus der Situation; wenigstens in seinen Romanen» (Weltsch, 74). In den Aphorismen sucht der Leser allerdings auch einen Ausweg vergeblich. Weltsch: «Nicht eine Lösung will der Dichter, sondern eine Verdichtung. Bei Günther Anders heißt es von Kafka: Hätte er eindeutig gewusst, in welcher Richtung sein Ausweg lag, so hätte er «nur» als Gläubiger oder «nur» als Weiser oder «nur» als Tendenzdichter gegolten. Da er aber verzweifelt zweifelt, bleibt er noch immer in jener Dimension der Neutralität, die wir als die Dimension der Künstleraussage anzusehen gewohnt sind.» (Weltsch, 75)

Das mag auch der Grund sein, dass Kafka in der Reinschrift der Aphorismen jeden Hinweis auf den Messias getilgt hat. Der Messias steht ja in unmittelbarer Verbindung zu Paradies und Sündenfall. Erst die Vertreibung aus dem Paradies macht das Erscheinen des Messias nötig. Die vom sündhaften Menschen beschädigte Welt wird eines Tages durch den Messias wieder in ihren ursprünglichen, von Gott gewollten Zustand zurückgeführt. Der Messias, könnte man sagen, bringt das Ende der dunklen Welt und stellt das Paradies wieder her. Im Oktavheft G gibt es wenigstens zwei Aufzeichnungen, die traditionell beginnen: «Der Messias wird kommen ...» (6, 180 und 182) Die eine: «Der Messias wird erst kommen, wenn er nicht mehr nötig sein wird, er wird erst nach seiner Ankunft kommen, er wird nicht am letzten Tag kommen, sondern am allerletzten.» (6, 182) Wieder gibt Kafka sich nicht zufrieden mit der überlieferten Version, er muss ihr eine eigene anfügen, in der die Hoffnung auf die Ankunft des Messias relativiert wird: er wird kommen, wenn er nicht mehr nötig ist. Das ist die Antithese zur traditionellen Aussage, die heißt: Er wird kommen, wenn er nötig ist. Hat Kafka deshalb die verzweifelte Hoffnung auf den Messias aus der Reinschrift der Aphorismen entfernt? Oder war ihm noch zu viel Hoffnung in der Verzweiflung?

Der Teufel jedenfalls fehlt nicht: «Es kann ein Wissen vom Teuflischen geben, aber keinen Glauben daran, denn mehr Teuflisches, als da ist, gibt es nicht.» (6, 245) An den Teufel muss man nicht glauben, man kann ihn sehen und sein Werk. Man muss nur die Augen öffnen und den Weltlauf betrachten. So konnte auch der tief religiöse und überaus skeptische Franz Kafka das Werk des Teufels beschreiben mit einer Genauigkeit, die heute wie eine Prophezeiung aussieht.

Kaum siebzehn Jahre nach Kafkas Tod widerfuhr den Prager Juden, was sie an die Romane ihres Landsmanns erinnert hätte, hätten sie «Der Proceß» und «Das Schloß» gekannt. Von einer allgegenwärtigen und doch undurchschaubaren Bürokratie wurden sie erfasst, eingeteilt und reglementiert. Immer mehr Lebensrechte wurden ihnen genommen. Theater, Kinos, Parks durften sie nicht mehr besuchen, Straßenbahn durften sie nicht mehr fahren, die Stadt nicht verlassen. In der Gemeinde mussten sie sich melden. Stundenlang standen sie Schlange vor Bürogebäuden, bevor sie an die Reihe kamen: «Der Beamte mit der gelben Binde winkte mir zu, in die Kanzlei zu gehen. Dort saßen Leute mit gelben Armbinden, Schreiberinnen hieben in die Tasten ihrer Schreibmaschinen, ich musste auf die Fragen antworten, und die Formulare waren noch länger als die auf der Gemeinde. Ich sprach leise, das Klappern der Schreibmaschinen übertönte meine Worte, alle sprachen leise und bewegten sich wie auf dünnem Eis. Posten gab es nicht, vielleicht hielten sie sich im Hause verborgen, sie waren unsichtbar, konnten jedoch jeden Augenblick in die Kanzlei treten. Dann wurden wir in ein großes Zimmer getrieben, dort saßen viele Leute an Ti-

schen, und ich ging befehlsgemäß von einem Tisch zum andern.»
(Weil, 34–35)

So beschreibt Jiři Weil, ein Prager tschechischer Autor, eine der
üblichen Schikanen nach der Besetzung Prags durch die deutschen
Truppen in seinem autobiographischen Roman «Leben mit dem
Stern», den er 1949 veröffentlichte. Vielleicht ist es kein Zufall, dass
sein Held mit Vornamen Josef heißt und ein Bankbeamter ist wie jener Josef K. im Roman «Der Proceß». Die Szene, in der dieser Josef
Roubiček – ein Name, den Juden gewöhnlich in tschechischen Wit-
zen tragen – den gelben Judenstern erhält, den er hinfort tragen
muss, ist fast komisch: «‹Sie dürfen ihn nicht schmutzig machen.
Holen Sie sich später einen zweiten, heute geben wir nur einen aus.›
Der Beamte trug die Miene eines vielbeschäftigten Mannes zur
Schau, dem seine Arbeit Freude bereitete. Er war gewiss ein ehema-
liger Handlungsgehilfe, der froh war, dass seine Ware so schnell
wegging, gute Ware, billige Ware, eine große Gelegenheit, nur eine
Krone kostete ein Stern aus gutem Vorkriegsmaterial, das ist so gut
wie umsonst, Leutchen.» (Weil, 102) Diese Beamten mit den gelben
Binden gehören zu den Verfolgten, sie sind nicht klüger als sie, nur
für eine Weile haben sie einen Posten, der ihnen das Leben erleichtert, doch früher oder später gehen auch sie in den Transport.

Josef Roubiček wandert ruhelos durch Prag wie Raban in Kafkas
«Beschreibung eines Kampfes» und Severin in Leppins «Severins
Gang in die Finsternis», nur ist diesmal Prag wirklich gespenstig
und der Gang führt wirklich in die Finsternis. Roubiček trägt den
gelben Stern: «Ich ging tags darauf auf die Straße, ich musste ja etwas
einkaufen. Ich bemerkte, wie die Leute mich anschauten, mir schien
zuerst, ein Schnürsenkel hätte sich gelöst oder an meinem Anzug
wäre etwas nicht in Ordnung, ich störte irgendwie die übliche, die
eingelebte Ordnung, ich war eine Art Schandfleck, der nicht in das
Straßenbild gehörte, und alle schienen das zu fühlen. Und ich war
allein inmitten all der Menschen, völlig allein, denn vor mir traten
die Leute zurück, sie blieben stehen und betrachteten mich, ich gehörte nicht zu ihnen.» (Weil, 103) Weil schreibt aus Lebenserfahrungen; er schreibt, was er erfahren hat.

Da ihr Leben immer unerträglicher wird, systematisch unerträg-
lich gemacht wird, erhoffen und befürchten die Juden zugleich den
Transport, der sie gen Osten bringen wird in die Vernichtungslager.
Weil: «Ich wartete auf den Boten der Gemeinde. Ich wusste, dass

zuerst der Bote von der Gemeinde kommen würde, um wie ein Herold seine Botschaft zu verkünden, und dass danach andere Leute kommen würden, deren Aufgabe es war, das Mobiliar aufzunehmen und mir die nötigen Belehrungen zu erteilen. Dann werden noch andere Leute kommen, deren Aufgabe es sein wird, das Gepäck zu kontrollieren, damit es auch richtig gepackt und gewogen sei. Aber der Bote der Gemeinde kam und kam nicht. Ich erfuhr jedoch, dass die Namen derer, die anzutreten hatten, im Betsaal verlesen werden. Ich ging also am festgesetzten Tag in den Betsaal. Es war ein dunkler Saal, wo den ganzen Tag das Licht brannte. Er lag im Kellergeschoss, denn aus den Tiefen muss man Gott den Herrn anrufen. Hier waren nur die kahlen Wände und die harten Bänke; die Stelle, wo der Thora-Schrein gestanden hatte, war leer. Von dieser Stelle aus wurden die Namen verlesen, die auf langen Listen verzeichnet waren. Es las sie, auf einem Stuhl sitzend, ein gewöhnlich gekleideter Mann. Die Leute saßen in den Bänken und lauschten den Namen.» (Weil, 192–193)

Der Thora-Schrein war entfernt worden. An der Stelle, an der die Thora stand, steht nun ein Vollzugsgehilfe der finsteren Macht. Da, wo früher das Wort Gottes verlesen wurde, werden jetzt die Namen der Opfer verlesen, die für den Transport in die Hölle von Auschwitz ausgewählt wurden, die Namen von gläubigen und von ungläubigen Juden, von solchen, die den Sabbat heiligten und von solchen, die nichts mehr von ihm wussten. Ob sie an Gott glaubten oder nicht: die Macht des Teufels wurde allen offenbar.

«Langsam tropften die Namen in die Stille. Aus der Tiefe rufen wir zu dir, o Herr, vom Grunde des Schmerzes und der Verzweiflung. Es gingen die Abelese, die Aschkenasis, die Bendas, langsam schleppten sich die Annas, Marias, Hedwigs, Elisabeths und Josefinen dahin, die Josefs, Roberts, Egons, Jans und Pavels. Aus der Tiefe rufen wir zu dir, o Herr, denn sie sind schon dahingegangen, ins Dunkel gestürzt, und nun tauchen neue Namen auf. ...» (Weil, 193)

24. Milena Jesenska.
Dora Diamant.

Jiři Weil war so alt wie dieses Jahrhundert, das manchmal das Jahrhundert Franz Kafkas genannt wird. Er wurde am 6. August 1900 geboren und war in jungen Jahren ein begeisterter Kommunist. 1933 ging er in die Sowjetunion, um sich das «Paradies der Werktätigen» anzusehen, für das er immer geschwärmt hatte. Es war keines, wie sollten auch Menschen ein Paradies schaffen können. Jiři Weil schrieb darüber einen Brief nach Hause. Der Brief wurde abgefangen und Weil kam in ein Lager nach Kirgisien. Er hatte Glück, nach einem halben Jahr «Umerziehung» entließ man ihn nach Prag. Seine Erfahrungen berichtete er in seinem Roman «Moskau – Die Grenze», der 1937 in Prag erschien, ein Werk, das Urs Heftrich an Comenius' «Das Labyrinth der Welt» erinnert. Obwohl der Erzähler von zwei Begleitern angeführt wurde wie der Pilger des Comenius, gelang es ihm, die Täuschung und Verblendung zu durchschauen. (Weil, 360) Das sollte ihm noch schaden.

Als 1949 sein Roman «Leben mit dem Stern» in Prag erschien, waren gerade die Kommunisten an die Macht gelangt. Das Buch war da, aber es war Weils letzte Publikation zu seinen Lebzeiten. Er erhielt sogleich Publikationsverbot. In der Parteipresse wurde das Werk streng gerügt wegen seiner «künstlerischen Fehler» (Weil, 361). Kurz vor seinem Tod, er starb am 13. Dezember 1959 an Leukämie, durfte er noch einen kurzen Text veröffentlichen: seinen «Klagesang» auf die 77 297 Juden aus Böhmen und Mähren, die von den Nationalsozialisten ermordet worden waren. (Weil, 337 ff.)

Was Urs Heftrich über das Verhalten der Opfer in Weils Roman «Leben mit dem Stern» sagt, kann auch ein Licht auf das Verhalten K.s und anderer Figuren in den beiden Romanen Kafkas werfen: «Nüchtern verfolgt er (der Erzähler) von Fall zu Fall, wie die Gepeinigten sich immer weiter in die Logik ihrer Peiniger eindenken, in der vergeblichen Hoffnung, so der nächsten Phase der Folter zu entgehen. Unweigerlich nehmen sie dadurch etwas von den Gesetzen, die zu ihrer Vernichtung ersonnen wurden, in ihren eigenen Willen auf.» (Weil, 368) Aber hatten sie eine Chance, gab es einen Ausweg? Jiři Weil hatte einen gefunden. Im Herbst 1942 zum Transport aufgerufen, täuschte er einen Selbstmord vor. Er legte seine Aktentasche auf das Geländer der Karlsbrücke und erweckte so den Anschein, er sei in die Moldau gesprungen. Er versteckte sich im Hinterzimmer einer Wohnung von Bekannten und überlebte. Er hatte das Böse betrogen. Doch für wie lange? Nach 1949 kam eine neue Entrechtung, die er nicht lange überlebte.

Der Prager Germanist Jiři Stromšik berichtete, dass es dem tschechischen Leser von Kafkas Romanen in den Zeiten der kommunistischen Herrschaft nahezu unmöglich war, diese als Kunstwerke zu lesen. Er las sie als realistische Erzählungen, die, nur wenig verzerrt, seinen Alltag schilderten. Was als Symbole angelegt war, wurde als Realie wahrgenommen: «So wurde die für die Kafkasche Welt typische Atmosphäre der Unfreiheit, die unbestreitbar metaphysische Dimensionen hat, zwangsläufig durch den Filter der tagtäglich erlebten politischen Unfreiheit verstanden.» (Stromšik, 272) Stromšik gibt Beispiele:

«Der Leser, dem die faktische Allmacht und potentielle Allgegenwart der Geheimpolizei und des Parteiapparats bekannt ist, würde wahrscheinlich ganz simpel sagen: wenn jemand frei herumlaufen kann, so besagt das noch lange nicht, dass er frei ist, sondern lediglich, dass er noch nicht eingesperrt ist, es aber jederzeit und ohne Begründung werden kann. ... Für den Bürger des Staates, in dem Legislative, Exekutive und Jurisdiktion säuberlich voneinander getrennt sind, stellen Sätze wie «Es gehört ja alles zum Gericht» (Titorelli) oder «dass das Endurteil in manchen Fällen unversehens komme, aus beliebigem Munde, zu beliebiger Zeit» (Huld) automatisch ein Signal dar, nach einer «tieferen Bedeutung» zu forschen, während sich der Leser im totalitären Staat erst einen «Bildungsruck» geben muss, um darin nicht eine schlichte Tatsachenfeststellung zu sehen, höchstens mit einer Prise «Scherz, Satire, Ironie» zu sehen. Wenn sich Josef K. zu rechtfertigen sucht, ohne zu wissen, wogegen, oder wenn andere Petenten oder Angeklagte sich durch Bestechung, Servilität oder Frauengunst eine Milderung ihrer ohnehin unklaren Lage erschleichen wollen, statt den Rechtsweg zu nutzen, dann ergibt sich daraus ein «Sinn» eben nur in einem Rechtsstaat, während dieselben Verhaltensweisen im Totalitarismus längst zur gängigen politischen Praxis, wenn nicht gar zur allgemeinen Überlebenskunst geworden sind.» (Stromšik, 273)

Milena Jesenska, die kurze Zeit mit Franz Kafka befreundet war, wandte sich gegen den Totalitarismus in beiderlei Gestalt: in der

Hitlerschen und in der Stalinschen, bevor sie einem der beiden zum Opfer fiel. Sie war die erste Übersetzerin Kafkas ins Tschechische; ihr Mann Ernst Pollak hatte sie auf ihn aufmerksam gemacht. Es kam 1920 zur Begegnung zwischen den beiden und zu einem intensiven Briefwechsel über mehr als ein Jahr. Diese Freundschaft mit Franz Kafka war nur eine Episode in ihrem reichen Leben. Von Wien, wo sie mit Pollak gelebt hatte, kehrte sie Mitte der zwanziger Jahre nach Prag zurück. Von Pollak geschieden, lebte sie mit Franz Xaver Schaffgotsch zusammen, einem Grafen, der sie mit dem Kommunismus bekannt machte. Sie schrieb für Modezeitschriften, gab ein Kochbuch heraus (Mileniny recepty, Praha 1925) und publizierte in linken Blättern. Sie übersetzte bedeutende Autoren aus dem Deutschen, dem Französischen und dem Russischen. Durch ihren zweiten Ehemann, den bekannten tschechischen Architekten Jaromir Krejcar, kam sie in die Prager Künstlerwelt, in der sie ein umschwärmter Mittelpunkt wurde. Sie half deutschen Emigranten nach 1933 und nach 1938 half sie jüdischen und kommunistischen Bekannten über die Grenze.

Den Höhepunkt erreichte ihre publizistische Tätigkeit in der angesehenen Zeitschrift «Přitomnost» (Gegenwart) von 1937 bis zu deren Verbot durch die deutschen Besatzer 1939. In dieser Zeit schrieb sie nicht nur kritische Aufsätze über Hitler-Deutschland, sondern auch über die Sowjetunion und über die westlichen Mächte Großbritannien und Frankreich, die im «Münchener Abkommen» vom November 1938 ihren Vertragspartner Tschechoslowakei, dem sie Beistand zugesichert hatten, verrieten und Hitlers Schergen auslieferten. Gerade in dieser Zeit des Fanatismus auf allen Seiten hatte sie aber auch Verständnis für die Böhmendeutschen, die nicht alle Hitler-Anhänger waren; «nicht jeder Deutsche gleicht dem andern» schrieb sie; Nationalismus war ihr fremd.

Karel Kosik sieht in seinem Aufsatz «Das Jahrhundert der Grete Samsa» die Größe Milena Jesenskas darin, dass sie gegen «alle drei Inkarnationen des Bösen» sich in aussichtsloser Lage gestellt habe: «gegen den deutschen Nazismus, gegen den russischen Bolschewismus, aber auch gegen das Übel der Münchener Kapitulation der westlichen Demokratien, gegen den in ganz Europa verbreiteten Geist, richtiger Ungeist des Münchener Abkommens.» (Kosik, 195) Er sieht in ihr eine Art moderner Antigone, eine Gegenfigur zur Grete Samsa in Kafkas «Die Verwandlung»:

«Die moderne Antigone hat «ein Auge zu viel», weil die anderen die Augen vor dem Bösen verschließen und es nicht sehen wollen in seiner Vielgestalt. Sie sehen es nur in einer Gestalt, vor den anderen verschließen sie die Augen. Wer ein Auge zu viel hat, sieht nicht nur, was um ihn herum geschieht, er entdeckt und ermittelt das Böse nicht nur in allen seinen Gestalten, sondern sieht auch, und darin besteht der tragische Weitblick, was er selbst tun muss, wie er selbst handeln muss: er muss sich allen Formen des Bösen entgegenstellen. Natürlich muss er dieser Übermacht unterliegen.» (Kosik, 195)

Milena Jesenska, die sich dem tschechischen Widerstand angeschlossen hatte, wurde am 11. November 1939 von der Gestapo festgenommen. Nach Verhören und Haft in verschiedenen Gefängnissen kam sie in das Konzentrationslager Ravensbrück. Dort lernte sie Margarete Buber-Neumann kennen, die mit einem Sohn des Religionsphilosophen Martin Buber in erster Ehe verheiratet gewesen war, jenes Martin Buber, dessen Vorträge über das Judentum die Prager jungen Juden vor dem Ersten Weltkrieg inspirierten. In zweiter Ehe mit dem kommunistischen Funktionär Neumann verheiratet, emigrierte sie mit diesem in die Sowjetunion. Zweidrittel der deutschen Kommunisten, die in die Sowjetunion sich zu retten meinten, wurden dort in den Gefängnissen und Lagern umgebracht, so auch Neumann. Margarete Buber-Neumann kam in ein stalinistisches KZ und wurde nach dem Hitler-Stalin-Pakt im Oktober 1940 mit anderen deutschen Kommunisten von Stalin als Geschenk Hitler überreicht. So kam Buber-Neumann ins KZ Ravensbrück. Sie sagte gelegentlich mit bitterer Ironie: «Ich hatte das Glück, die Konzentrationslager Stalins und Hitlers kennen zu lernen.» Sie überlebte und schrieb ein bewegendes Buch über ihre Freundschaft mit Milena Jesenska, die im Lager Ravensbrück am 17. Mai 1944 starb: «Kafkas Freundin Milena».

Niemand hat das Wesen Franz Kafkas so scharf erfasst wie Milena Jesenska in einem Brief, den sie Max Brod 1924 schrieb: «Gewiss steht die Sache so, dass wir alle dem Augenschein nach fähig sind zu leben, weil wir irgendeinmal zur Lüge geflohen sind, zur Blindheit, zur Begeisterung, zum Optimismus, zu einer Überzeugung, zum Pessimismus oder zu sonst etwas. Aber er ist nie in ein schützendes Asyl geflohen, in keines. Er ist absolut unfähig zu lügen, so wie er unfähig ist, sich zu betrinken. Er ist ohne die geringste Zuflucht, ohne Obdach. Darum ist er allem ausgesetzt, wovor wir geschützt sind. Er ist wie ein Nackter unter Angekleideten. Es ist das alles nicht einmal Wahrheit, was er sagt, was er ist und lebt. Es ist solch ein determiniertes Sein an und für sich, von allen Zutaten entledigt, die ihm helfen könnten, das Leben zu verzeichnen – in Schönheit oder in Elend, einerlei. Und seine Askese ist durchaus unheroisch – hierdurch allerdings um so größer und höher. Jeder Heroismus ist Lüge und Feigheit. Das ist kein Mensch, der sich seine Askese als Mittel zu einem Ziel konstruiert, das ist ein Mensch, der durch seine schreckliche Hellsichtigkeit, Reinheit und Unfähigkeit zum Kompromiss zur Askese gezwungen ist.» (Brod, Kafka, 200)

Dass wir es heute so schwer haben, Franz Kafka als den zu begreifen, der er war, die Flut der Literatur über ihn ist eher Ausdruck der Verzweiflung als der Erkenntnis, liegt nicht nur daran, dass wir ihn nicht gekannt haben, die Ausstrahlung seiner Persönlichkeit nicht gespürt haben wie seine Zeitgenossen, es liegt auch daran, dass unser Blick ein anderer, ein ganz anderer ist als der seine. So fällt es uns schwer, ihm auf Augenhöhe zu begegnen. Wo Religion kein Thema ist, kann ein religiöser Schriftsteller im Stande des Unglaubens wie Kafka nicht auf dem ihm angemessenen Niveau diskutiert werden. Also spricht man über anderes, über «Alltägliches», über das jeder jederzeit mitreden kann: das Verhältnis zum Vater, die Beziehung zur Verlobten.

Karel Kosik meinte, der beherrschende Blick unserer Zeit sei der des Lakaien. Der Lakai sieht seinen Herrn in Unterhosen, er kennt all seine Schwächen, für ihn ist er kein Held. Der Lakai, der früher Diener war, sei inzwischen zum Herrscher und Gebieter der öffentlichen Meinung aufgerückt, die von der Plattheit seiner Perspektive bestimmt werde: «Der lauernde, schnüffelnde Blick, der in der Boulevardpresse konzentriert ist, weiß alles über jeden ...» (Kosik, 192) Oder er meint es doch zu wissen.

Mit dem Blick des Lakaien können wir einiges, aber nicht alles an Kafkas Leben und Werk erfassen, er hat ja gewissermaßen diesen Blick in seinen Romanen abgebildet: Helden gibt es da nicht, nur groteske Gestalten. Kafka bleibt uns, trotz aller Anstrengung, immer noch rätselhaft. Und so sind wir dankbar für jedes Zeugnis, das ihn uns näher bringt. Neben dem der Milena Jesenska ist es das der Dora Diamant, die er kurz vor seinem Tode erst kennen lernte: im Juli 1923 während eines Aufenthaltes mit seiner Schwester Elli in

Müritz an der Ostsee. Mit ihr wollte er ein neues Leben beginnen. Sie wohnten in Berlin. Jetzt endlich konnte er sich von Prag trennen und von der Familie befreien und mit einer Frau zusammen leben, jetzt kurz vor seinem Tode. Im März 1924 zwang ihn die Krankheit, nach Prag zurückzukehren; im April kam er in österreichische Sanatorien und in Kierling bei Wien ist er am 3. Juni 1924 gestorben. Dora Diamant war bei ihm.

Jahre nach Kafkas Tod absolvierte Dora Diamant eine Ausbildung als Schauspielerin. Ende der zwanziger Jahre erhielt sie ein Engagement in Düsseldorf, wo sie in einem Stück der damals nicht unbekannten Schriftstellerin Berta Lask auftrat. Dadurch lernte sie wohl deren Sohn Ludwig kennen, den sie heiratete. Ludwig Lask, ein überzeugter Kommunist, musste 1933 Deutschland verlassen; er emigrierte mit Frau und Tochter in die Sowjetunion. In Moskau kam er in die so genannten stalinistischen Säuberungen; er wurde in das Arbeitslager Workuta deportiert. Dora gelang es nach mehrfachen verzweifelten Versuchen, mit ihrer Tochter nach England auszureisen. Ein Wunder. Dort kam sie als feindliche Ausländerin bis zum Ende des Krieges in ein Internierungslager. Sie starb 1952 mit 49 Jahren in London, ohne je wieder von ihrem Mann gehört zu haben. Erst Anfang der sechziger Jahre fand die Tochter den Vater wieder: er lebte in Ost-Berlin, wohin er auf Drängen seiner Mutter entlassen worden war.

Kurz vor ihrem Tode hatte Dora Diamant ihre Erinnerungen an Franz Kafka aufgeschrieben, wenige, bedeutsame Zeilen. Einige von ihnen sollen unsere Studie beschließen: «Oft las er mir vor, was er geschrieben hatte; aber niemals analysierte oder erklärte er. Mitunter erschien es mir voller Humor, vermischt mit einer gewissen Selbstironie. Hin und wieder sagte er: ‹Ich möchte wohl wissen, ob ich den Gespenstern entkommen bin!› Unter dieser Bezeichnung fasste er alles zusammen, was ihn vor seiner Ankunft in Berlin gequält hatte. Von dieser Vorstellung schien er wie besessen zu sein, es lag darin gewissermaßen ein trotziges Aufbegehren. Um seine Seele von diesen ‹Gespenstern› zu befreien, wollte er alles verbrennen, was er geschrieben hatte. Ich achtete seinen Willen, und als er krank im Bett lag, verbrannte ich einige seiner Arbeiten vor seinen Augen. Was er wirklich schreiben wollte, würde erst später kommen, wenn er seine ‹Freiheit› errungen hatte.» (Koch, 179)

Nachwort

Dieses Buch ist für Kafka-Leser gedacht, nicht für Kafka-Forscher. Ich versuche den Lesern wichtige Ergebnisse meiner jahrelangen Beschäftigung mit Franz Kafka und seinem Umfeld mitzuteilen. Ich setze mich nicht mit der Forschung auseinander, nicht mit den bisweilen kontroversen Diskussionen; Hinweise auf diese fehlen deshalb weitgehend. Das soll nicht heißen, dass ich der Forschung nichts zu verdanken habe; einige Titel nenne ich.

Vor allem den Gesprächen mit Kafka-Forschern, mit denen ich befreundet bin, verdanke ich wichtige Anregungen: Jürgen Born, Josef Čermak, Peter Demetz, Jorgen Egebak, Karl Erich Grözinger, Klaus Hermsdorf, Hans-Gerd Koch, Kurt Krolop, Marek Nekula, Anthony Northey, Manfred Voigts, Alena Wagnerova. Nicht zu vergessen die Verstorbenen Margarita Pazi, Karel Kosik und Ernst Pawel.

In der Bibliographie beschränke ich mich auf die Primärliteratur, die ich untersucht habe: die Kafkas und seiner Freunde Max Brod, Oskar Baum und Felix Weltsch, die von anderen Autoren, die ich zum Vergleich heranzog. Ich führe nur die Titel der Sekundärliteratur an, die ich erwähnt habe.

Die außerordentlich umfangreiche Sekundärliteratur zu Franz Kafka kann ich hier nicht nennen. In den einschlägigen Einführungen wird eine Auswahl der wichtigsten Werke vorgestellt: etwa in dem Sonderband «Franz Kafka» von «Text und Kritik», München 1994, in dem Reclam-Band «Interpretationen. Franz Kafka: Romane und Erzählungen», herausgegeben von Michael Müller, Stuttgart 1994, außerdem in der neuesten Auflage von Klaus Wagenbachs Kafka-Monographie bei Rowohlt: Franz Kafka, Reinbek 2002. Und in Reiner Stachs Biographie: Kafka. Die Jahre der Entscheidungen, Frankfurt a. M. 2002.

Zeittafel

1883	Franz Kafka am 3. Juli als Sohn des Kaufmanns Hermann und seiner Frau Julie (geb. Löwy) in Prag geboren. Schwestern Elli (1889), Valli (1890) und Ottla (1892).
1889–1893	Volksschule am Fleischmarkt.
1893–1901	Altstädter Deutsches Staatsgymnasium. Wohnung der Familie in der Zeltnergasse.
1901–1906	Studium an der Deutschen Universität in Prag. Germanistik (im 2. Semester), dann Jura.
1902	Ferien in Liboch und Triesch (bei Onkel Siegfried, dem Landarzt). Erste Begegnung mit Max Brod.
1904–1905	*Beschreibung eines Kampfes.* Die ersten regelmäßigen Zusammenkünfte mit Oskar Baum, Max Brod und Felix Weltsch. Die Sommerferien 1905 und 1906 in Zuckmantel.
1906	Promotion zum Dr. iur. Advokatur, ab Oktober ein Jahr «Rechtspraxis».
1907	*Hochzeitsvorbereitungen auf dem Lande.* Im Oktober Eintritt in die «Assicurazioni Generali». Umzug der Familie in die Niklasstraße.
1908	Ab Juli «Arbeiter-Unfall-Versicherungs-Anstalt» (bis zur Pensionierung im Juli 1922). Erste Publikation von acht Prosastücken in der Zeitschrift «Hyperion».
1909	Ferien mit Max und Otto Brod in Riva.
1910	Beginn des Tagebuchs. Jiddische Schauspieltruppe. Fanta-Kreis.
1911	Amtliche Reise nach Friedland und Reichenberg. Ferien an den oberitalienischen Seen, mit Max Brod. Erlenbacher Sanatorium. Jiddische Schauspieltruppe; Jizchak Löwy.
1912	Anfang des Jahres erste Entwürfe zum *Verschollenen* (*Amerika*). Juli in Weimar (mit Max Brod), dann in Jungborn. August: Zusammenstellung des ersten Buches *Betrachtung*, das im Dezember erscheint. Erste Begegnung mit Felice Bauer. September: *Das Urteil.* September bis Januar 1913: Die ersten sieben Kapitel des *Verschollenen.* Oktober: Beginn der Korrespondenz mit Felice Bauer. November/Dezember: *Die Verwandlung.* Dezember: Erste öffentliche Lesung (in Prag, *Das Urteil*).

1913	Ostern: Erster Besuch bei Felice Bauer in Berlin. April: Gartenarbeit in Troja. Mai: Zweiter Besuch in Berlin; Erscheinen des *Heizer*. September: Wien, Venedig, Riva. «Die Schweizerin».
1914	Ostern in Berlin. Juni: Verlobung mit Felice Bauer. Juli: Entlobung, Reise an die Ostsee. August: Eigenes Zimmer in der Bilekgasse. Beginn der Niederschrift des *Prozeß*. Oktober: *In der Strafkolonie*. Letztes Kapitel des *Verschollenen*. Grete Bloch.
1915	Januar: Erstes Wiedersehen mit Felice Bauer. März: Zimmer in der Langen Gasse. Reise nach Ungarn. Carl Sternheim gibt den Fontane-Preis an Kafka. November: Erscheinen der *Verwandlung*.
1916	Juli: Mit Felice Bauer in Marienbad. September: Erscheinen des *Urteil*. November: Zweite öffentliche Lesung (in München, *In der Strafkolonie*). Zimmer in der Alchimistengasse. *Landarzt*-Erzählungen.
1917	*Landarzt*-Erzählungen. März: Zimmer im Schönborn-Palais. Juli: Zweite Verlobung mit Felice Bauer. September: Konstatierung der Lungentuberkulose; Übersiedlung nach Zürau zur Schwester Ottla. Dezember: Entlobung. – Herbst 1917 bis Frühjahr 1918: Aphorismen.
1918	Zürau. Im Sommer Prag. Rumburg. Im September in Turnau. Ab November in Schelesen. Julie Wohryzek.
1919	Schelesen. Ab Frühjahr wieder in Prag. Mai: Erscheinen von *In der Strafkolonie*. – Verlobung mit Julie Wohryzek. Im Herbst erscheint die Sammlung von Erzählungen *Ein Landarzt*. Im November in Schelesen, *Brief an den Vater*.
1920	*Er*. Ab April in Meran, Briefwechsel mit Milena Jesenská. Wien. Entlobung mit Julie Wohryzek. Im Sommer und Herbst in Prag; zahlreiche Erzählungen (darunter *Poseidon, Nachts, Zur Frage der Gesetze, Der Kreisel*). Ab Dezember in Matliary (Tatra). Robert Klopstock.
1921	Matliary. Im Herbst wieder in Prag. *Erstes Leid*.
1922	Februar in Spindelmühle, dann Prag, von Ende Juni bis Mitte September in Planá bei der Schwester Ottla. Januar bis September: *Das Schloß*. Frühjahr: *Ein Hungerkünstler*. Sommer: *Forschungen eines Hundes*.
1923	Prag. Im Juli in Müritz (Ostsee); Dora Diamant. Schelesen (Ottla). Ab September in Berlin. Oktober: *Eine kleine Frau*. Im Winter: *Der Bau*.
1924	Berlin. Im März in Prag, *Josefine, die Sängerin*. Anfang

April Abreise von Prag. Mit Dora Diamant und Robert Klopstock im Sanatorium in Kierling, wo Kafka am 3. Juni stirbt. Am 11. Juni Begräbnis in Prag. Im Sommer erscheint die Sammlung von vier Erzählungen *Ein Hungerkünstler*.

Literatur

Die Werke Franz Kafkas werden nach der Taschenbuchausgabe in 12 Bänden zitiert, die Hans-Gerd Koch nach der Kritischen Ausgabe im Fischer-Verlag herausgab.

Die erste Zahl in den Klammern nach den Zitaten nennt die Nummer des Bandes dieser Ausgabe, die zweite Zahl die Seite des jeweiligen Bandes. Die übrige Literatur wird mit einem Stichwort in Klammern und der Seitenzahl zitiert. Das Stichwort wird hier dem Titel jeweils in Klammern angefügt.

Franz Kafka: Werke

Gesammelte Werke in zwölf Bänden. Nach der Kritischen Ausgabe herausgegeben von Hans-Gerd Koch. Frankfurt a. M. 1994 ff.

Band 1. Ein Landarzt und andere Drucke zu Lebzeiten.
Band 2. Der Verschollene.
Band 3. Der Proceß.
Band 4. Das Schloß.
Band 5. Beschreibung eines Kampfes und andere Schriften aus dem Nachlaß.
Band 6. Beim Bau der chinesischen Mauer und andere Schriften aus dem Nachlaß.
Band 7. Zur Frage der Gesetze und andere Schriften aus dem Nachlaß.
Band 8. Das Ehepaar und andere Schriften aus dem Nachlaß.
Band 9. Tagebücher Band 1: 1909–1912.
Band 10. Tagebücher Band 2: 1912–1914.
Band 11. Tagebücher Band 3: 1914–1923.
Band 12. Reisetagebücher.
Franz Kafka: Briefe 1902–1924. Herausgegeben von Max Brod. Frankfurt a. M. 1975 ff. (Briefe)
Franz Kafka. Briefe an Felice und andere Korrespondenz aus der Verlobungszeit. Herausgegeben von Erich Heller und Jürgen Born. Frankfurt a. M. 1976 ff. (Felice)
Franz Kafka: Briefe an Milena. Erweiterte und neu geordnete Ausgabe. Herausgegeben von Jürgen Born und Michael Müller. Frankfurt a. M. 1986 ff. (Milena)

Zeugnisse

Max Brod: Über Franz Kafka. (Enthält: Franz Kafka. Eine Biographie. Franz Kafkas Glauben und Lehre. Verzweiflung und Erlösung im Werk Franz Kafkas.) Frankfurt a. M. 1974 ff. (Brod, Kafka)

Leo Brod: Erinnerungen an Franz Kafka. In: Deutsche Studien. Vierteljahreshefte. XVIII, Heft 69, März 1980. S. 83–88. (Leo)

Oskar Baum: Rückblick auf eine Freundschaft. In: Als Kafka mir entgegenkam ... Erinnerungen an Franz Kafka. Herausgegeben von Hans-Gerd Koch. Berlin 1995 ff. S. 13–24. (Koch)

Hugo Bergmann: Schulzeit und Studium. In: Als Kafka mir entgegenkam ... a.a.O., S. 13–24. (Koch)

Hugo Bergmann: Berta Fanta. In: Weil der Boden selbst hier brennt. Aus dem Prager Salon der Berta Fanta (1865–1918). Hrsg. von Georg Gimpl. Prag o. J. (2001). S. 177–182. Darin auch das Tagebuch der Berta Fanta und die Erinnerungen ihrer Tochter Else Bergmann. (Fanta)

Dora Diamant: Mein Leben mit Franz Kafka. In: Als Kafka mir entgegenkam ... a.a.O., S. 174–185. (Koch)

Willy Haas: Rationalistische und transzendentale Morallehre. Ein Vortrag. In: Herder-Blätter, April 1911. Faksimile-Ausgabe zum 70. Geburtstag von Willy Haas. Hamburg 1962. (Herder)

Gerti Kaufmann: Erinnerungen an meinen Onkel. In: Als Kafka mir entgegenkam ... a.a.O., S. 198–201. (Koch)

Anna Pouzarova: Als Erzieherin in der Familie Kafka. In: Als Kafka mir entgegenkam ... a.a.O., S. 55–64. (Koch)

Felix Weltsch: Kafka als Freund. In: Als Kafka mir entgegenkam ... a.a. O. S. 71–73. (Koch)

Oskar Baum: Werke

Oskar Baum: Die Tür ins Unmögliche. Wien 1988.

Oskar Baum: Erzählungen aus dem Blindenleben. Mit den Nachrufen auf Franz Kafka und einem Nachwort von Christina Bacher. Prag 1999. (Baum)

Felix Weltsch: Werke

Felix Weltsch: Religion und Humor im Werk Franz Kafkas. Berlin 1957. (Weltsch)

Felix Weltsch: Sinn und Leid. Erstveröffentlichung. Herausgegeben von Manfred Voigts. Berlin 2000.

Weitere Primärliteratur

Johann Amos Comenius (Komensky): Das Labyrinth der Welt und Das Paradies des Herzens. Mit einem Vorwort von Pavel Kohout. Luzern 1970. (Comenius)

Jacob und Wilhelm Grimm: Die Kinder- und Hausmärchen. Vollständige Ausgabe in der Urfassung. Herausgegeben von Friedrich Panzer. Wiesbaden o. J., Vollmer-Verlag. (Grimm)

Walter Hasenclever: Der Sohn. In: Sämtliche Werke. Bd. 2.1. Stücke bis 1924, Mainz 1992. (Hasenclever)

Alfred Kubin: Die andere Seite. Ein phantastischer Roman. München 1968. (Kubin)

Paul Leppin: Severins Gang in die Finsternis. Ein Prager Gespensterroman. Prag 1998. (Severin)

Gustav Meyrink: Der Golem. Berlin 2003. (Golem)

Robert Walser: Jakob von Gunten. Ein Tagebuch. Frankfurt a. M. 1980.

Jiři Weil: Leben mit dem Stern. Aus dem Tschechischen von Gustav Just. Mit «Klagegesang für 77 297 Opfer», übertragen von Bettina Kaibach, und einem Nachwort von Urs Heftrich. München-Stuttgart 2000. Tschechische Bibliothek. (Weil)

Sekundärliteratur

Beda Allemann: Zeit und Geschichte im Werk Kafkas. Göttingen 1998.

Evelyn Torton Beck: Kafka and the Yiddish Theater. Its Impact on his Work. Madison 1971. (Beck)

Jürgen Born: Kafkas Bibliothek. Ein beschreibendes Verzeichnis. Mit einem Index aller in Kafkas Schriften erwähnten Büchern, Zeitschriften und Zeitschriftenbeiträgen. Frankfurt a. M. 1980. (Born)

Peter Demetz: The Air Show at Brescia, 1909. New York. 2002. (Demetz)

Dictionary of th Jewish Religion. By Dr. Ben Isaacson. Edited by David C. Gross. Bantam Books. New York. 1979.

Ingeborg Fiala-Fürst: Der Beitrag der Prager deutschen Literatur zum deutschen Expressionismus. St. Ingbert. 1996.

Hans Georg Gadamer: Heidegger und die Sprache. In: H. G. Gadamer: Idee und Sprache. Kleine Schriften III, Tübingen 1972. (Gadamer)

Richard T. Gray: Das Urteil – Unheimliches Erzählen und die Unheimlichkeit des bürgerlichen Subjekts. In: Michael Müller: Franz Kafka. Romane und Erzählungen. Stuttgart 1994. (Gray)

Karl Erich Grözinger: Kafka und die Kabbala. Das Jüdische in Werk und Denken von Franz Kafka. Frankfurt a. M. 1992. (Grözinger)

Erich Heller: Die Welt Franz Kafkas. In: Franz Kafka. Wege der Forschung. Hrsg. von Heinz Politzer. Darmstadt 1973. S. 175–202. (Heller)

Anneliese Hewig: Phantastische Wirklichkeit. Alfred Kubins «Die andere Seite». München 1967. (Hewig)

Karel Kosik: Das Jahrhundert der Grete Samsa. Von der Möglichkeit oder Unmöglichkeit des Tragischen in unserer Zeit. In: Kafka und Prag. Hrsg. von Kurt Krolop und Hans Dieter Zimmermann. Berlin 1994. S. 187–198. (Kosik)

Stephane Moses: Zur Frage der Gesetze. Gershom Scholems Kafka-Bild. In: Kafka und das Judentum. Hrsg. von Karl Erich Grözinger, Stephane Moses und Hans Dieter Zimmermann. Frankfurt a. M. 1987. S. 13–34. (Moses)

Ernst Pawel: Das Leben Franz Kafkas. Eine Biographie. München 1986.

Meyer Isses Pines: Histoire de la Littérature Judeo-Allemande. Paris 1911. (Pines)

Heinz Politzer : Franz Kafka. Der Künstler. Frankfurt a. M. 1978. (Politzer)

Leo Prijs: Die jüdische Religion. Eine Einführung. München 1977. (Prijs)

Bertram Rohde: «und blätterte ein wenig in der Bibel». Studien zu Franz Kafkas Bibellektüre. Würzburg 2002.

Gershom Scholem: Die jüdische Mystik in ihren Hauptströmungen. Frankfurt a. M. 1980. (Scholem 1)

Gershom Scholem: Judaica 1. Frankfurt a. M. 1981. (Scholem 2)

Günter Stemberger: Das klassische Judentum. München 1979. (Stemberger)

Christoph Stölzl: Kafkas böses Böhmen. München 1975. (Stölzl)

Jiři Stromšik: Kafkarny – kafkaske Situationen im totalitäen Alltag. In: Nach erneuter Lektüre. Franz Kafkas «Der Proceß». Hrsg. von Hans Dieter Zimmermann. Würzburg 1992, S. 269–284. (Stromšik)

Silvio Vietta/Hans-Georg Kemper: Expressionismus. München 1985. (Vietta)

Manfred Voigts: Franz Kafkas Freund Felix Weltsch. In: Sprache im technischen Zeitalter, Heft 164, Dezember 2002. S. 392–410. (Voigts 1)

Manfred Voigts: Mathematik und Telepathie. Zu Hugo Bergmanns umgreifender Weltsicht. In: Mystik, Mystizismus und Moderne in Deutschland um 1900. Hrsg. von Moritz Baßler und Hildegard Chatellier. Strasbourg 1998. (Voigts 2)

Manfred Voigts (Hrsg.): Franz Kafka «Vor dem Gesetz». Aufsätze und Materialien. Würzburg 1994.

Alena Wagnerova: Ein überraschendes Zeugnis über Hermann Kafka. In: Sprache im technischen Zeitalter, Heft 164, Dezember 2002. S. 373–378. (Wagnerova 1)

Alena Wagnerova: Die Familie Kafka aus Prag. Frankfurt a. M. 2001. (Wagnerova 2)

Alena Wagnerova: Milena Jesenska. Biographie. Mannheim 1994.

Martin Walser: Selbstbewußtsein und Ironie. Frankfurt a. M. 1981. (Walser)

Hans Dieter Zimmermann (Hrsg.): Rationalität und Mystik. Mit Beiträgen von Gustav Landauer, Martin Buber, Franz Kafka, Robert Musil, Martin Heidegger u. a.. Frankfurt a. M. 1981. (Als Insel-Taschenbuch Frankfurt a. M. 1999) (Zimmermann 1)

Hans Dieter Zimmermann: Die endlose Suche nach dem Sinn. Kafka und die jiddische Moderne. In: H. D. Zimmermann (Hrsg.): Nach erneuter Lektüre. Franz Kafkas «Der Proceß». Würzburg 1992. (Zimmermann 2)

Hans Dieter Zimmermann: Rudolf Steiners Einfluss auf Kunst und Literatur der klassischen Moderne. In: Mystik, Mystizismus und Moderne in Deutschland um 1900. Hrsg. von Moritz Baßler und Hildegard Chatellier. Strasbourg 1998. (Zimmermann 3)

Hans Dieter Zimmermann: Der babylonische Dolmetscher. Zu Franz Kafka und Robert Walser. Frankfurt a. M. 1985.

Hanns Zischler: Kafka geht ins Kino. Reinbek 1996. (Zischler)

Max Brod: Werke

Tod den Toten. Erzählungen. Axel Juncker Verlag, Stuttgart 1906.

Schloss Nornepygge. Roman. Axel Juncker Verlag, Berlin 1908. Neuausgabe Kurt Wolff Verlag, München 1918.

Ein tschechisches Dienstmädchen. Kleiner Roman. Axel Juncker Verlag, Berlin 1909.

Jüdinnen. Roman. Axel Juncker Verlag, Berlin, 1911. Neuausgabe Kurt Wolff Verlag, Leipzig 1916. (Jüdinnen)

Arnold Beer. Das Schicksal eines Juden. Roman. Axel Juncker Verlag, Berlin 1912. Neuausgabe Kurt Wolff Verlag, Leipzig 1916. (Beer)

Tycho Brahes Weg zu Gott. Ein Roman. Kurt Wolff Verlag, Leipzig 1915. Neuausgabe mit einem Vorwort von Stefan Zweig. Deutsche Buchgemeinschaft, Berlin 1927.

Die Einsamen. Sammlung von früher erschienenen Novellen und Erzählungen. Kurt Wolff Verlag, Leipzig 1919. (Dienstmädchen)

Reubeni. Fürst der Juden. Ein Renaissanceroman. Kurt Wolff Verlag, München 1925. (Reubeni)

Stefan Rott oder das Jahr der Entscheidung. Roman. Kurt Wolff Verlag, München 1931. (Rott)

Autobiographische Schriften:

Streitbares Leben. 1884–1968. Herbig Verlagsbuchhandlung, München 1969. (Streitbares Leben)

Der Prager Kreis. Mit einem Nachwort von Peter Demetz. Suhrkamp Verlag, Frankfurt a. M. 1979. Zuerst im Kohlhammer Verlag, Stuttgart 1966. (Kreis)

Sekundärliteratur:

Max Brod Bibliographie. Von Horst Gronemeyer und Werner Kayser. Hamburger Bibliographien. Hans Christians Verlag, Hamburg 1972.

Donald G. Daviau: Max Brod und Berlin. In: Berlin und der Prager Kreis. Hrsg. von Margarita Pazi und Hans Dieter Zimmermann. Würzburg 1991, S. 145–158.

Margarita Pazi: Max Brod. Werk und Persönlichkeit. Bouvier Verlag, Bonn 1970.

Margarita Pazi (Hrsg.): Max Brod 1884–1984. (Konferenz zum 100. Geburtstag.) Peter Lang Verlag, Frankfurt a. M./ Bern 1986. (Pazi)

Personenregister